转型经济研究丛书

辽宁大学"211工程"三期建设资助项目
教育部人文社会科学重点研究基地建设成果

东亚转型研究

刘洪钟　崔　岩　佟苍松　著

经 济 科 学 出 版 社

图书在版编目（CIP）数据

东亚转型研究/刘洪钟，崔岩，佟苍松著. —北京：
经济科学出版社，2012.8
（转型经济研究丛书）
ISBN 978 - 7 - 5141 - 2177 - 3

Ⅰ. ①东…　Ⅱ. ①刘…②崔…③佟…　Ⅲ. ①经济
发展 – 研究 – 东亚　Ⅳ. ①F131

中国版本图书馆 CIP 数据核字（2012）第 166925 号

责任编辑：柳　敏　张庆杰　向焕强
责任校对：郑淑艳
版式设计：代小卫
责任印制：邱　天

东亚转型研究

刘洪钟　崔　岩　佟苍松　著

经济科学出版社出版、发行　新华书店经销

社址：北京市海淀区阜成路甲 28 号　邮编：100142

总编部电话：88191217　发行部电话：88191537

网址：www. esp. com. cn

电子邮件：esp@ esp. com. cn

北京汉德鼎印刷有限公司印刷

华玉装订厂装订

710×1000　16 开　16 印张　270000 字

2013 年 12 月第 1 版　2013 年 12 月第 1 次印刷

ISBN 978 - 7 - 5141 - 2177 - 3　定价：48.00 元

总　序

作为辽宁大学"211 工程"三期建设资助项目和教育部人文社会科学重点研究基地"辽宁大学转型国家经济政治研究中心"重要建设成果，经过学术团队三年多的辛勤创作与撰著，《转型经济研究丛书》就要和读者见面了。

"转型经济"这一概念的使用，源于转型经济国家群体的出现。20 世纪 80 年代末 90 年代初，随着东欧剧变尤其是苏联解体，这些国家毅然决然地告别了熟悉的计划经济，开始朝向陌生的市场经济转变。于是，转型经济体便油然而生了。几乎是在同一时点，即以 1992 年邓小平同志"南方谈话"以及以此精神为指导召开的党的十四大为标志，中国也成为转型经济体的重要一员。因为，此时的中国在十几年"摸着石头过河"改革探索的基础上，决定与计划经济体制彻底地分道扬镳，进而正式地将改革的目标模式确定为建立"具有中国特色的社会主义市场经济体制"。

转型经济出现 20 多年后，显然与其脱胎而来的计划经济业已面目全非。与此同时，它与当代西方资本主义国家的市场经济也有相当明显甚至具有本质属性的差异。还可以初步预料的是，今后转型经济背弃传统上的计划经济的距离将进一步拉大，但却得不出它将被彻底并入西方国家市场经济类别的结论。看来，转型经济是一个既不同于传统社会主义国家的计划经济，也不同于当代西方资本主义国家的市场经济的相对独立且将长期存在的社会经济形态。

我和我的团队骨干商议并决定撰著这套丛书的时候是 2009 年的夏天，回忆起来，具体是 2009 年的 8 月 17～20 日。四天里，我们同吃同住，封闭式工作，夜以继日地研讨丛书的立意、创新、重点、研究方法等重要问题。那是源于美国、波及世界各个角落的全球金融危机爆发高点持续的时刻，这也是我有必要提及的撰著这套丛书的另一个重要背景。在全球金融危机中，尽管中国、俄罗斯等转型经济国家的表现不同，但共同点在于均遭遇来自全球金融危机的巨大冲击。而遭遇冲击的缘由在于自身的经济增长方式存在严重问题，如中国是过度的外贸依赖（当然还有投资依赖），俄罗斯是过度的能源依赖。由此引起思索的是，在开放经济条件下，如果说以往转型经济国家的主要任务是致力于市场经济制度建设的话，那么当下，转型经济国家在必须继续深化和完善这一事业的同时，又迫在眉睫地面临着根本转变社会经济发展方式的任务。这进一步表明，转型经济的使命真的可谓任重道远。

转型经济研究这一议题强烈地吸引了我们，接下来的问题就是选择怎样的写作体例方式。我的意见顺畅地成为团队骨干的共识，即撰写一套由六本著作构成的丛书。既然是一个命题之下的丛书，基本要求自然就不能是简单的罗列，而是要有相互之间的内在逻辑关系。其中的第一部著作《转型政治经济学导论》，集中讨论转型经济的约束条件、转型目标与政策空间、转型的现实矛盾与演化机制、转型经济的未来发展等一系列关乎转型经济的基本问题，旨在为随后展开进行的国别研究提供统一的理论框架和分析工具。国别研究是丛书的主体部分，包括《东亚转型研究》、《俄罗斯转型研究》、《中东欧转型研究》、《中亚转型研究》四部著作，分别对这些研究对象转型的理论与实践、进程与特色、成效与问题以及未来走向等方面进行了较为系统的总结和尽力深入的分析。此处有必要说明的一点是，严格地讲，东亚并不属于我们所界定的转型经济体之列，然而，发端于日本而形成的极具特色的东亚模式及其后来的转型理论与实践，对于从计划经济走向市场经济的纯粹的转型国家，事实上起到了不容低估的催化和借鉴作用。所以，把东亚转型置于国别研究部分之首，有助于我们从历史脉络的角度加深对转型经济的理解。最后的落脚点定位在中国，以《中国市场化民主化现代化特色之路》收官。我们期待通过这种总、分式的系统安排体例，既在构建理论分析框架与方法方面，又在梳理和剖析纷繁复杂的实践经验方面，对于转型经济研究的深入做出新的尝试和贡献。

除了丛书方式选择以及体例安排上的新意，我们还始终追求在转型经济研究内容、视角和方法上一定要有自己的特色。这里我只简要指出以下三点，希望能够得到读者的认同。

第一，把"三化"作为转型经济研究的核心内容。在梳理相关文献的过程中我们发现，以往关于转型经济的研究大多只聚焦在经济体制转轨方面。我们认为，经济体制转轨，或者说，经济域的市场化问题，事实上只是转型经济的一个组成部分。经济增长方式的现代化，经济体制转轨基本取向的市场化，以及政治制度演进的民主化，在我们看来，这"三化"共同构成了转型经济的完整体系。对于转型经济国家而言，实现经济现代化是基本战略目标，而实现这一战略目标则需要依托经济制度的市场化。同时，在实现现代化赶超发展的特殊时期，一方面推动政治民主化的进程，另一方面发挥适应本国国情的政治体制的动员优势和稳定机制，显然又是十分重要的。不同国家乃至不同时期，"三化"的侧重点，尤其是经济市场化与政治民主化的组合方式会有差异和变动，但又存在必须遵循的客观演化规律。把"三化"，尤其是经济市场化和政治民主化的研究有机地统一和衔接起来，贯穿于我们这项研究工作的整个过程。

第二，特别关注转型经济的内外部约束。以往研究转型经济的另一个重大缺陷，就是多为描述转型经济所发生的事实，而对其事实发生的制约因素分析较少，或者不够深入。结果，只能是知其然而不知其所以然。本项研究事前锁定的突破点之一，就是要在这个环节上有所建树。我们关于转型经济内部约束的基本看法是：以制度变迁为其核心内容的经济转型，改变着社会资源和财富的产权边界，本质上是一个财富和权力重新分配的过程，这就必然引发转型主导力量关于"转型不被逆转"、"转型社会支持"、"转型时期政治权力的合法性"等问题的优先考虑，从而使得经济转型演变成为一个公共选择的过程。关于外部约束：转型经济的发展道路、模式选择等，客观上对整个人类社会的发展方向必然产生十分重要的影响。于是，转型经济外部的各种力量（尤其是主要力量）不会视而不见，必然作出利己主义的支持或者阻挠的行为选项。同时，随着实践的发展，转型经济本身的成就抑或问题，又对现实中的国际政治经济体系、秩序、规则等产生重大影响。可见，转型经济的外部约束同样构成了转型经济研究的重要内容。

第三，综合运用多学科的研究工具。既然转型经济不仅限于经济制度的变迁，还涉及国内公共选择政治域、开放经济域等诸多问题，这就要求我们的此项研究工作在采用纯经济学分析方法的同时，有必要将国际政治经济学、博弈论、新制度经济学、新政治经济学等跨学科的研究工具纳入其中。对这些方法综合并默契地加以运用是复杂的，然而，学习和驾驭新方法的使用过程却是充满乐趣的，最重要的是，其研究成果一定更为科学的。

转型经济是一个必将长期存在的社会经济形态。如此看来，迄今20余年的转型经历不过只是拉开了序幕。这就决定了，我们奉献给读者的研究成果是阶段性的，是初步的，是不完善的。我们等待着读者的意见反馈，尤其是读者中学界同行们的批评建议，认真消化吸收，促进接续的跟踪深化研究不断提升水平。

程　伟

2013 年 4 月

前　　言

　　英国著名大文豪狄更斯在其不朽之作《双城记》的开篇中写道，"这是最好的时光，这是最坏的时光"。用这句话概括1997年以来的东亚经济再合适不过了。短短十多年，东亚地区的经济发展如过山车般跌宕起伏，从1997年以前"看上去好得令人难以置信"（沈联涛，2009），到亚洲金融危机的灾难性冲击，之后刚刚步入"复兴"之路（世界银行，2007），随即又陷入全球金融危机的泥潭，百年一遇萧条之际，东亚却又承担起了"引领"世界走向复苏的重任（IMF，2010）。动荡之中，东亚发展模式悄然发生变化。

　　与过去学术界主流的研究将"东亚模式"概括为威权政体、出口导向等内容不同，我们将东亚视作一个区域性的发展主体，倾向于认为东亚模式除了包含经济治理、政治与社会治理等制度层面的内容，还应包括独具特色的区域分工与合作模式这一结构层面的内容。它们三位一体，共同造就了过去几十年"东亚奇迹"的发生。同时，受到一系列内外部因素的影响，特别是在亚洲金融危机和全球金融危机的冲击下，东亚模式的上述三个层面也相继发生了深刻的变化。这一新的认识既是本课题研究的出发点，也构成了本书的主体内容。

　　全书共分6章，基本脉络与核心观点概述如下。

　　第1章，理解东亚模式。东亚模式发端于日本模式，其作为一种后发国家成功实现经济赶超的经验对东亚后来的发展产生了极为重要的影响，甚至可以说是后来东亚模式的"原型"。但日本的经济发展只是为东亚其他国家和地区提供了一个可资学习的样板，东亚模式的最终形成，要归因于这些后起的新兴经济体的迅速崛起以及在此过程中表现出来的诸多具有东亚特色的共性发展特征。基于这种认识，本章首先考察日本模式的形成与历史演进，在此基础上，从该地区不同类型经济体雁阵继起型的经济赶超实践出发，深入探讨了东亚模式的形成及其特征，认为威权政体、发展型政府以及区域分工网络构成了东亚模式的主要内容。

第2章，东亚转型的提出。全球化、区域化和民主化是20世纪80年代以来席卷全球的三股重要力量，对任何采取开放战略的国家都会产生重要的影响。不同的是，有些国家在此过程中实现了快速的经济增长，另外一些国家则不慎落入发展的陷阱。本章从考察全球化、区域化和民主化的基本特点出发，讨论了它们对东亚经济、政治与社会发展的影响，认为，东亚各国正是及时把握住了全球化和区域化浪潮给本国所带来的机遇，通过实施以政府主导为特征的赶超战略，实现了本国经济的高速增长和发展阶段的快速提升。然而，随着各国收入水平陆续进入中等发达国家甚至发达国家行列，全球化、区域化和民主化对这种赶超战略的负面冲击会越来越大，并最终要求其不得不走上转型之路。

第3章，东亚经济治理模式转型。从本章开始，我们将依次讨论东亚经济治理模式、政治与社会制度模式以及区域分工与合作模式的转型。所谓经济治理，指的是各种公共或私人机构管理其经济行为的诸多方法的总和，通过它，相互依存的经济行为人（生产方、供给方、分销商、工人以及国家机构）自愿地协调或层级制地控制其自身行为和相互行为，从而使不同的甚至相互冲突的利益最终能够得以调和。本章的分析认为，从20世纪80年代开始，东亚各国的经济治理模式经历了两次比较大的调整，第一次是新自由主义思潮影响下的以私有化、自由化和放松管制为核心的治理模式转变，这种转变在充分释放市场活力，推动经济高速增长的同时，也不知不觉地累积着经济泡沫，直到危机爆发；此后，东亚各国的经济治理模式不得不再次做出重大调整，其变化的方向则是加强监管。不过，加强监管并不意味东亚经济治理模式重回政府威权管制时代，而是在市场与政府两者之间寻找到一种更加合理的边界。

第4章，东亚政治和社会制度转型。早期处于赶超阶段的东亚国家和地区，大多具有威权的体制特征，这种发展模式集中通过经济的快速增长、人民生活水平的不断提高来为其威权统治获得合法性和民众的支持。但是，威权发展模式的一个重要方面就是它具有转轨的性质。随着经济发展逐渐过渡到中等收入的国家，中产阶级队伍将迅速扩大，公民政治参与意识大大增强，社会结构、信念和文化方面的变化与累积，会逐渐演化为对现行威权政府的不满，并最终推动极权政府走向民主化的改革之路。东亚新兴经济体的政治和社会转型从20世纪80年代陆续出现，本章系统探讨了这种变化的主要内容：市民社会的形成和以多元化和民主化为其主要特征的政党重建。此后，分析了金融危机与东亚国家政治民主化之间的关系，认为，虽然在部分国家出现了一定程度的混乱，金融危机总体上还是推进了政治民主化的进程，危机后各国的民主化普遍得到巩固和发展。

第5章，东亚区域合作与国际分工模式转型。以亚洲金融危机为视角，本章主要讨论东亚区域分工与合作模式的转型。我们的基本观点是，东亚的区域合作经历了从自发的市场化推动到自为的政府主导的过程。1997年金融危机爆发之前，东亚各国政府并不热衷于推进地区合作，区域经济一体化主要是以各个国家相似但独立的发展战略为基础，依靠市场推动而逐渐融合起来的。在此格局下东亚经济呈现出一种雁阵的发展态势，各经济体之间形成了主要依靠投资和贸易带动的，以内部网络生产结构为循环机制，以雁行提升为发展机制，以发展水平和结构调整能力两头依赖为约束机制的紧密的经济联系。然而，随着后发国家经济的不断赶超并趋同于先行国，这种区域分工模式逐渐失去其存在的基础。亚洲金融危机后，特别是新世纪以来，东亚这种垂直的区域分工结构逐渐向水平分工的结构演进，雁行发展模式逐渐被一种称为区域生产网络的分工结构所取代。在此过程中，中国作为一个新兴大国，扮演了至为关键的角色。

第 6 章，后危机时代的东亚经济。本章以全球金融危机为视角，讨论东亚区域网络分工与合作模式面临的挑战及其未来的走向。基本观点是，全球金融危机对于东亚来说是"危"、"机"并存。一方面，危机使东亚经济陷入衰退，并给未来的发展带来了不确定性；另一方面，危机又迫使东亚各国真正明白，以前的增长模式是不可持续的，必须进行结构性转型，实现内外更加均衡的经济增长。如果说 1997 年金融危机是东亚在其全球化道路上由于自身脆弱性而遭受的制度性冲击，那么，全球金融危机对东亚经济的冲击，则是基于全球供应链断裂而产生的结构性冲击。危机过后，东亚必须重新审视这种由于国际分工脆弱性而产生的风险，推动地区经济朝着一种内需与外需结构、生产与消费结构更加均衡的方向转型。

本书是辽宁大学"211 工程"三期重点建设项目"世界变革中的转型经济"的标志性成果之一。作为项目的总负责人，程伟教授组织了各个标志性成果的选题和大纲确定工作。本书大纲由我完成并经讨论最终确定。之后，我邀请崔岩教授和佟苍松副教授作为主要撰著者与我一同完成了书稿的写作，刘永刚博士、于彬博士和杨攻研博士研究生也参与了部分章节的写作。具体分工是：第 1 章由崔岩教授撰写；第 2 章由刘洪钟教授和杨攻研博士研究生完成；第 3 章由刘洪钟撰写；第 4 章由刘洪钟教授、于彬博士和刘永刚博士合作完成；第 5 章和第 6 章由佟苍松副教授和刘洪钟教授合作撰写。全书初稿形成后，刘洪钟对一些章节提出改写意见，交由撰著承担者进行二次创作。之后，刘洪钟对全书进行修改和统纂，最终定稿。

感谢经济科学出版社总编辑吕萍女士，她欣然接受本书，并为书稿能以较快的速度最终面世付出了很大的精力；还要感谢责任编辑张庆杰博士和向焕强先生，他们精湛细致、卓有效率的工作为本书去掉了不少瑕疵。

本书一定存在许多不足之处，敬请读者批评指正。

刘洪钟

2012 年 7 月

目　　录

①

②

6

后危机时代的东亚经济 …………………………………………… 200

理 解 东 亚 模 式

在 20 世纪的后半期特别是 20 世纪 70 年代以来，东亚区域范围内的众多国家及地区实现了奇迹般的高速经济增长，使得这一区域成为世界经济发展最为活跃的地区之一。世人在关注东亚地区迅猛的经济发展态势及其对国际经济产生重要影响的同时，还更为关心东亚地区实现成功经济发展的机制：究竟是什么因素导致了东亚区域各国家和地区从第二次世界大战（简称二战）前的落后的殖民地经济一跃进入快速的发展轨道，并成为世界经济的重要区域之一？20 世纪 90 年代以来，随着经济全球化等国际环境发生的重大变化和东亚各国经济快速发展引发的社会经济结构的变化，东亚发展进入到了一个怎样的重要转型期？这些问题是本书研究的重点所在。尽管关于东亚的发展体制及其机制已经有了非常多的研究，但在分析东亚转型问题时，首先对东亚经济发展以及体制构成模式的相关研究成果加以梳理和评析，还是非常必要的。

1.1 日本奇迹与东亚模式的缘起

日本作为东亚地区唯一的发达国家，其发展阶段与东亚地区的其他经济体在发展阶段上有着很大的差异。因此在研究东亚经济发展问题时如何对日本加以定位，即是否将其纳入到东亚范围之内，可能还存在着不同的看法。尽管这里研究的主要内容是东亚地区最近几十年的经济社会发展问题，但是由于日本不仅仅是在地理上位于东亚地区，而且它作为相对于欧美发达国家的后起之国，其经济赶超模式对东亚后来的发展产生了极为重要的影响，甚至可以说是后来东亚模式的"原型"，加之在 20 世纪最后

30 年日本在经济方面出现了"回归东亚"的倾向，日本经济同东亚各个国家及地区之间形成了前所未有的紧密型经济联系，因此，在研究东亚模式的起源、演变等问题时，是不可能绕开日本的，从日本与东亚其他经济体之间存在的密切经济关系的角度来讲，将日本作为东亚地区的一个重要成员，纳入到东亚研究的对象所具有的重要意义也是毋庸置疑的。东亚模式是由早期日本模式发展演变而成的，因此，理解东亚模式有必要从剖析日本模式开始。

1.1.1　日本经济赶超的历史进程及特征

日本作为东方的落后国家成功地建立了资本主义制度，并通过快速的经济发展跻身世界强国之列。第二次世界大战之后日本在经济技术等方面遭到战争重创的条件下，以持续的高速经济增长，再度一跃成为世界经济大国。在落后的条件下起步并通过快速发展实现对先进国家的追赶，这一发展模式被称为赶超式发展。在相当长的时期内日本经济被称为"赶超经济"，同时也被看做成功实现赶超式发展的典范。

中国对日本实现赶超式发展的研究，集中于对现代日本经济方面，即第二次世界大战后，特别是从 20 世纪 50 年代到 70 年代初期经济高速增长时期迅速的工业化发展上面。将这一时期的发展界定为日本经济赶超，实际上是一种狭义的赶超观。研究日本的赶超式发展，必须将日本从明治维新开始的整个近现代化发展过程纳入到研究范围，由此才能全面准确地理解日本的赶超式发展。

1.1.1.1　日本赶超经济国家的定位

关于日本是不是作为后起国家成功实现赶超式发展，或者其实现成功的原因为何？对于这一问题的回答首先要对日本发展初期的国家给予准确的定位。日本学者大野健一在其著作《从江户到平成——解密日本经济发展之路》①中，介绍了日本人类学者梅棹忠夫的观点。人们通常认为，在 19 世纪日本同西方国家相比是一个落后的农业国，之后经过自己的努力才成功地实现工业化。对此，提出"比较文明论"的梅棹忠夫给出了不同

---

① ［日］大野健一著，臧馨、臧新远译：《从江户到平成——解密日本经济发展之路》，中信出版社 2006 年版。

的意见。他认为，把江户时代的日本看做落后国家的这种普遍观点是错误的。日本不是落后国家，而是和西欧一样，是世界上两个非常独特的地区。日本与西欧都和欧亚大陆的各个文明（中国、印度、伊斯兰）保持着不远不近、非常微妙的距离。与位于大陆的社会相比，两者根据自身需要吸收这些文明成果的同时，很大程度上免受了侵略和破坏之苦。这就能够使历史得以积累并有机地向前发展。与每次遭受侵略后就不得不再从零开始的社会相比，日本和西欧各国把国内的文化与外国的影响非常恰到好处地融合在一起，才创造了以此为基础进行内部发展的空间。在这样极为相似的历史背景下，日本和西欧独立且平行地实现了各自的发展。……因此，和工业革命在英国兴起一样，日本作为唯一的非欧美国家实现了高度的近代化并非偶然。

梅棹忠夫从比较文明论的角度，分析了日本近代化初期实现成功发展所具备的社会基础，并将前现代阶段的日本定位为世界先进国家。甚至认为日本的发展落后于英国的原因在于莫名其妙的锁国政策，否则日英两国甚至可能同时经历工业革命。尽管这一观点是非常独特的，甚至被大野健一称为是震撼性的，但是由于梅棹观点具有过强的假设性和在很大程度上脱离了日本发展初期的现实，因而是值得商榷的。由于人类社会的历史发展是不可复制的，因此其发展轨迹的推断是不能建立在任何的假设基础之上。以任何假设为基础对人类社会发展历史的推断，都是不能得到验证的。

我们认为，社会发展作为一个连续的过程，承认日本在江户时代积累了良好的社会发展基础。这一基础对于日本能够顺利地转变为资本主义社会并实现快速发展，发挥了一定的积极作用。这一点是有很多证据可以证实的。南亮进曾经系统地分析了日本从前现代社会继承的社会遗产，为现代经济增长所做的条件准备。尽管这些前期准备条件表现在社会经济政治和产业发展等诸多方面，但尤为重要的是在人力资源和社会间接资本方面具有的高水平。①

在人力资源方面，南亮进指出，明治日本从江户时代继承的遗产之一，是丰富的优秀劳动力。1872 年 3 400 万人口中，有 2 100 万个劳动力，重要的是，这些劳动力有较高的素质，易于适应新社会和新经济组织的要求，在新兴的现代产业中这些劳动力付出的劳动，对经济增长做出了贡献。国民素质的提高源于教育的普及。江户时代日本教育主要依靠私塾来

① ［日］南亮进：《日本の経済発展》，東洋経済新報社 1981 年版。

实现，即普通百姓用自家房屋的一部分作为教室，集聚 20～50 个孩子，教授读写和算数。据推断，明治维新时期日本有私塾 1 万家以上，男子 43%、女子 10% 都受到过私塾教育。美国学者多尔认为，明治维新时期日本人的读写普及率远高于现代很多发展中国家，可能还高于处于同等程度经济发展阶段的欧洲各国。武士阶层也为现代经济增长提供了大量必需的政治家和企业家人才。

良好的社会间接资本，为后来的现代经济增长提供了有利的条件。其一是在德川幕府时代已经形成了公路交通网络。这些道路交通网络为人员来往及依靠牲畜运输提供了便利条件；加上水路运输的高效率性，使得物资的远距离运输成为可能。其二是农业用地的灌溉系统，在江户时代日本的农业灌溉系统已经高度发达，在幕府末期，几乎所有的农地都纳入到了灌溉系统之中。

在看到日本的前资本主义时代具有的良好社会发展基础和条件的同时，也必须注意到日本在商业资本主义发展方面与欧洲前资本主义发展时期所具有的重大差异。商业、手工业发展的滞后导致了日本没有形成资产阶级，因而在社会自身的内部结构方面，不存在或者欠缺自发产生资本主义的社会条件。关于江户时代德川幕府实行锁国政策使得日本大大落后于西欧，这一点梅棹本人也是承认的。

诸多方面的情况表明，日本在步入资本主义发展阶段的初期，它并非当时的世界先进国家，而是在诸多方面处于相对落后的地位的。相对落后的社会经济发展水平和较晚进入现代社会发展阶段，决定了日本近现代发展的后发赶超特性。南亮进使用格申克龙提出的"相对后进性"的概念，对当时日本发展的状况进行了综合概述。他认为日本的"相对后进性"表现为以下两个方面：第一，就日本近现代发展初期与当时处于产业革命前后的世界主要国家发展水平的比较而言，日本存在着很大的差距。当时，英国的人均国民生产总值（GNP）为 100 美元（1871 年），日本的人均 GNP 只有英国的 25%；日本农业部门劳动力所在比例为 72%，而英国已经下降到了 19%，美国为 51%。第二，从各国进入现代发展阶段的初期的水平比较，也可以反映出日本的相对后进性。日本初始期的人均 GNP 仅为英国的 60%（1765～1785 年），是美国初始期（1834～1843 年）的 29%，澳大利亚（1861～1869 年）的 18%。在产业结构方面，日本也同样明显地落后于其他国家。为此，南亮进指出，对江户时代和明治初期经济的很多研究，强调了传统因素的发展和历史发展连续性，纠正了以往极端的跨越性史观，这是非常必要的，但同时也犯下了矫枉过正的错误。必须正确评价从幕府末期开始在各个领域引进的现代因素的意义，同时必须承认日本的相对后进性这一事实。[1]

1.1.1.2 长期的经济赶超过程

将日本作为赶超经济的典范来研究，不仅仅在于日本作为最早的非西方国家成功地实现了对欧美发达国家的赶超，更为重要的是日本经历了长期的经济和社会发展的赶超过程，在这一漫长的历史过程中走过了曲折的赶超道路和制度模式演变。对这一历史过程的分析能够更深刻地揭示后发赶超经济发展蕴涵的复杂的影响因素和深刻的机制。实际上，日本从 19 世纪末期开始进入库兹涅茨所谓的现代经济增长发展阶段，通过产业革命实现了从封建社会到资本主义社会的生产方式的重大转变，产业化的确立已经标志着日本成为当时世界先进的资本主义国家之一。仅从这一点来看，可以说早在 20 世纪初期日本就已经跻身世界发达国家行列了。但是，尽管日本建立了资本主义制度，实现了机器生产的资本主义生产方式，但是由于日本进入现代经济增长阶段的相对后进性，跻身资本主义国家行列的日本同当时的世界先进国家还有很大的距离，在相当长的时期内，日本的发展水平同其所确立的赶超世界一流发达国家的战略目标之间始终存在着很大的差距。总体来看，直到 20 世纪 70 年代之前，日本始终处于追赶欧美发达国家的进程之中。对于日本近现代长期发展过程的定位，有很多的研究同上述观点是相符的，在此不一一赘述。[2]

从建立资本主义制度进而实现产业革命到成为资本主义的世界经济强国，即完成赶超世界经济强国的历史任务，日本用了 100 多年的时间。这期间既有成功的经验，也经受过重大的挫折。回溯日本的现代经济发展过程，其长期的经济赶超历史可以分为三个阶段：从 1868 年明治维新开始到 1905 年为经济赶超的第一个阶段，是日本现代经济增长的过渡期和初始期；1906～1945 年作为经济赶超的第二阶段，期间经历了由自由资本主

---

① ［日］南亮进：《日本の経済発展》，東洋経済新報社 1981 年版，第 22～23 頁。

② 大野健一在其讨论从江户到平成时期的长期日本经济史的专著中，就将日本定位为发展中国家，作者将其著作直接命名为《发展中国家日本的脚步——从江户到平成的经济发展》（此为日文的直译，该书的中文版书名译为《从江户到平成——解密日本经济发展之路》，中信出版社 2006 年版）。H. 钱纳里等人在关于经济结构变化与经济增长的研究中，也将 20 世纪 70 年代以前的日本同多数发展中国家一样作为准工业化国家来对待。参见 H. 钱纳里等著，吴奇等译：《工业化和经济增长的比较研究》，上海三联书店、上海人民出版社 1995 年版。

义到国家垄断资本主义的转变过程，同时完成了国民经济工业化的第一阶段即轻工业化，并开始了重工业化和城市化的急剧的结构变化；第三阶段是二战结束的 1945 年到 20 世纪 80 年代，日本最终实现了国民经济的（重化学）工业化，成为世界经济大国，完成了作为后发的经济相对落后国家在经济上赶超欧美发达国家的历史任务。这样的经济发展阶段的划分，在表面上虽然同二战对社会经济发展史造成的阶段分割是一致的，但更为重要的是，它是以日本经济赶超过程中经历的现代经济增长的初始期、轻工业化阶段和重工业化阶段等重大阶段性结构变化为基础的。

通过参考国内外许多研究者的成果，我们总结了日本长期经济赶超历史过程中表现出来的主要特征，将其归纳为以下三个方面：[①]

一是名列世界前茅的平均增长率和增长趋势加速。日本在相对短的时间内走完了西方发达国家的发展道路，完成了经济赶超的历史任务，仅从经济增长角度看应该存在更快的增长速度。首先，在现代经济增长阶段的整个历史时期内，日本的平均经济增长率高于大部分西方国家，在世界上居于前列。南亮进汇总了盐野谷、库兹涅茨、大川一司等人测算的西方各国在现代经济增长阶段经济增长率、人口增长率和人均经济增长率的数据，清楚地表明，在相应的历史时期内日本经济增长率无论是在总量上还是在人均数量上都居于世界前列。其次，日本现代经济增长阶段尽管存在着周期性波动，但从增长率变化的时间趋势上看，则存在着趋势加速现象。大川一司、索罗夫斯基以他们提出的长期波动的分析框架为基础，研究了日本现代经济增长阶段经济增长率的时间变化趋势，认为其存在"趋势加速"（trend acceleration）的现象。

二是长期经济增长过程中的周期波动——历史性"长期波动"。藤野正三郎、大川一司、索罗夫斯基、筱原三代平、南亮进等人对日本现代经济增长阶段的研究，清楚地检测出了各种经济周期的存在。比较藤野和大川、索罗夫司基检测出的日本经济周期（长周期——建设投资周期）可以看出，两者除了在个别周期迄止年份或周期长度上存在不同之外，对战前日本经济长期波动的周期态势的把握基本上是一致的，都刻画出了日本进入现代经济增长阶段以来经济增长反复经历了"高增长—停滞"模式的长期波动的历史态势。这一特征被大川等人称为"历史性的长期波动"。

---

① 详见崔岩：《日本的经济赶超——历史进程、结构转变与制度演进分析》，经济管理出版社 2009 年版。

三是长期经济增长过程的"差别—二元结构"特征。考察日本进入现代经济增长阶段以来的经济发展过程，可以发现贯穿这一过程始终的一个重要的结构特征，即在国民经济的不同部门之间以及在制造业内部存在着不均衡发展现象，具体表现为在现代部门和传统部门生产率以及工资水平的变化，特别是不同部门指标之间差距的扩大。大川一司将这种现代部门与传统部门之间存在的发展差距及其扩大现象称为"差别结构（differential structure）"①。国民经济内部各部门在生产率及工资分配等方面存在的差别，和刘易斯等人提出的二元经济结构是等同的。我们综合上述的两种提法，称之为差别—二元结构。日本作为一个后发展的资本主义国家，在其长期的经济赶超即现代经济增长阶段，显著的差别—二元结构特征的存在，在很大程度上决定了日本现代经济增长阶段的经济发展机制。

1.1.2 日本的制度演进

日本模式是以制度模式为基础的实现现代经济社会进步的行为模式，所以，讨论这一模式的形成与特征必须以制度模式的演进为基础。制度体系的形成及发展变化是受到不同时期社会发展条件制约的，反过来又对社会经济发展产生重要的影响。日本作为后发赶超型的资本主义国家，其发展初期的社会基础和文化体系以及长期的赶超发展过程，对其制度体系的发展演变产生了重要的影响，而自有制度体系模式的形成又同发展行为结合在一起，构成了其特有的发展模式。尽管本书中论及的日本模式是指第二次世界大战之后日本政治经济体制的主要结构特征和经济社会发展方式，但是，理解日本模式的形成及特征，必须追溯日本整个近现代发展的历史过程，特别是这一时期日本制度的发展演进。我们这里将自明治维新以来的日本制度演进过程划分为三个阶段：一是明治政府建立到 20 世纪30 年代初期；二是日本发动对外侵略战争时期；三是二战之后直到 20 世纪 80 年代。这里，我们重点分析各个时期日本制度变化的主要特征。

1.1.2.1 民族国家的形成与市场体制的确立

从明治维新到 20 世纪 30 年代中期即二战之前，可以看做日本近现代

① ［日］大川一司、ソロフスキ：《日本の経済成長：二十世紀における趨勢加速》，東洋経済新報社 1973 年版，第 47 頁。

以来社会经济体制发展演变的第一时期。这一时期日本经历了以下几个阶段：一是形成现代民族国家、引进国外的制度到形成相对完善的市场体系，意味着资本主义市场经济得以确立并且是以自由竞争为主流的；二是日本进入了垄断资本主义阶段，这时由于民间企业力量的增强和制度的成熟化，不仅市场经济结构从自由竞争转化为生产集中和垄断，而且政府和企业之间的关系发生了重大的变化。下面简要地分析这两个阶段日本经济体制发展演变的主要特征。

明治维新推翻了德川幕府的封建统治，但是明治政府面临的首要问题是如何建立有效的国家政体。在这一问题上，明治时期的领导者们将欧美的民族国家方式作为建国的指导原理。在大久保利通就任内务省大臣之前，他就以英国的君主立宪制为参考模式，撰写了《关于立宪政体的意见书》，提交给伊藤博文。他就任内务大臣之后，再次执笔写作了《关于殖产兴业的建议书》。这两个文件，被认为是明治国家构想的系统方案。民族国家作为现代的国家形式，不仅意味着国家的统治权，而且还包含着国民对国家的认同，即国家与国民之间存在着的相互关系：每个国民都必须有作为国家的构成者的自觉意识，以及经济上自立的自觉。国家要保护和保障国民的生命、财产和价值观，相反，当国家和国民面临危机时，也需要国民有为国家牺牲自由、舍弃财产和生命的觉悟。

尽管日本明治国家是以西方国家制度为模板的，但是由于社会条件存在的巨大差异，明治国家还保留了重要的日本特色。第一，明治日本的国家结构从本质上讲，是在君主立宪制的名义下，保留了传统的国学思想和儒教思想。小野进指出："明治日本的国家观典型地表现在明治宪法中。这一宪法在立宪君主制这一现代框架中，加入了万世一系的国学思想和政教合一的儒教思想。明治宪法既不是民主主义的，也不是专制主义的宪法。天皇制与儒教的结合在近代以前没有过如此密切的关系。"① 第二，形成了高效率的官僚体制。1868～1900年间，在形成民族国家的同时，明治政府推动了高效率的官僚体制的形成，为政府推动社会经济结构调整和制度变革奠定了重要的基础。明治政府建立之后主要依靠各藩的下级武士作为主要的管理力量。这些人一方面参加了反体制运动，另一方面大多受过良好的教育，特别是掌握西欧知识。国家官僚制在1881～1900年间逐

---

① ［日］小野进：《日本的多层式经济发展模式（MMED）：东亚模式的原型（上）》，载《日本研究》2007年第1期。

渐地实现了合理化和稳定化。在政治领导人的选用上，放弃了原来的世袭制度，而是采用以能力和意愿作为新的衡量标准。主张在代表公共利益的天皇面前，任何人本质上都是平等的，具有为天皇服务的能力和意愿，就有可能成为新的领导成员。作为主要决策者的行政官僚，直接为天皇负责，其选任也主要从东京大学毕业生中选拔。第三，国家成为推动社会经济结构调整和制度变革的主导动力。由于发展资本主义制度的前期条件不足，可以说日本的现代制度演进是以外生推动为发端的，而政府恰恰是推动这一外生推动模式的主力。在论及明治政府在推进资本主义市场经济体制发展时，人们更多地列举政府在引进西方的企业制度、对以银行为主的金融制度的发展扶植等方面。例如，明治政府为了鼓励民间对纺织等工业部门的投资，兴建了很多官营的"模范工厂"，为民间的创业提供示范作用，而且在这种示范作用达到目的后，以低廉的价格将"模范工厂"出售给私人，再以次直接支持私人企业的发展。

尽管我们说日本步入现代经济增长阶段初期的制度演进是以外生推动为主要模式的，但是从上面对民族国家的形成及其作用的分析中，仍然可以看出这一时期的制度变化对前期和后来日本制度演进的影响。第一，前期的后发展条件构成了新制度演进的路径依赖。任何后发国家现代制度的建立都不可能与自身条件和基础完全分离，新制度一定是建立在现代的外来制度因素和传统的因素基础之上的。这一点主要表现在上面论及的明治国家的本质——天皇制和传统的儒教思想相结合这一特点上面。这一点也反映在日本资本主义制度的微观基础的创立上面。强调和谐的儒教思想一直是根植于日本社会的主流思想。在外来制度大举进入的情况下，被称作"日本资本主义的最高指导者"的涩泽荣一，提出了"论语加算盘"或"道德经济合一"说，主张现代制度的建立应该是以传统的伦理道德为基础，经济活动中伦理应该优先于经济理性。第二，由后发条件决定的国家在经济发展和制度创立中发挥的积极作用，确立了后来日本制度演进的路径。二战后日本高速经济增长时期形成的所谓的"官僚主导"的经济体制，正是这一路径演进的结果，或者说，它的最原始的起源可以追溯到明治时期。

从20世纪初期直到二战之前这一时期的经济体制我们称之为"战前的日本经济体制"，它在各个方面都表现出与战后日本经济体制具有很大的差异。日本学者寺西重郎称之为"明治·大正经济体制"，指出这一体制与战后经济体制存在着巨大的差异，它是以自由市场竞争为基础的"市场型体制"①。

　　明治前期的社会变革为日本市场经济体制的形成创造了必要的条件。主要表现为，一是在移植现代产业的过程中，较大规模的交通、通信等社会基础设施投资取得了成效，改善了日本极为落后的交通条件，打破了地区间因交通不便导致的相互隔绝状态，从而将日本各地方的区域经济圈与中央联系起来，形成了全国范围的统一大市场。显然，全国范围的统一市场的形成为以自由市场经济为主要特征的战前经济体制的建立提供了重要的基础条件。二是在政治上初步形成了稳定的政治局面和官民合作的体制。在19世纪末到20世纪初期，主张推行富国强兵政策的藩阀政府和倡导修养民生的民间团体、民间政党之间的对立基本结束，在政治上采取民间主导路线的同时，形成了民间部门同中央政府的强兵政策给予配合的官民合作体制。在当时日本社会经济及国际社会资本主义发展的大背景下，日本形成了接近于古典型市场经济模式的战前经济体制。

1.1.2.2　战时统制经济与战后体制的发端

　　在日本发动侵华战争之前，特别是在大正时期，日本经济更接近于新古典经济学所描绘的纯粹的市场经济。这种类型的市场经济从20世纪20年代开始渐渐发生改变。政府主导下重工业的快速发展以及战时统制经济中断了战前日本市场经济的发育过程，使得日本的经济体制越来越偏离新古典的市场经济类型。特别是20世纪30年代日本进入战时状态后，战争开始作为制度演进的一个重要影响变量发挥其作用。这一期间，政府不仅直接干预资源的配置，而且对金融制度、企业制度等经济体制内部的许多子制度实施改革。大量研究表明，这一时期国家为发动战争对国民经济的全面介入，为战后日本经济体制的生成催发了萌芽。

　　（1）政府直接控制资源配置。在1931年9月到1937年7月这一准战时阶段，政府已经对企业的生产设备、事业内容进行了生产统制。其中心是大企业结成卡特尔，中小企业以工会组织为母体进行自治性统制。国家统制处于对自治性统制援助和补充的地位。当时生产统制的目的是通过限制竞争维持价格，以确保企业的利润。但是，1937年7月以后，国家直接统制的形态开始占据主导地位，国家对资源分配的控制达到前所未有的程度。作为日本政府战争动员的一部分，为满足重化工业部门生产力迅速扩

――――――――――
　　①　［日］寺西重郎：《日本の经济システム》，岩波书店2003年版，第50～56页。

充的需要，政府一方面依据法律或者行政命令对生产、设备，甚至是事业者实施各种各样的统制；另一方面，为完成生产目标，确保资源的倾斜配置，还采取了各种产业保护措施。

日本政府实施经济统制所依据的基本法律包括《临时资金调整法》（1937 年 9 月）、《进出口商品等临时措施法》（1937 年 9 月）和《军需工业动员法的适用法》（1937 年 12 月），又称统制三法，它们成为战时经济统制的原型。以这些法规为背景，政府开始对资源配置进行直接控制。《临时资金调整法》是基于防止产业资金流向不必要不紧急产业、确保军需产业资金需求的目的而制定的。其主要内容是，对一定规模以上公司的设立、增资、合并以及目的的变更等实行许可制，并根据行业优先顺序分配资金。

1938 年，以确立国家总动员体制为理想的军部和革新官僚，不满足于统制三法，出台了旨在确立更完全的总动员体制的《国家总动员法》。《国家总动员法》是有关经济统制的全面授权法。政府通过每年的国家动员计划对资本、劳动力、生产及日常生活资料进行直接控制。这些涉及面极广的法律前所未有地把立法与执法的巨大权力委托给政府行政部门，经济统制的大部分权限向官厅集中。仅商工省两年内便发布了 80 项法令，对经济实行控制。

（2）银行中心型金融体制的形成。日本的侵华战争使日本金融体制发生了根本性改变。其制度功能主要转变成为军工行业筹集资金以及为政府巨额财政赤字提供融资。由此，政府开始较深地介入到民间资金的分配过程之中，控制银行对企业的融资。私有企业资本的主要来源也很快地从以股票和债券筹集资金的直接金融变为靠银行贷款的间接金融。特别是在二战爆发、日本正式进入战时统制经济之后，日本军国主义基于维持战时经济的需要，对资金配置进行统制。金融统制的实施，大大提升了银行的地位，强化了经过银行进行资金配置的银行中心型金融体制①。作为日本金融体制显著特征的间接金融、主银行制度以及金融行政等，均是在战争动员期间萌芽的。

（3）企业雇佣制度。在战时经济体制下，政府不仅对资金和劳动力等资源实行强制性的计划分配，而且直接干预企业的微观运行机制。这使得日本的企业制度具有迥异于欧美资本主义国家企业制度的显著特征。具体

---

① 所谓银行中心型金融体制是指以银行部门为资金中介，银行融资占绝对比重的金融制度。

表现在终身雇佣制、年功序列制和企业内工会三个方面。这三者被称为日本企业的"三种神器"，它构成日本式企业经营方式的基础。其中，终身雇佣制最初萌芽于战前，年功序列工资制是在终身雇佣制的基础上建立起来的，其根源也可以追溯至战前。但是作为全国性的工资制度，它是在1939年制定的"不同年龄工资制"以及1940年制定的家族津贴制度的基础上形成的。而企业内工会从理念上讲也来自于1937年建立的产业报国会。可见，日本企业雇佣制度特征的形成与强化均与战时经济有着密切的联系。

1.1.2.3　二战后社会民主改革与战后体制的形成

二战结束后，在美国占领军的主导下，对日本政治、经济和社会各个领域进行了一系列深刻的社会民主改革。这场重大的社会制度改革，在一定程度上消除了战前日本社会体系中存在的封建主义残余，使得日本社会制度更趋向于现代资本主义制度的合理性方向。在确立了资本主义民主政治和市场经济体制等根本的制度方向的同时，在战后社会经济复兴的过程中，日本仍继续沿用了战时统制经济的各种政府干预手段，并形成了特有的日本政治体制，以此作为过渡确立了后来实现经济高速增长的制度基础——日本战后体制。

1.1.3　日本模式的构成与特征

从上述的日本长期经济赶超的历史过程和制度演进中可以看出，长期历史发展过程中既存在着历史发展的连续性，又受到外在的因素影响使得制度的自然演进过程发生重大的变化。简而言之，所谓的日本模式可以说是日本实现现代化的发展模式。这一发展模式可能包含着非常繁多的因素在内，我们将之简约为政治、经济制度的独特构成和以此为基础的国家整体的发展行为。这一模式又有广义和狭义之分，前者是指始于明治时期形成的国家主导的现代化发展模式，后者则是指发端于20世纪30年代特别是战争时期、形成于20世纪50年代并作用于二战后日本实现经济高速增长的经济赶超时期。本书倾向于后一含义的日本模式，而将由后发赶超的历史条件决定的明治时期的政府主导模式作为二战后日本模式产生的历史影响因素。

应该说，同二战前及战时体制相比，战后的日本是经过了重大的社会体制变革的。这场重大的体制变革，一方面表现在被占领时期由占领军主导的日本政治经济体制的民主化改革上；另一方面则表现为占领状态结束后，根据日本原有的制度基础和现实社会经济发展的需要进行的制度调整，其中包含了对战前及战时体制因素的继承和发展。日本模式不是单一因素构成的，而是多种因素相互作用决定了日本发展的成功。从社会发展进程中发生的若干重要历史事实，可以对日本模式做初步的把握。

第一，在政治方面，战后的社会民主改革对日本政治产生了很大的影响，通过新宪法的颁布，革除了传统日本政治制度中的封建专制基础，确立了新的政治制度结构和民主化发展方向。在此基础上，在 20 世纪 50 年代中期，形成了以保守和革新对立而保守政党占主导地位的所谓的 "55 年体制"，开始了长期延续的日本相对稳定的政治局面。在这一稳定的政治局面之下形成的官僚主导体制，是形成日本的政府推动经济发展模式的关键要素。

第二，在经济制度方面，在 20 世纪 40 年代末期通过所谓的 "道奇路线" 的实施，实现了由战后经济复兴期的统制经济体制向市场经济体制的转型，再度确立了市场制度在日本经济体制中具有的基础性地位。

第三，在战后经济复兴时期使用的政府经济干预手段被沿用下来，以产业政策为核心的政策体系和政策手段成为政府推动经济发展的主体内容。

第四，政府对经济发展实施了战略性的规划并利用产业政策体制对产业结构的现代化给予了积极的引导和推进。这一点表现为战后复兴时期及后来的高速增长时期，在政府组织下制定的各类文件及产业政策的实施上，如在 20 世纪 60 年代初日本政府制定的著名的 "国民收入倍增计划"，就确立了高速经济增长和实现重化学工业化的战略目标，以及推进这些目标的主要政策手段。

第五，民间企业体制的重塑。随着日本被占领状态的结束和自立发展的需要，企业体制的重整也被纳入到了发展战略的一环。在政府确立的以经济崛起为国家核心发展战略中，首先是大企业体制的重组，承担着发展战略性产业和增强国家产业竞争力的重任。在战后改革时期作为军国主义经济基础被肢解的旧财阀集团，其下属企业在 20 世纪 50 年代纷纷以原有的称号集结起来，形成了新型的企业集团。其后，企业系列等企业间组织形式复苏并发展至成熟状态。作为政府与民间企业的中间组织形态的产业协会、商界组织，其力量逐渐增强，在经济发展中发挥了重要的协调作用。

从上面对日本经济长期赶超过程及制度演变的总结分析中可以看出，日本作为资本主义发达国家中的后发展国家，在多方面的制度中都存在着自身的特点，甚至与西方国家的资本主义制度存在着迥然不同之处，最核心的差别表现在政府对经济发展的干预。西方早期资本主义的发展是在自由主义政策下实现的，资本主义经济与争取政治上的自由民主是同步的。但是，日本作为后发展国家其发展处于同早期资本主义国家完全不同的历史条件和社会环境，并且面临着不同的任务。后发国家实现民族独立和国家富强的目标，决定了其利用政府力量推行工业化战略的发展模式。

日本模式可以理解为包括制度和经济发展等多方面因素的综合体，制度又包括政府制度、企业制度以及两者之间关系等多方面的制度，经济发展方式指是民间力量在市场调节下实现的发展还是政府主导的发展。关于日本存在独特的制度模式方面已经有很多的研究成果，如关于企业制度方面，以"三件神器"（终身雇佣制、年功序列制和企业内工会）为代表的日本企业论由来已久。更为重要的是综合性的制度分析，对日本制度模式和发展模式所作的关联性的总结，代表性的研究有查默斯·约翰逊提出的发展导向型国家论，青木昌彦提出的官僚制多元主义国家论等。查默斯·约翰逊在其著作《通产省与日本奇迹》中，对日本政府与企业之间的关系以及政府利用这种关系对经济发展进行的深入干预，将日本定位为"发展导向型国家"[1]。青木昌彦同样是基于日本政府体制的内在结构特征及其运作方式，分析了政府体制与民间经济互动的机制，提出了官僚制多元主义国家的观点。他认为，在官僚制多元主义国家中，利益集团之间的利益裁定是在市场之中，由以分权的官僚机构为核心的政府作为媒介。与分权的官僚机构具有接触点的是各种（企业）组织的团体，特别是由产品市场所区分的业界团体。各业界团体与分权化的官僚机构的管辖局（日本称之为职能局）保持经常性的接触，试图通过这一接口将自己的共同利益反映到公共政策形成的过程之中[2]。

具体而言，日本模式的构成可以概括为以下几点：第一，以经济发展为中心的发展主义意识形态，以此作为发动和鼓励国民的重要宣传手段；

---

① Chalmers Johnson（1982）. MITI and the Japanese Miracle：the Growth of Industrial Policy，1925－1975. Stanford University Press，pp. 315－319. 查默斯·约翰逊提出的"发展导向型国家"的观点作为国家主义学派的代表，有很大的影响，备受日本学界的推崇。

② 青木昌彦著，周黎安译：《比较制度分析》，远东出版社2001年版，第180页。

第二，为实现工业化发展目标构建的发展型体制，即独特的政府经济管理体制；第三，在特殊社会历史背景下形成的民间经济组织及制度；第四，政府对经济发展实施的深入干预，不仅表现在依靠行政权力对资源实施的倾斜配置上面，还表现为政府与民间的互动、协调方面。较近的研究对这一问题做了更大的关注，试图从日本及其他东亚国家（地区）在经济发展中实现的协调机制，来寻求具有一般意义的现代国家的作用①。

1.2　新兴经济体的崛起与东亚模式的形成

东亚模式发端于日本模式，但日本的经济发展只是为东亚其他国家和地区提供了一个可资学习的样板，东亚模式的最终形成，要归因于这些后起的新兴经济体的迅速崛起以及在此过程中表现出来的诸多具有东亚特色的共性发展特征。因此，要考察东亚模式的形成及其特征，首先就要从该地区不同类型经济体雁阵继起型的经济赶超谈起。

1.2.1　雁阵型经济赶超

1993 年世界银行发表了著名的"东亚奇迹"报告（East Asian miracle），主要将东亚地区界定为高速增长的亚洲"四小龙"（韩国、中国台湾地区、中国香港地区、新加坡）和东盟主要成员国家、在东亚地区率先实现现代化的日本和通过改革开放政策后发赶超的中国。显然，东亚作为一个国际性的重要区域，在国际政治与经济研究中它不是一个单纯的地理概念，而是包含着特定的国际政治经济关系含义在其中的。东亚经济崛起或东亚奇迹，其核心内涵是指东亚地区众多的发展中国家，二战后在实现国家独立建立现代国家政体的基础上，依靠正确的战略和体制模式选择，快速地实现了工业化和现代化的发展，从而使该区域成为世界经济的主要构成之一。东亚也因其在世界经济中所占据地位的提高和发挥越来越重要

---

①　青木昌彦以其提出的"官僚多元主义国家"的观点为基础，进一步发展为"市场增进论"，认为以日本为代表的东亚国家、地区的政府通过发挥自身在经济发展中的协调机制，起到了提高市场效率的作用。同时，斯蒂格里茨也是从这一角度提出了"国家作用的重新定义"。参见〔日〕青木昌彦等编，张春森等译：《政府在东亚经济发展中的作用》，中国经济出版社 1998 年版，第 1~20 页。

的作用而受到举世瞩目。当然东亚模式作为经济发展研究的重要对象，成功发展机制构成了其重要内容，而这一机制又必然涉及该区域众多国家（地区）政治经济体制的选择问题，同时，东亚各个国家、地区的经济崛起，不仅对区域内的国际关系结构，而且对世界政治经济关系都会产生重要的影响。当然，这些国际政治因素的变化只是东亚模式的外延。

显然，东亚区域作为一个重要的国际区域，包含了众多的而且相互之间存在较大差别的国家及地区，这就为以此为对象的研究带来了很大的困难，特别是在抽象出具有很大差别或多样性的各个国家和地区经济发展模式的共性时尤为如此。鉴于此，有的学者对研究对象进行了简化，或选择若干具有代表性的典型国家、地区进行研究，或对单一的代表性国家、地区进行研究。如韩国学者安忠荣在其著作《现代东亚经济论》中，就只选择了韩国、中国台湾、马来西亚等三个所谓的东亚先行新兴工业国家（地区）进行典型研究。他指出，作为研究重点，上述三个经济体都是市场经济框架内实现高速增长的"新兴工业国（地区）"，而区域内经济最发达的日本和社会主义市场经济体制下运行的中国，只作为环绕先行新兴工业国（地区）的外部条件来论述它的作用，泰国等后起的东盟国家无论是发展水平还是发展模式上，还不能归入区域内优秀行列中。① 笔者认为，东亚模式作为一个包容极具多样性国家与地区的经济发展模式，不应该将其局限于过窄的具体研究对象构成上面，而是应该适度地加以扩展，使其能够更好地反映该模式具有的共同特点。尤为重要的是，东亚模式不同于前面论述的日本模式或其他只针对具体国家、地区而言的各种模式如韩国模式、中国模式等，东亚模式作为东亚区域的一个整体概念，既包括了各个国家和地区的制度模式和发展战略选择，还包含着区域内部各经济体之间经济发展方式及通过相互的经济联系产生的相互影响，是以此构成的整体发展模式和区域内的国际分工体系。也就是说，东亚模式既包括了区域内各经济体发展模式的主要共性，又作为一个超越具体国家（地区）的区域发展模式，还涵盖了区域内部各经济体之间的经济联系。这种密切的经济联系表现为区域内的国际分工和贸易体系的形成，因此构成了一个区域整体。不仅如此，由于东亚各国家、地区经济起飞即进入快速增长时间和特定的历史背景和周边环境不同，因此在发展机制上也存在很明显的差异。

随着时间的推移和东亚区域内后发国家、地区经济的相继起飞，传统

---

① ［韩］安忠荣著，田景等译：《现代东亚经济论》，北京大学出版社 2004 年版。

的东亚区域以及狭义的东亚模式正在发生很大的变化。总体而言，东亚模式的具体研究对象，可以划分为以下四个层次：首先是作为发达国家的日本，其经济发展模式构成了当代东亚模式的原型，对后来东亚模式的形成和发展产生了重要的影响；其次是被称为东亚新兴工业经济体（NIEs）的亚洲"四小龙"——韩国、中国台湾地区、中国香港地区、新加坡，其中尤以韩国和中国台湾具备了以工业化推动现代化的典型发展特征；再其次是东盟的先进成员国，包括马来西亚、印度尼西亚、菲律宾等国家，它们是继亚洲"四小龙"之后新崛起的东亚国家，目前已经在东亚区域经济中占据着重要的地位；最后是中国、越南等东亚后发经济体，它们作为转型国家及典型的发展中国家，其快速的经济赶超发展模式构成了东亚模式的重要组成部分，或者说，更进一步丰富了东亚模式的内涵和特征。从研究的主体来看，还是以二战后相继崛起的东亚"四小龙"和东南亚主要国家为对象的，日本作为早期发展国家，其发展模式构成了分析东亚模式重要的参照系。在分析东亚模式的整体构成及区域内部经济联系时，崛起中的中国则对区域发展产生着重要影响。

　　20世纪60~80年代这短短的30年时间里，东亚从世界经济的落后地区一跃而成为经济发展最为活跃并且在国际经济中占有重要地位的地区。东亚各国家、地区快速的经济发展，不仅增强了整个区域的经济实力和发展活力，而且，在发展过程中形成的各经济体之间日益紧密的经济联系与各个经济体自身的经济发展之间，产生了相互推动的关系。各经济体自身的经济发展，产生了加强对外经济联系的需求，反之，相互间的经济联系又对各经济体的发展产生了极大的推动作用。二战后西欧作为世界的发达经济区域，其发展与区域内部各经济体之间经济联系的加强紧密相关，是世界上实现区域一体化的最典型的代表。西欧地区的发展和区域化是在区域内部各国家经济发展水平相近的条件下实现的，各国家之间的经济发展具有极高的同质性。与此相比，东亚区域的国家、地区构成则是有着很大的差异性或多样性，在发展的初始条件上差异巨大，这就决定了东亚区域经济发展与作为世界发达地区的西欧存在着不同的表现形式。东亚各个国家、地区在不同时期相继起飞，并在相当长时期内保持持续的高速经济增长。不同国家、地区在起始时间上的继起特性和发展水平保持一定差距的区域经济发展模式，被比喻为雁阵型经济赶超。日本作为东亚的唯一一个发达国家，在区域发展中一直作为"头雁"保持着领先的地位，作为制度模式、技术、资本的传播者，在相当长时期内日本对东亚经济发展发挥了重要的推动作用。继日本之后是亚洲"四小龙"的经济起飞和快速的经济现代化发展过程，其中韩国和中国台湾地区的发展包括了工业化发展因素在内的完备的经济现代化模式，但是在国家干预和实行自由经济方面，新加坡和中国香港地区的经验同样不容忽视。与亚洲"四小龙"相比，大约在晚 10 年之后实现起飞的是东盟的几个主要成员国，包括马来西亚、泰国、印度尼西亚、菲律宾。中国作为第四梯队，其经济崛起则始于实施改革开放政策的 20 世纪 80 年代之后。东亚区域内不同发展水平的经济体在不同时间相继起飞并高速增长形成保持一定差距的稳定发展形态，被用"雁阵模式"来加以概括，也有人将其称为东亚的"多层次赶超"。日本学者渡边利夫就用"多层次的赶超"来概括东亚地区的经济发展形态和区域经济结构特征。他的总结是，在早期，东亚是以日本为中心国家和其他落后国家构成的"二元结构"。但是在自 20 世纪 60 年代开始随着新兴工业经济体（NIEs）和东盟各国（ASEAN）的相继起飞，三者之间在工业化发展方面已经不再存在以前那样无法跨越的鸿沟，而是形成了从先进到后进之间存在"连续的差距"，相互存在比较平稳关系的特有的经济空间，或者说在西太平洋地区形成了东亚"四小龙"追赶日本，东盟追赶"四小龙"的这一"多层次赶超关系"的动态性经济空间。①

东亚经济发展的雁阵形态②，首先表现在区域内各国家、地区相继开始起飞及实现持续高速增长，并呈现出多层次的赶超形态。尽管在很长的时期内，处于不同发展阶段的国家、地区之间存在着一定的差距，但是动态的赶超过程及后发国家出现的高速增长，缩小了区域内不同国家、地区之间存在的经济差距。表 1－1 列出了 20 世纪 60 年代以来东亚主要国家、地区的经济增长情况。20 世纪 60 年代日本处于战后高速经济增长的高峰期，1960～1970 年实际 GNP 平均增长率达到 11.7%，此时，韩国、中国台湾、新加坡等已经开始了高速经济增长时期，平均增长率超过了 9%。进入 20 世纪 70 年代之后，日本开始进入了稳定增长时期，经济增长率开始大幅度下降，但是东亚 NIEs 仍然保持很高的增长速度，同时马来西亚、

---

① ［日］渡边利夫监修，日本贸易振兴会：《亚洲产业革命的时代》，日本贸易振兴会出版发行 1989 年版。

② 以雁阵形态或雁阵模式来形容东亚经济的发展模式，已经成为一种约定成俗的说法。实际上雁阵模式作为表达发展模式的用语，有着更深入的内涵，而不是仅仅用于对东亚区域经济发展形态及结构特征的表达。对此，还将在后文中作进一步的展开分析。这里存在着雁阵模式的通俗化的问题。

印度尼西亚、泰国等东盟主要国家也加入了高速增长的行列，其平均经济
增长率都达到了世界平均水平的两倍以上。东亚区域的大部分国家、地区
的这种高速增长的趋势一直延续到 20 世纪 90 年代。不仅如此，从 20 世
纪 80 年代开始中国也加入了高速经济增长的行列。

表 1 - 1　　　　　　　　东亚主要国家、地区的经济增长率　　　　　单位：%

年份	1965 ~ 1980	1980 ~ 1990	1990 ~ 1995
日本	6.3	4.0	1.3
第一代 ANIEs			
新加坡	10.1	7.1	8.5
中国香港	8.6	6.9	5.6
中国台湾	9.8	7.9	6.6
韩国	9.5	9.1	7.5
第二代 ANIEs			
马来西亚	7.4	5.9	8.7
泰国	7.2	7.9	8.4
印度尼西亚	8.0	6.3	7.8
中国	7.4	9.1	12.3

资料来源：〔韩〕安忠荣：《现代东亚经济论》，北京大学出版社 2004 年版，第 27 页。

　　相继的经济起飞和持续的高速经济增长，极大地提高了各国家、地
区的经济实力，扩大了东亚区域的整体经济规模。如图 1 - 1 所示，在
20 世纪 60 年代中期，东亚最发达的国家日本的人均收入仅为 1 190 美
元（1967 年），而当时的新加坡和中国香港地区人均收入为 660 美元和
940 美元，中国台湾地区和韩国仅为 167 美元和 190 美元。20 年之后，
这种情况发生了很大的变化，尽管各国家、地区之间经济发展水平仍有
很大的差距，但是所谓的东亚先行工业经济体之间经济发展水平的差距
已经大大缩小。1990 年日本的人均 GNP 为 26 410 美元，新加坡、中国
香港地区的人均 GNP 超过了 1 万美元，中国台湾地区和韩国的人均 GNP
分别达到了 8 111 美元和 5 770 美元，接近或达到了世界发达国家的水
平。经济发展的继起性和保持一定的但是不断缩小的差距，正是所谓的
雁阵模式的表现。
　　对东亚经济崛起的考虑不仅仅是停留在经济数量的增长上面，我们
一直讲的是东亚的经济发展而不是高速增长，就是因为前者包含了作为
增长和增长结果的变化，也就是说，东亚经济的崛起不仅仅反映在经济

总量和人均收入水平的扩大上，与此相应的则是工业化的推进和经济结构的高级化。

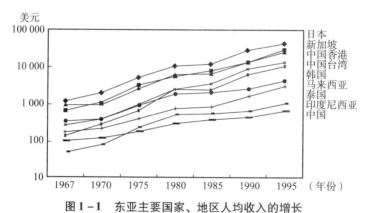

图 1-1　东亚主要国家、地区人均收入的增长

资料来源：［韩］安忠荣：《现代东亚经济论》，北京大学出版社 2004 年版，第 26 页。

东亚经济出现的持续的高速增长奇迹，从根本上讲是工业化进程的推进，即工业部门的快速发展构成了持续高速经济增长的基本力量。根据表 1-2，在 20 世纪 60 年代初，东亚的各个国家和地区，除日本、中国台湾地区之外，工业化率都在 20% 以下，到 20 世纪 70 年代初工业化率则提高到了 30% 左右，到 20 世纪 80 年代初韩国、中国台湾地区、新加坡、印度尼西亚的工业化率已经达到了 40%～50% 的水平，其他国家如马来西亚、菲律宾和泰国等的工业化率也有了显著的提高。工业部门的快速扩大使这些国家、地区从落后的农业国家相继跃进到了世界新兴工业经济体的行列。

表 1-2　　　　　　　东亚主要国家、地区工业化率的变化　　　　　单位：%

年份	1960	1965	1970	1975	1980	1985
韩国	10.9	18.1	25.4	35.1	43.0	45.6
中国台湾	24.9	28.6	34.7	39.2	45.0	44.8
中国香港	—	—	37.3	34.5	32.1	29.4
新加坡	18.3	23.9	30.4	34.3	40.1	38.5
印度尼西亚	14.4	11.9	19.9	33.9	50.0	35.9
马来西亚	19.2	25.7	25.4	26.9	35.7	36.7
菲律宾	—	23.6	29.7	28.9	36.8	32.7
泰国	15.9	19.7	25.3	24.3	28.5	29.8

资料来源：日本贸易振兴会：《日本与亚洲 NIEs、ASEAN 的国际分工的进展》，日本贸易振兴会 1986 年版，第 15 页。

1.2.2 东亚模式的形成

20 世纪 50 年代之后，世界众多的殖民地、半殖民地国家实现了民族独立，建立起了现代独立的国家政体。对这些国家来说，接下来的任务就是如何摆脱落后的经济面貌，实现真正的国家民族独立，而不是在经济上继续依附于发达国家。因此，众多发展中国家的经济发展问题就成为 20 世纪后半叶经济研究的重要课题。西方经济学界试图建立发展经济学这一独立的经济学学科分支，以此形成系统的研究发展中国家经济发展的理论体系。尽管众多的经济学者经过多种的努力，从不同侧面提出了很多关于经济发展的理论学说，但是由于众多发展中国家中存在着极端的多样性和重大的差异，难以用一种范式或学术体系涵盖所有的研究对象。这一特点，对于以发展问题为研究对象的东亚问题研究来说，也是同样的。不论是从以往的研究成果，还是后面的关于东亚模式的展开分析，都可以看出东亚区域的发展同样存在着多样性和远超出了发达经济的复杂性。但是，同世界其他区域的发展问题相比较，东亚区域内的众多国家在雁阵型赶超的发展过程中，尽管在初始条件方面存在着巨大的差异，但是在制度模式选择、发展战略选择乃至以工业化为中心的经济发展模式等方面存在着高度的相似性和同质性，这为分析东亚经济成功机制和总结其发展模式提供了便利条件。正是基于这一原因，我们可以用"东亚模式"来概括过去半个多世纪大部分东亚国家、地区以经济发展为中心的经济体制构建和发展战略选择、政策实施等一系列特征。本小节主要从东亚代表性国家、地区的历史发展经验入手，来阐述东亚模式的形成及其核心构成。

1.2.2.1 日本模式的东亚意义

日本作为东亚唯一的发达国家，可以说在很早就已经进入了资本主义列强行列。在二战后日本经济的再度赶超发展时期，以长期历史发展传统为基础的"日本模式"达到了高度成熟化的阶段。20 世纪 50 ~ 70 年代初日本以实现重化学工业化为核心的经济高速增长的发展模式，同稍后时期东亚国家、地区的发展具有极大的相似性。日本同东亚发展中国家之间在初始时期政治经济体系和经济发展阶段等方面存在着巨大的差距，应该说双方的经济发展还是存在着很大程度的异质性，尽管如此，日本的经济发展模式仍然对东亚的发展及东亚模式的形成产生了重要影响。日本作为东亚地区的一员，在经济、文化及其他领域与东亚其他经济体之间存在着密切联系，通过这些联系日本模式的一些重要构成被后来的东亚发展所吸收和借鉴。

第一，共同的社会文化基础：儒家思想背景下的社会结构。

在探索资本主义起源和发展的深层次原因时，马克斯·韦伯将西方宗教所培养的精神结构和社会结构演变结合起来，提出了大胆而新颖的命题：任何实业背后都存在某种决定该项事业发展方向和命运的无形的精神力量，而这种精神力量必有其特定的社会化背景。以此命题为基础，韦伯把西方资本主义的产生与基督教新教伦理联系起来，论证了近代欧洲所具有的独特的精神气质及价值体系，是产生西方资本主义的社会根源或社会基础。[①]

日本作为东方国家最先走上资本主义道路并取得了经济发展的成功，其社会文化背景是完全异于欧美社会的。因此，有很多学者遵循马克斯·韦伯提出的基本命题，尝试从社会文化及精神方面来研究日本资本主义发展的精神力量。作为日本及整个东亚地区共同的传统社会精神，产生于古代中国的儒家思想，对东方社会结构和精神气质的形成产生了重要的影响，可以说这构成了东方资本主义产生和传播的重要社会基础。在现代中国，通常是对以儒家思想为中心的传统文化与现代制度之间的联系持有的批判的态度，认为传统思想形成的社会结构阻碍了现代资本主义的产生。但是，无论是从日本还是东亚其他国家、地区的近现代发展经验看，都可以得出与此相反的结论。

首先，儒家的立世修身观念，培养了社会精英参与社会治理、爱国主义的理念。而这一理念与资本主义的商业经营相结合，促成了实业救国、富国的理想。这使得国家的发展意识形态和战略目标的推进获得了重要的现实基础。日本学者小野进指出："明治商人的领袖认为，为了建设富强的国家，必须将经济发展作为国家的目标。但是他们并非是在政治领袖规定的框架下的被动的接受者，……西方的商界精英认为顺从国家的志向会有损阶级的利益，所以他们不会采取日本商界精英那样的行动。"[②] 作为社会精英阶层的企业家将工商活动与国家利益结合起来，是东亚国家、地

---

① ［德］马克斯·韦伯著，于晓、陈维纲译：《新教伦理与资本主义精神》，生活·读书·新知三联书店1987年版。

② ［日］小野进：《日本多层式经济发展模式（MMED）：东亚模式的原型（上）》，载《日本研究》2007年第1期。

区的一个普遍现象。

其次，基于儒家伦理观的经营谋利与协调型竞争。强调市场竞争的西方经济理论，并非完全排斥社会伦理道德的约束，其所说的竞争也是在社会伦理允许的限度内。个人或企业行为，从社会整体看不论是否有节制的，但必须是在对手可以接受的范围内进行的。任何事情如果做得过分，那就会产生很多弊端。亚当·斯密关于市场机制这一"看不见的手"的机能的发挥，也是以伦理观为前提条件的。与此相比，儒家思想更加注重社会伦理道德的作用，提倡以礼法、信用来构筑健全的社会结构和实现社会治理。东方社会的这一传统结构在日本早期的社会改革中被继承下来。

被称作"日本资本主义最高指导者"的涩泽荣一（1840～1931年）是爱国主义企业家，他将孔子的《论语》按他自己的方式进行了重新解构，提出了"论语加算盘"或"道德经济合一论"。涩泽认为，在经济活动中伦理应该优先于经济理性。① 吸纳了传统儒家思想及其伦理道德体系的现代社会体制，并非排斥市场竞争，而是形成了两者相结合的协调竞争机制。个人、企业之间的相互信任与长期合作关系，形成了一个合作博弈，从而构成了帕累托最优的结果。

产生于中国春秋时期，其后被历代思想家及统治者发展和应用的儒家思想及相应的社会伦理模式，通过汉字传播到了日本、韩国及越南等东亚、东南亚国家，尽管在不同的国家接受的形式和内容有很大的差异，甚至被依据本国的具体情况而加以改造，但是作为有长期传统的社会发展因素，对东亚社会的近现代发展有着深远的影响，这在日本和韩国表现得尤为突出。这种共同的传统社会思想及社会结构，构成了最先生成的"日本模式"及作为其扩展的"东亚模式"形成的重要社会基础。

第二，日本与东亚后发国家、地区经济关系的发展与深化。

日本模式无疑是东亚模式的原型，从民族国家政体建立之后形成的长期贯彻的经济发展意识形态，以及以此为基础形成的政府对经济发展的深入干预的独特经济体制，都对东亚后发国家、地区产生了多方面的影响。但是，日本模式并不等同于东亚模式，我们将东亚模式界定为东亚区域各国家、地区在特定的政治经济体制下实现的经济发展模式和发展战略选择，同时也包括了区域内各个国家、地区间经济联系的发展和深入。如上所述，20世纪60年代以来，东亚各个国家、地区形成了雁阵型的赶超发

---

① ［日］坂本真一：《涩泽荣一的经世济民思想》，日本经济评论社2002年版，第35页。

展形式，这种相继发生的后发国家、地区的经济赶超和东亚区域经济整体崛起现象，不是区域内各经济体对外封闭在相互隔绝的情况下产生的，而是在实施对外开放战略或出口导向战略的情况下，各经济体相互之间形成了密切的和不断深入的经济联系的条件下实现的。先发国家（地区）对后发国家（地区）的技术转移和资本投入，是后发国家（地区）实现经济增长、推进工业化进程的重要力量，而且在这一过程中也在一定程度上实现了制度模式的转移。在这种从先发国家（地区）到后发国家（地区）的传递和波及过程中，日本作为东亚唯一的发达国家发挥了重要作用，也可以说是占据了波及中心的地位。日本与东亚后发国家、地区形成的这种不断紧密、不断深入的经济联系，事实上构筑了日本模式发展为东亚模式的另一个重要基础，或者说，前者本身就是后者的一个重要的构成要素。

日本与东亚后发国家之间的经济关系包括贸易、投资及其他经济技术合作等多方面，本节仅简单地叙述日本对亚洲"四小龙"、东盟主要国家的直接投资，对这些后发国家、地区工业化发展的影响及区域经济关系模式的形成。

日本与东亚其他国家、地区间的经济关系由来已久，早在第一次世界大战期间日本就借助欧洲列强大战之机占据了东亚市场，为其棉纺产业打开了出口的大门。第二次世界大战结束后，日本企业的产品销售主要依靠本国市场和出口到欧美市场，在东亚区域的经营对日本企业的发展产生的影响是极为有限的。但是作为战争发起国和对东亚各国家、地区的殖民侵略的日本，在二战后与东亚后发国家、地区之间重启经济交流关系的过程中，探索了进行企业直接投资的可能性。实际上，日本正是借助于对东亚国家的战争赔偿开始寻找到了进入东亚的立脚点。据日本外务省有关资料，1955年开始对菲律宾、印度尼西亚、老挝、柬埔寨、越南、韩国、泰国、马来西亚、新加坡等国进行了战争赔偿，以东南亚为中心实施的赔偿，主要是发电站、铁路、港湾设施的修复等基础设施建设，同时也出口重型机械和船舶等。到20世纪60年代前半期，对东南亚的战略赔偿结束之后，很多建设项目以日元贷款的方式继续进行，或新增建设项目，日本企业在这些国家开展的业务，正是借助战争赔偿为立脚点，并利用其后的日元贷款确立了基础。如日本与韩国在1965年签订日韩条约之后，开始了双方在经济交流合作关系，在条约签订前后，对韩发放的包括有偿和无偿在内55亿美元的贷款，用于农林、水产和工矿业的振兴和道路、港湾、下水道、大坝等社会资本的投入，同时也开始了民间企业之间的经济技术合作。著名的韩国浦项钢铁公司，就是当年与日本的富士、八幡、日本钢管公司签订的技术合同下创立的，该工厂从 1974 年开始高炉冶炼，目前已经成为东亚屈指可数的大型钢铁企业。

20 世纪 60 年代后期，亚洲"四小龙"以及东南亚国家开始将此前的进口替代工业化政策调整为出口导向工业化政策，大力推进外国企业投资的自由化和"出口加工区"的建设。早在 1959 年中国台湾地区就修改了《外国投资条例》，1960 年制定了《奖励投资条例》、《技术合作条例》，健全了外国企业投资自由化，解除了对利润资金转移的限制，给予内资同等的政策，于 1965 年在高雄设立了出口加工区。20 世纪 60 年代韩国朴正熙政权也开始实施积极的引进外资政策，日本企业投资也开始增加。中国香港地区在 20 世纪 60 年代前半期，以电器、塑料制品为主要产品的中转贸易开始活跃，从而推进了这些产品的加工贸易活动，吸引了大量外资企业进入。在东南亚国家中日本企业较早地投资于泰国。1952 年日泰恢复邦交关系，从 1960 年《产业投资奖励法》制定之后开始，味之素、丰田汽车等在食品、汽车、纤维等领域对泰国进行投资。新加坡在 1965 年独立之后，也有日本中小企业在新投资，从事电器机械的加工、组装。20 世纪 60 年代日本对东亚的直接投资，主要是针对东亚后发国家、地区政策的一种对应，更主要的是由于投资对象国实施的进口替代工业化战略造成的高关税壁垒，为回避高关税进口的当地生产，同时也同这些国家、地区向出口导向工业化政策转变，积极吸引外国投资有关。

20 世纪 60 年代日本企业海外投资规模小，而且多以"市场"为目的的合资形式为中心。但进入 20 世纪 70 年代情况就发生了很大的变化，在 1971 年尼克松冲击之后，由于日元迅速升值，日本向东亚国家、地区的直接投资迅速增加，除了原有的主要投资地中国台湾地区、韩国、中国香港地区等亚洲"四小龙"的基础上，日本真正开始了向东南亚各国的投资。对泰国、印度尼西亚等国的纤维、服装、汽车、化工、电机等产业部门的直接投资的企业增加了，特别是与当地的进口替代工业化政策相符合的丰田、日产、本田、三菱、马自达等主力汽车公司及其系列内部的零部件企业相继进入这些国家。日本企业的海外直接投资在很大程度上受到日元汇率的影响，1985 年广场协议之后出现的日元大幅度升值（由原来的 1 美元 = 240 日元升值为 1986 年末的 1 美元 = 160 日元），在此背景下日本企业真正开始大规模进入东亚，特别是在这一时期对日本制造业发展做出重要贡献的电子机械产业陆续进入东亚各国、地区，出现了前所未有的海外生产转移的浪潮。到 20 世纪 90 年代，随着中国经济的持续高速增长和改革开放政策的深化，日本企业也开始了对中国的直接投资高潮，投资目的从单一的生产据点转向了"开拓市场型投资"等多元化形式。

日本企业对东亚后发国家、地区的直接投资一方面起到了传播先进技术和日本企业制度、经营模式的直接作用，同时也使这些国家、地区间接地受到了日本模式中其他方面因素的影响；另一方面，日本企业对东亚的直接投资，对于促进东亚后发国家、地区工业化发展及国际竞争力的提高，形成雁阵型赶超和更加深化的东亚国际区域分工体系，起到了重要的作用，这一点在后文中还将展开分析。

1.2.2.2　经济发展史实中的东亚模式

实现经济赶超成功的东亚发展模式，不是从一开始就以清晰、完整的形式出现的，而是在经济发展过程中经过不断的政策调整、制度完善，不断摸索而形成的，加上东亚各国家、地区初始条件存在的差异导致的发展形式的多样化，各经济体之间发展模式存在着不尽相同的因素。因此，要在这些差异化的发展进程中探索出共同的发展模式的核心特征，必然要回到发展的历史过程中去，通过对代表性国家、地区经济腾飞的历史事实的分析，总结东亚模式的形成与演变过程，即经由具体到抽象的分析过程。

二战后世界政治经济格局发生的最重要的变化之一，是众多殖民地国家摆脱了帝国主义的殖民统治，实现民族独立建立起了独立的国家政体。东亚作为世界上落后地区之一也是发生了上述变化的代表性区域。实现民族国家独立之后的各国，摆在统治者面前最重要的课题，就是如何团结民众、发展经济、保证社会稳定、防止分裂，从而实现真正的国家民族独立。作为经历战乱和长期殖民统治之后实现独立的后殖民地国家和地区，建立起强有力的政体，是实现社会稳定、防止国家分裂的前提条件，同时也是依靠强力政府推动经济社会发展所必需的。因此，大部分东亚国家（地区）经过一段时间的摸索，相继建立起强力的军人政权，即所谓的"威权政体"，并以此为基础形成推动经济社会发展的"发展型体制"。

韩国在 1948 年通过独立选举成立了李承晚政权（第一共和国）。但是由于发生朝鲜战争，对韩国的复兴产生了重大的影响。战争对国家的破坏、政治斗争的加剧以及由于腐败导致重建的失败，特别是国民对李承晚政府独裁专制的反对，迫使李承晚在 1960 年下台。通过民主选举形成的第二共和国，只有短暂的寿命，在 1961 年 5 月 16 日就因为军事政变而告结束，不得不将政权让给革命委员会（即后来的国家再建最高会议）。1963 年以朴正熙为总统的第三共和国成立，韩国再次步入军人执政的威权政体之路。也就是说，在 20 世纪 60 年代初，韩国曾经试图转向民主政治，实现民选总统及政府，但是由于不具备相应的社会条件，这一尝试没有取得成功，通过军事政变组建的朴正熙政权，通过军人统治形成了强有力的国家政权，并由此建立起了国家发展型体制，走上了政府主导的赶超型发展之路。

促进经济社会发展以真正完成实现民族国家独立的历史重任，是二战后摆脱殖民统治的发展中国家面临的最根本的问题。因此，以民族主义为基础的发展志向，作为政府发展意识形态，是与民族国家的形成结合在一起的。这一点在韩国表现得非常清楚。宪法作为国家政体的最权威的法律规定，不仅规定一国政体的具体结构，同时也反映了国家政体的自身特征。韩国 1948 年制定的制宪宪法，包含了世界上没有先例的详细的经济条款。到 20 世纪 80 年代经过若干次修订，其中很多重要的经济规制内容仍被保留下来。

朝鲜战争之前，韩国就已经制定颁布了宪法和政府组织法，从而确立了国家政体的基本结构。政府开始对国库资金和外汇进行一元化管理的同时，接收日本统治时遗留的资产（归属资产），建立新的中央银行（韩国银行）等，已经着手进行经济制度的重建工作。朝鲜战争之后，在原来的基础上，开始建立发展体制以推进政府对经济发展的主导作用，李承晚政权发布的始于 1957 年的《战后复兴五年计划》，可以说是发展体制的起步。但是，由于发生了学生革命、李政权倒台，这一进程被暂时中断。在 20 世纪 60 年代朴正熙政权建立之后，韩国进一步完善了相关的政治经济及社会领域的法律体系，通过建立韩国开发研究院等机构和制定经济发展计划，大力推进经济和产业发展。

在韩国的威权政体及特定发展体制下，政府在推进经济发展中的作用主要表现在以下几个方面：

一是制定经济发展计划，以优惠的政策引导企业的投资方向，将民间企业的经营纳入到国家的发展战略之中。经过第一次发展计划和第二次发展计划的实施，韩国的工业化进程得以迅速推进，产业结构不断升级，在 20 世纪 60 年代的轻工业为核心的发展阶段，到 20 世纪 70 年代已经迅速地跃升到了重化学工业的发展阶段。

二是对企业的扶植。在确定发展工业化这一战略目标之后，扶植大型的财阀企业成为韩国政府的中心任务之一。韩国财阀企业在政府扶助下借助快速的工业化进程，迅速崛起并在韩国的重化学工业化发展中承担了主力军的作用，韩国政府运用其垄断的税收金融等政策手段，对财阀企业在重要工业部门的投资提供了各种优惠措施。

三是推行出口导向型工业化战略和积极利用外资。二战后殖民地国家和地区的工业化发展初期，是以进口替代战略为主线的，从一般原理来讲，通过贸易保护促进国内幼稚产业成长，是后发国家工业发展的必经之路。但是由于很多国家国内资源匮乏，市场狭小，依靠市场保护难以使产业发展达到有效率的规模。韩国在东亚国家、地区中较早实现了从进口替代工业化战略向出口导向工业化战略的转变，依靠大力振兴出口产业，获得外汇以进口设备和技术，以此实现了产业结构的升级。在这一过程中，韩国政府还大力利用国外资本，以弥补国内资本的不足。

马来西亚是东南亚国家中实现成功发展的典型代表，该国作为一个多民族和拥有丰富自然资源的国家，经过长期的摸索建立了稳定和具有权威性的政府，从而开启了发展主义的工业化道路。马来西亚原为英国殖民地，是一个多民族国家，其中马来人占62%，华人27%，印度人8%，其他3%。该国在1957年从英国独立之后建立了联邦宪法，引进了英国议院内阁制度，由议院上院、下院组成，下院成员由21周岁以上的选民直接选举，以下院为基础组成内阁，即所谓的下院优先的两院制。也就是说，从独立伊始，马来西亚就试图一步到位地通过引进西方的民主制度来实现民主政治。但是实际上作为落后国家，社会条件与西方国家存在很大的差异，加上多种族国家各种族间的矛盾难以调和，所以从独立伊始形成的多党竞争条件下的"软政府"不但难以解决以种族纠纷为主的各种社会矛盾，更没有力量推动经济及社会发展。

1969年大选后爆发了严重的种族骚乱，议会民主制终止，以此为契机使得马来西亚的政治结构和政党制度发生了重大转折，即由以前的多党竞争结构转向了"一党优势"及联合政党执政，从而实现了长期稳定的国家政治局面。从20世纪70年代开始，马来西亚转向了威权主义阶段。

种族骚乱和传统的"种族代表政党"在选举中发生的地位动摇，表明民众对传统政治的不信任以及国家面临的政治危机。在这种情况下，在国家政治中作为第一大政党占有主导地位的巫统（即马来西亚民族统一机构UMND）进一步扩大与其他政党联合，在1974年成立了联合政党国民阵线（Nationl Foront，NF）。巫统在国民阵线中占有主导权，但是并未形成权力垄断，而是以盟主的身份协调各成员政党之间的矛盾，促进集体行动。国民阵线的成立，标志着当代马来西亚政治制度的基本定型。"历史表明，这种相对集权的政治架构能够有效整合现代化初期的政治冲突，也更为适应后殖民地时代马来西亚的社会现实，有利于实现政治稳定。"①

在形成稳定的和强力型政权的同时，执政者也开始运用其拥有的权力，使国家走上了发展主义的道路，大力推进工业化和经济发展。经济发展需要稳定的政治局面，同时反过来又能够为政治局面的长期稳定提供条件。新成立的国民阵线在保证政治和社会稳定的同时，也提出了期限为20年的"新经济计划"，开始了政府对经济发展的积极干预，从而在比亚洲第一代新兴工业经济体晚十年时开启了政府主导的工业化。

马来西亚是一个自然资源丰富的国家，直到20世纪80年代为止，其经济结构以天然橡胶、锡、食用油、木材为中心。但是，马来西亚学习和借鉴日本、韩国的发展模式，政府大力推进工业化发展战略，并积极引进外国直接投资，在20多年的时间里，便由传统的初级产品生产国跃升为新兴工业化国家。

执政党在制定"新经济政策"之后又相继提出了"国家发展政策"和"国家宏愿政策"等三个相衔接的长期发展计划，并制定和实施"马来西亚计划"（五年计划）来指导具体的产业、社会经济发展。20世纪80年代马哈蒂尔总理实施向东看政策（Look East Policy），效仿韩国重化工业化政策制定了工业化综合计划，确定了家用轿车、甲醇、海绵铁和造纸等重点发展的重工业部门。在第五个马来西亚发展计划（1986～1990年）期间，制造业的年增长率达到了13.7%，这比计划规定的年增长率6.4%多了一倍还多，而且高于工业化综合计划所提出的目标值9.1%的水平。②

在工业化发展战略的主导下，马来西亚政府还大力引进外国直接投资并鼓励产品出口，形成了由进口替代向出口导向发展模式的转变。在20世纪70年代之前，马来西亚的工业化政策是进口替代和出口导向战略的混合，但此后，开始在保护国内产业的同时发动出口导向战略。与韩国、中国台湾地区等东亚第一代新兴工业经济体不同的是，马来西亚一直大力吸引外国直接投资，利用外国企业的直接投资促进本国产业的发展，引导外企向非资源性产品投资，以带动本国产业结构的升级。

---

① 杨鲁慧、杨宪：《当代东亚政治》，山东大学出版社2009年版，第251页。
② ［韩］安忠荣著，田景等译：《现代东亚经济论》，北京大学出版社2004年版，第89页。

在短短的 20 多年的时间里，马来西亚实现了持续的高速经济增长，以制造业为主导的高速经济增长不仅使得人均国民收入有了较大幅度的提高，同时也极大地实现了产业结构高级化，从而紧随其他东亚先行国家和地区，实现了快速的经济赶超（详见表 1 – 3 和表 1 – 4）。

表 1 – 3　　　　　马来西亚的 GDP 年增长率与产业结构　　　　单位：%

GDP 增长率						
1966 ~ 1970 年	1971 ~ 1975 年	1976 ~ 1980 年	1981 ~ 1985 年	1986 ~ 1988 年	1989 ~ 1992 年	1993 ~ 1997 年
5.4	8.0	8.6	5.2	4.6	8.8	8.7
产业结构（GDP 中所占的比率）						
年份	1965	1975	1985	1988	1993	1997
农林渔业	31.5	27.7	20.8	21.1	16.1	11.6
矿业	9.0	4.6	10.5	10.6	8.0	6.5
制造业	10.4	16.4	19.7	24.1	30.1	34.3
建筑业	4.5	3.8	4.8	3.2	4.0	4.6
服务业	44.6	47.5	44.2	41.0	41.8	43.0

资料来源：〔韩〕安忠荣著，田景等译：《现代东亚经济论》，北京大学出版社 2004 年版，第85 页。

表 1 – 4　　　　　马来西亚与韩国、中国台湾地区经济发展比较

国家或地区	人均 GNP（美元）					GDP 中制造业的比重（%）				
	1965 年	1973 年	1980 年	1990 年	1994 年	1965 年	1973 年	1980 年	1990 年	1994 年
马来西亚	258	550	1 690	2 320	3 520	9.1	15.0	20.6	27.0	32.0
韩国	123	390	1 620	5 450	8 220	18.1	25.1	29.7	29.2	29.0
中国台湾	217	695	2 344	7 954	10 215	22.3	36.6	36.0	34.4	29.0

资料来源：〔韩〕安忠荣著，田景等译：《现代东亚经济论》，北京大学出版社 2004 年版，第 85 页。

上面只是通过对东亚两个代表性国家基本发展史实的简要总结，揭示出东亚发展模式所包含的基本要素，如相当程度的威权主义政体为发展提供了稳定的政治保障；威权主义政治下的发展主义意识形态和发展体制的构建，发展政策的选择、发展的承担者——市场经济及其主体企业家及企业组织的培育，社会资本及社会性基础设施建设等。在深入研究中产生的关于东亚模式即东亚发展机制的争论表明，它并非可以简单地解释为国家主导型发展模式或国家主义所阐释的内涵。在东亚发展过程中上述因素之间的结构关系，如威权政体与发展主义之间的关系，国家政府干预与市场

机制作用之间的关系（实际上就是市场机制的定位与作用问题），后发国家发展过程中作为发展主体的企业组织和企业家的培育和壮大的问题等等，恰恰蕴涵着深刻的发展机理。不同社会背景和学术背景的研究者往往忽视他所认为应该天然存在不值得讨论的问题，最典型的代表就是新古典学派学者认为不存在什么奇迹的观点。但是，恰恰就是这些被忽视的因素和其他因素结合在一起构成了完整的发展机制，并形成了独特的东亚发展模式。

1.3 东亚模式的结构分析

直到今天，人们才越来越清楚地看到，后发国家特别是作为世界上贫穷落后的国家，其现代化和发展面临的极大的困难，是受到复杂因素影响的。实现成功发展的东亚各国家和地区在事后总结其成功经验时，必须全面关注影响其发展的主要问题，从而才可能正确把握这一地区发展模式的内在机制。本节开始对东亚模式的内部结构及其特征作进一步的展开分析。主要包括三个方面的内容：一是在政治层面上，实现良好发展的东亚各经济体政治制度的主要特征；二是在此政治体制下形成的发展型体制和经济发展战略及社会经济政策；三是以出口导向战略为特征的开放主义。

1.3.1 威权政体

20 世纪 70、80 年代以来，随着东亚后发经济体相继实现起飞和经济的快速发展，极大地提高了东亚地区在世界经济中的地位和影响力，东亚模式越来越受到世界的关注，对其研究也出现了不断深入。但是，关于东亚模式的内在机制，归属于不同学派的学者之间的认识存在着很大的分歧。特别是 20 世纪 90 年代以来东亚地区因受到新自由主义和民主化，特别是 1997 年金融危机的巨大冲击而出现的一系列重大转型，显示了东亚发展具有的深刻的复杂性，人们不得不重新审视原来对东亚发展的认识而进行新的研究。在关于东亚模式的研究中，新古典经济学和非主流经济学派即所谓的政治经济学派之间的对立，是学术界最主要的分歧。尽管后者难于从根本上撼动前者在经济学中占据的主导地位，但是，东亚各个国家及地区发展史实中具有的独特模式的客观存在以及政治经济学派对发展事实的深入研究，还是对东亚模式的认识和解析起到了重要的作用，并产生了重要的影响。

政治经济学派着眼于东亚各个国家及地区发展体制的独特构成，从政治经济学角度综合分析东亚模式，第一个对日本模式进行政治学研究的是美国学者查默斯·约翰逊，他以日本为背景提出的"发展导向型国家"，被后来的学者进一步发展，形成了诸如"发展型国家"等理论观点。与此类似的还有用"国家资本主义"来解释东亚各经济体政府对经济发展的深入干预。以日本的东亚研究学者为代表，诸如"开发独裁"、"发展主义"以及"发展型体制"等观点，也是从政治经济角度对东亚发展机制的综合分析。诚然，东亚模式的内在核心结构确实是以政府对经济发展的深入干预为特征的，即国家或政府在发展中发挥了重要的作用，因此在东亚地区的发展过程中政治和经济之间的紧密关系是超乎寻常的，这一点是不可否认的。但是，就东亚发展模式的内在构成看，毕竟政治制度和经济体制是两个不同层面的事物，在分析体制模式时需要分别进行分析。只有在搞清楚两种制度结构及其特点的基础上，才能深入分析它们之间的关系或进行整体性的研究。东亚各国及地区的政治体制往往被概括为"威权政治"或"威权政体"以及"威权主义"等；在威权政体之下，为实施发展战略和贯彻发展至上的意识形态而建立的具体的推进社会经济发展的机构体系，可以称之为"发展型体制"。

1.3.1.1　威权政体的内涵与基本性质

在东亚后发国家及地区，在 20 世纪 50 年代实现国家独立后，特别是在进入现代发展阶段之后，纷纷走上了所谓的威权主义道路，形成了威权政体。正是在这一体制下实现了赶超型的工业化的发展模式。在整个东亚模式的构成中，国家政治体制在政治经济体系中占据了核心的地位。从早期发展的东亚"四小龙"到后来的东盟主要国家，都是如此。因此，对早期东亚制度模式的分析必须从它着手。

威权政体是指建立在威权主义（也称为权威主义）基础上的国家政体。威权主义的英文为 authoritarianism，早期译为权威主义，后来改用威权主义。在西方的政治学文献中，通常将现行的政治体制分为三种，即民主政体、威权政体和极权政体，威权主义由原来的权威主义改为威权主义的主要原因不仅仅是为了在文字上与极权主义相对仗，更重要的也是为了避免两个在语义上极为相似的词汇——权威与极权两者之间的混淆。

第二次世界大战结束后原殖民地国家纷纷实现国家独立，开始了建立独立国家的政治体制和实现现代化的努力，东亚和南美地区建立的不同于欧美国家的独特的国家政治制度以及在此基础上推进的现代化发展，引起了世界上发展经济研究者的极大关注。基于这一历史事实，早在 20 世纪 60 年代就开始了对这一问题的研究。直到 20 世纪后期东亚经济奇迹的出现和东亚模式面临的重大转型，东亚发展中国家和地区独特的政体一直是研究的重点内容之一。西班牙学者胡安·林兹（Juan J. Linz）率先使用了威权主义来表述非西欧世界的政治体制，其后，林兹理论又同阿根廷政治学者奥德尼尔（Leopoldo O'Donnell）提出的依附理论相结合，被应用于以中南美为中心的发展中国家模型之中，被概括为"林兹—奥德尼尔理论"。林兹将威权主义看做介于民主主义和极权主义之间的一种政治形态，是现实的三种政治体制之一。通过比较民主体制和极权体制总结出威权政体的基本特征和内涵：① 首先，欧美的民主主义政体的结构主要由以下两方面构成，一是以国民的自发意志为基础的通过自由竞争的政治参与；二是对个人多样化价值的尊重。前者是以熊彼特提出的关于民主主义的程序性定义即以下的学说为基础的，熊彼特指出："（民主主义）是为了得到政治决策权，不同的个人通过为获取人民投票的竞争性斗争而得到决策力的制度机制。"② 后者则包含着相互承认不同价值意义上的多元主义和古典意义上的民主主义（平等志向）。政治的多元化或者单纯的多元化，不是将政治性竞争局限于政治家之间的竞争，而是适用于包含企业与工会、宗教及其他各团体等各种社会组织的意义上。这一点弥补了熊彼特所说的竞争即将其限定于政治家个人之间的竞争所存在的缺陷，而将政治竞争扩展为包括各类社会组织的范围广泛的政治精英之间的竞争。

与民主主义体制形成鲜明对照的是以德国纳粹为代表的极权主义。极权体制存在着一元化的权力中枢，国民被强制忠诚于排他性的意识形态，而且，政治参与是以组织动员的方式展开各项社会活动的。通过对民主主义和极权主义这两个处于极端形态的政治体制的主要结构特征的比较，林兹得出了三个刻画政治体制的维度，即对多元主义的限制程度、政治参与的类型和个人维度的意识形态化程度。通过这三方面的比较，他将"威权主义"界定为介于民主主义和极权主义之间的一种政体形式。

---

① Juan J. Linz（2000）. Totaitarian and Authoritarian Regimes. In Fred Greenstein and Nelson W. Polsby edited. Handbook of Political Science. Lynne Rienner Pub.

② ［奥］约瑟夫·熊彼特著，吴良健译：《资本主义、社会主义、民主主义》，商务印书馆 1999 年版。

　　威权主义应该说不是近现代社会的产物而是有很长的历史，封建时代的政治统治大多表现为广义的威权主义。尽管现代威权主义是专指在发展中国家广泛存在的一种特殊的政治体制，但是在时代变迁过程中威权主义从制度演进的角度所体现的过渡性特征，对于理解这一政体的内涵和结构具有重要的意义。基于林兹提出的基本理论，学者们从不同的角度给出了威权主义的基本定义及其性质界定。如前述的阿根廷政治学者奥德尼尔对拉美的官僚威权主义所做的总结是：主要社会基础是上层市民阶级；在取消大众部门政治活动的同时实施经济的规范化，以维持社会秩序；排斥大众部门的经济活动，以利于大垄断寡头的资本积累；与跨国生产组织联姻以促进其增长；通过制度作用，尽量用技术和客观的理性使社会问题非政治化；关闭大众与政府之间的民主通道，保留军队和大垄断企业的参与。①

　　新权威主义概念的提出，则是注重于各类国家在发展过程中经历的由传统的权威体制到新权威体制，再到民主体制的发展演变过程。中国学者在20世纪80年代中期开始使用这一术语，后来被应用于第三世界特别是东亚和拉美政治体制的研究。这种新权威主义被看做从旧权威主义向自由民主阶段过渡的必经阶段。有的学者甚至把它看做"对全部人类历史一个发展阶段的哲学概括"。根据他们的说法，政治体制经历了三个演进阶段和三种历史模式：旧权威阶段和集权模式；新权威阶段和半集权模式；自由民主阶段和分权模式。三个阶段和三种模式具有各自的不同特征（详见表1－5）。②

表1－5　　　　　　　　　　　　不同政体的基本特征

政治体制	旧权威阶段	新权威阶段	自由民主阶段
	集权（极权）模式	半集权模式	分权模式
经济	传统经济（计划经济）	半市场或发展中的商品经济	成熟的市场商品经济
合法性基础	神授、习惯、征服	通过或不通过选票的赞同	通过选票的民授
政党	无党或一党	一党或一党为主体	大多是两党或两党以上
个人自由	无	部分有限的政治自由，经济上有个人自由	法律保障有充分个人自由
最高权威集体	君主、教皇或其他首脑立宪	君主军人或半军人执政	宪法
分权	无权力	有相对独立的议会	权力分权

资料来源：刘军、李林编：《新权威主义——对改革理论纲领的论争》，北京经济学院出版社1989年版，第62～63页。

---

　　① ［美］奥德尼尔：《官僚威权主义国家的张力和民主之问题》，载戴维·科利尔编：《拉丁美美洲的新威权主义》，普林斯顿大学出版社1980年版，第286～302页。

　　② 陈君峰：《威权主义概念与成因》，载《东南亚研究》2000年第4期。

中国学者也基于东亚威权政治的基本历史事实，总结了这一政体的基本内涵。如罗荣渠曾指出：所谓的威权主义政权是指第二次世界大战后一些发展中国家和地区出现的军人政权或由非军人政权（一般是一党执政）的具有高度压制性的政权。[①] 黄晨颖指出：在这种权威政体下，政府只是在政治领域行使不受限制的权力，但是在经济和文化等领域，社会成员则享有一定的自由和民主性。政治实行专制而经济文化领域实行自由开放的两种截然不同的体制，就是这种狭义的权威主义的特点。[②]

1.3.1.2　东亚威权政体的发展与演变

林兹提出的关于威权主义政体的三维角度的分析框架以及对民主政治、极权政治和威权政治三种现存的政治体制的划分，为研究二战后发展中国家大量存在的威权政体的性质提供了非常重要的理论基础。威权政体与发展型体制是东亚模式的重要构成，是分析东亚主要国家和地区成功实现赶超的重要制度基础，因此，也是剖析东亚模式所不能回避而且必须加以深入分析的。下面分别考察属于东亚相对先发的韩国、中国台湾地区和相对后发的东南亚主要国家的威权政体的形成与演变，从中揭示这种政体的基本性质和主要特征。

第一，韩国与中国台湾地区的威权政体：军人主导政权与一党专制。

二战后东亚国家及地区是在摆脱殖民统治实现民族独立的背景下，为真正地确立国家民族独立的地位探索实现经济社会发展道路而走上威权主义政治路线的。由于不同的国家和地区的初始条件及社会历史背景存在着差异，尽管统称为威权主义或威权政体，但是各个国家及地区的政治体制也存在着很大的差异。

二战结束后，在不同国际政治势力的主导下朝鲜半岛出现了南北分断的国家分裂局面，特别是朝鲜战争结束后南北分裂和东西方两大阵营对立的世界冷战格局的形成，对韩国国家体制的形成和发展产生了重要的影响。不同时期，韩国的政治体制表现出了不同的特点，并非完全呈现为明显的威权主义特征的，因此，关于韩国从何时开始步入威权政体，研究者们也有不同的意见。不同的学者从不同的角度对韩国政治体制的特点和性质做出了不同的界定，详见表1-6。

①　罗荣渠：《现代化新论》，北京大学出版社1993年版，第188页。

②　黄晨颖：《台湾的现代化——威权政治下的经济发展》，载《才智》2009年第18期。

表1-6　　　　　　　　　　韩国政权的更迭与性质界定

名称	总统	期间（年）	性质
第一共和国	李承晚	1948～1960	准竞争型威权主义
第二共和国	尹潽善	1960～1962	
第三共和国	朴正熙	1963～1979	官僚主义的集团协调
第四共和国	（维新体制）	1972～1979	军部威权主义
	崔圭夏	1979～1980	
第五共和国	全斗焕	1980～1988	官僚军政威权主义
第六共和国	卢泰愚	1988～1993	过渡期疑似民主主义
	金泳三	1993～1998	过渡期文民民主主义

资料来源：［日］田村纪之：《权威主义与开发体制（I）》，东京都立大学：《经济与经济学》第86号，1998年3月。

　　二战后韩国在美国的影响下曾试图建立西方的议会民主制度。但是，有一种观点认为，在李承晚政权的后半期，韩国就脱离了最初对民主政治的尝试，开始了权威主义体制，并将其命名为准竞争性威权主义，而将维新体制时期的朴正熙政权称为军部威权主义。李承晚政权是在旧殖民地和二战后美国军政结束的背景下成立的，其首要任务就是建立国家政权，形成独立的国家。国家建立的重要标志就是制定宪法和政府组织法（1948年），从而确立了国家体制的基本框架。朝鲜战争结束后，实现经济复兴和发展成为执政者的首要任务，因此政府在1954年制定实施了《战后复兴五年计划》，着手恢复国家经济。但是，在政治方面李承晚政权走向了专制，在政治制度的建设过程中逐渐暴露了其以终身总统为目标的修改宪法意图，最终表现为1954年进行的所谓的"四舍五入改宪"，同时还伴随着不正当选举行为、压制言论自由、贪污腐败等专制政治行为，结果在1960年4月19日爆发了学生革命，推翻了李承晚政权。

　　李承晚政权被推翻之后，经历了以许政为首的暂时政府，实施了第三次修宪，成立了第二共和国。以尹潽善为总统成立的民主党张勉内阁试图推行西方式民主制度，通过地方选举建立选举制度，但是这一尝试遭到了军队的反对，因发生军事政变而结束了只有10个月的短命政府。1961年5月16日以张都映、朴正熙为首的军方发动了军事政变，"军事革命委员会"发表了包括6项内容的《革命公约》，同时公布了非常戒严令。张勉首相做出了内阁决议，决定将政权委让给革命委员会，尹潽善总统也于第二年辞职。革命委员会于1961年改名为国家再建最高会议，制定了《国家再建非常措施法》，成为国家最高统治机构，最后朴正熙任议长，获得了最高权力者的地位，从此开始了韩国军人政治时期。

军事革命委员会发布的《革命公约》包括六项内容：重建反共体制；与自由主义各国联合；治理腐败；消除贫困；通过经济建设取得反共胜利；在未来实现向民间政治的转换。过渡期军人政权和后来的朴正熙政权按照上述公约的内容，实施了一系列的政策，如实施了革命审判，设置中央情报部等，一方面是强化总统的权力，另一方面也加强了对民主势力的镇压。在经济领域则实施了第二次货币改革，制定了《经济发展五年计划（1962～1966 年）》，为后继的经济发展战略的选择奠定了基础。

通过发动军事政变获得了执政权的军人政治，不可能是一国政治的常态，而只能是特殊时期的产物。但是韩国这一时期的军事政权向民间政治体制的转变却经历了曲折的过程。直到 1963 年 10 月 15 日举行的总统选举，朴正熙作为共和党的候选人参选，仅以微弱多数票战胜了民政党的候选人尹潽善，以前一年公布的第五次修正宪法为基础，成立了第三共和国。

朴正熙政府执政期间，一方面通过修改宪法、建立强化总统权力的政治组织和制度，采用强力手段压制民主势力的发展；另一方面开启了经济发展主义的发展意识形态和建立有效的政府干预经济的体制。所以，尽管这一政权是以军人为背景的，在很大程度上是对民主势力的压制，是与民主政治相背离的，但是其注重经济发展、通过工业化发展实现国家现代化和改善人民生活的目标及努力，在很大程度上却得到了国民的认可，这也是朴正熙得以长期执政的主要原因。

朴正熙执政期间的韩国政治，可谓是典型的威权主义政体。但是，在朴政权的不同时期，其性质和特征也是存在差异的。在前半期，有人称之为"官僚主义的官民协调主义"，或者是"软权威"。但是在后半期，由于韩国社会经济发展带来的深层矛盾，使得威权政治受到了前所未有的挑战，于是，朴正熙政权由前期的"软权威"转向了"硬权威"，走向了"军部权威主义"。从 1969 年开始，朴正熙的政治统治方式发生了改变，他置人民的强烈反对于不顾，通过"三选改宪"为自己的第三次总统选举打开了道路。在 1971 年举行的总统大选中，朴正熙尽管动用了一切可以使用的力量进行不正当选举，但是还是仅以微弱多数票战胜了民主势力的代表金大中。民主势力的崛起和国民对民主政治的强烈诉求，使军人背景的专制政权受到了极大的冲击。在这种情况下，朴正熙政权为了维护既有的秩序和利益，开始用更为强硬的手段压制政治反对势力。1972年朴正熙解散国会，公布了《维新宪法》——把三权分立的第三共和国政体转变为废除总统任期及间接选举为内容的一元体制。通过维新宪法，朴正熙加强了总统的绝对权力，全面否定了三权分立等议会民主主义基本原则，而且通过一系列"紧急措施"和"卫戍令"等法律手段彻底镇压反对势力和各种社会运动。与此同时，朴正熙通过修改《劳动关系法》（1973年）和《劳动法》（1974年），强化《保安法》、《反共法》等方式镇压劳工运动，形成超强的社会监控体系。①

1979年10月26日朴正熙被枪杀。但是以全斗焕为首的新军部再次发动军事政变，获得了国家权力。1980年5月31日，成立了"国家保卫非常对策委员会"，全斗焕任委员长，同年9月，全斗焕就任韩国第十一届总统。其后修改的宪法中，仍然保留了"维新宪法"中威权主义政体的性质。可以说，全斗焕延续了朴正熙政权的威权政体。直到20世纪80年代后期，在全体国民强烈的实施民主改革的要求下，韩国政治才由威权主义向民主政治转变。

在1949年中国国民党开始统治台湾地区之后，在这一地区建立起了另一种威权政治模式——一党专制体制。国民党败退到台湾后，一方面与大陆对抗首先要维护自身的安全，同时作为冷战格局下西方阵营的一员，也要承担对抗东方特别是大陆的任务；另一方面，还要保持台湾地区社会秩序的稳定并谋求社会经济的发展。在这样的社会背景下，国民党败退台湾伊始就宣布了戒严令，在台湾实施了严厉的专制统治甚至是白色恐怖。早期台湾地区的政治制度作为从大陆转入的国民党政权体制，尽管也存在民主制度的基本组织架构，但是只是形式上的而不具有实质性内容。实际情况是，1949年以后的台湾地区，由于惧于引进多党制会引起意识形态上的混乱而实施了"禁党"措施，政党发展受到了严格的禁止。国民党依靠其强大的组织系统，深入地渗透到社会各界，形成了十分严密的社会统治和监督体系。与韩国不同的是，台湾地区的统治是以一党独大的国民党的强大统治力量为基础实施的，而非像韩国那样是依靠军队实力的。国民党强有力的统治不仅涵盖了社会各个领域，而且牢牢控制了军队的统治权。

① ［韩］朴东勋、安花善：《论朴正熙时期韩国发展主义国家的形成与演变》，载《延边大学学报》（社会科学版）第44卷第1期，2011年2月。

必须注意的是，国民党在台湾地区实施的非西方式民主统治，是建立在以资本主义私有制为基础、实行市场经济制度的基础之上的。这构成了威权政体得以存在的重要社会基础。此外，在坚持倾向西方、反对共产主义的意识形态的同时，大力推进三民主义特别是民生主义的政治意识形态，形成了以经济发展为中心的发展意识形态。尽管这同国民党在台湾地区谋求政治统治的合法化和实现社会稳定发展以巩固统治基础联系在一起的，但是这为形成所谓的"有限多元主义"创造了条件。国民党严密的组织体系和强大的政治治理能力，为官僚特别是技术官僚在经济及社会政策决策方面发挥特长提供了空间，同时在这些领域也吸收了其他社会组织的参与，形成了所谓的"协调组合主义"。这是台湾地区政治在转型为民主政治之前的主要特点，也是将其性质界定为威权政体的重要原因。

第二，东南亚国家的威权政体。

东南亚国家比东北亚国家及地区具有更为复杂的历史背景和多种族等社会结构，因此，在二战后探求建立与本国具体情况相符合的政治经济体制及发展道路，就经历了更为复杂的过程。下面对马来西亚和印度尼西亚这两个具有代表性的东南亚国家的政治体制作简要的分析。

马来西亚于1957年实现独立，从独立后到20世纪90年代的民主政治转型时期，马来西亚的政治体制经历了从独立后有较多西方民主制度色彩的政治体制探索期，到20世纪60年代末开始转向了独特的威权主义体制，这一体制的形成和发展延续了很长时期。在这一体制下马来西亚实现了政治稳定和快速的经济发展，是该国现代化发展的重要时期，同时也是东亚的威权体制的重要模式之一。

马来西亚作为多种族国家和受到殖民统治较深影响的国家，其独立后国家政治制度的形成较多地受到上述因素的影响。首先，在殖民文化的影响下，在独立初期的政治努力是要建立西方式民主制度，出现了政党政治的发展高潮。有人认为这一时期马来西亚政党制度的竞争性较高，在议会民主刺激下政党政治异常活跃。其次，各政党作为代表各自种族利益的组织，特别是受到冷战背景下国际因素的影响，不同倾向的政党之间展开了激烈的斗争。尽管这一时期马来西亚的主要政党已经开始了联合执政的尝试，但是复杂的国内、国际环境和刚刚开始的独立政治体制的探索，还没有形成具有较高的政治权威的政权来实现国家政治与社会的稳定。在这种情况下不同党派、社会团体和种族之间的严重对立，最终在1969年大选后，爆发了惨烈的种族冲突，即"5·13"事件。以此为转折点，马来西亚结束了独立初期对西方民主及竞争性政党政治的尝试，① 开始了限制民主政治参与，形成一党独大的威权主义政治的时代。

"5·13"事件之后，以巫统为首的马来西亚政府加强了对反对党的镇压，通过修改宪法严格限制国民的政治参与，特别是加强了对华人政治力量的压制。同时，给马来人以重要的政治经济特权。但是在强化政治压制的同时，以巫统为首的执政联盟并没有走向极端的极权专制体制，相反，为了协调不同种族和社会群体的利益关系，出于实现整体社会稳定的目的，提出了"国民阵线"设想，决定建立由巫统主导但并不垄断的权利架构，积极吸收反对党加盟，以扩大自己的执政基础。

在消除"5·13"事件引起的政治混乱、重建政治体制的 1970~1972 年间，形成了扩大化的此前已有的联立组织。联盟党的联立关系，由巫统、马来西亚华人工会、马来印度人会议三大政党组成联立执政党，联盟党首先于 1970 年 8 月与沙捞越州的沙捞越人民统一党结成联立关系，1972 年开始了真正的扩大联立关系，最终在 1974 年 6 月 1 日正式建立了联立政党国民阵线（NF），并在大选中获胜。从此马来西亚真正开始了威权主义政治时代，经历了较长时期的相对政治稳定期。

以巫统为中心的一党独大的联立政权的成立，特别是从 20 世纪 80 年起马哈蒂尔占据了巫统及政府最高领导地位的长达 20 年的时间内，马来西亚的威权政治发展到了顶峰。执政党利用掌握占绝对优势的政治力量，不仅垄断了政府的行政权力，同时也垄断了国会的统治权。据此，对国民政治参与进一步压制，强化了集权管理。但是这一时期，执政党在社会经济发展方面则采取了相对灵活和实用的政策，实施对马来人给予优惠的所谓的新经济政策，协调马来民族主义与经济发展之间的矛盾，大力推进工业化战略，在经济发展方面取得了很大的成就，这也是马哈蒂尔能够长期占据马来西亚政治高位，并被称为"马来西亚工业化之父"的原因。

印度尼西亚是著名的岛国，由 1.3 万个岛屿组成，是多民族、多宗教和多种语言的国家，加上长期的殖民统治历史，使得该国独立后政治体制的形成面临非常复杂的情况。从 1945 年实现国家独立之后一直到 20 世纪

① 杨鲁慧、杨光指出，1969 年骚乱发生后议会民主被中止，这暴露出马来西亚建立稳定民主的社会资本严重不足，政治精英们信奉的游戏规则依然脆弱。竞争性民主在当时还是奢侈品，无法满足这个新生国家政治稳定的迫切需要；尤其在现代化启动阶段，过度的政治动员和政治参与往往会导致政治不稳定，从而使工业化进程受到影响。参见杨鲁慧、杨光：《当代东亚政治》，山东大学出版社 2010 年版，第 249 页。

90 年代末期近半个世纪的时间内，除少数年份，印度尼西亚尝试过实行联邦制或地方分权制度，但是却没有能够延续；相反，更多的时候则是实行中央集权型的统一国家体制，印度尼西亚的威权政体同样也可以从国家政治制度的基本框架、军人集团政治介入和政党政治等几个方面来理解。

1945 年 8 月实施的印度尼西亚宪法即所谓的"四五宪法"，尽管经过了多次修订，但它所规定的国家政治体制的基本框架以及政治制度的基本结构可以说一直延续至今。首先是实行总统制，总统作为国家的最高领导人，根据宪法掌握政府权力和军事领导权，以国家宪法为基础发布法令。总统和副总统实行直选制，任期 5 年。

人民协商会议是国家立法机构，由通过普选产生的人民代表会议（国会）和地方代表理事会组成，每 5 年换届选举一次。人民协商会议负责修正和制定宪法。人民代表会议成员经由普选产生。国会有权制定法律，负责编制预算和监督执行。地方代表理事会成员由各省普选产生。大选基于直接、普遍、自由、秘密、诚实和公正的原则每 5 年举行一次，选出国会和地方理事会成员，总统和副总统，以及地区人民代表会议成员，参加国会和地方代表会议成员大选以政党为单位。参加地方代表理事会大选以个人为单位。印度尼西亚实行司法权独立和多党制度。①

仅从上述由宪法规定的国家基本政治制度看，各个国家之间似乎没有本质的差别，甚至同西方民主国家也是一样的，但是实际上的政治运行则有很大的差别。在很长的历史时期，军事集团主导国家政治和以限制政党发展为代表的对国民政治参与的压制，构成了印度尼西亚威权政体的重要特征。

印度尼西亚军队在抗击英国殖民统治的斗争中得以成长，并具备了一定的地方领导能力。在苏加诺任总统期间，军队力量一直尝试更多地参与国家的政治经济管理，同时对政府管理不满和持有反共意识形态。苏加诺政权试图支持印度尼西亚共产党的发展来平衡军队力量的增强，但是不仅没有形成平衡，最终在 1965 年爆发了军事政变即"9·30 事件"，印度尼西亚共产党被清洗，苏加诺总统被赶下台。

作为军队集团代表的苏哈托获得了对国家统治的控制权，但是要想使这一权力合法化，必须在既有的多党制和民主选举的制度框架内实现。于是苏哈托一方面加强和完善原有的专业集团，使其作为新型政党参与选举和成为军人政权的政治基础；另一方面，他还利用各种手段削弱其他政党

---

① 杨鲁慧、杨光：《当代东亚政治》，山东大学出版社 2010 年版，第 58 页。

势力，如在 1973 年宣布"简化政党"政策，使印度尼西亚仅存在包括专业集团在内的三大政党。

从 1971 年专业集团在大选中获胜直到 1997 年，它连续六次赢得大选的胜利。苏哈托也一直连续担任总统。长期由单一政治集团垄断国家权力，当然是总统通过其掌握的军事力量和行政权力压制民主力量的结果，但是这也同印度尼西亚特定的政治制度结构相关。印度尼西亚宪法规定，其所有权力集中于人民协商会议，行政、立法、司法三权由人民协商会议分配给总统、国会和最高法院，总统只是受国会委托行使行政权力，国会可以召开临时大会，通过多数决议罢免总统。因此，总统地位的持续取决于国会的支持。在五年一度的既非自由也非公正的大选中，当选的专业集团议员和军队代表的议员通常占有国会的三分之二的议席，在由国会议员和地方代表、职能代表的任命议员组成的人民协商会议中，执政党议员、军队代表议员和苏哈托任命的代表、职能代表通常达到人民协商会议议席总数的五分之四。苏哈托正是通过对国会的控制实现其长期威权统治的。

印度尼西亚军人势力不仅仅表现在对国家高层政治权力的垄断，还表现为对地方乃至基础政治、行政权力的介入，进而渗透到国家政治、经济和社会生活的方方面面。在苏哈托当权时代印度尼西亚军队均具有"双重职能"，军队既承担保卫国家安全的军事职能，也承担社会政治职能，积极参与社会政治生活。在此基础上，军人甚至具有了所谓的"三位一体"的角色：独立的政治力量，控制并掌握着生产资料，参与国家经济事务。①

1.3.2　发展主义、发展型体制与工业化战略及政策

1.3.2.1　发展主义理论的发展

第二次世界大战后，国际社会生活的主流是西方国家主导的社会民主制度。显然，东亚国家和地区广泛存在的威权政治与国际社会的民主主义是相背离的。按照通常的逻辑，这一违反国际社会的发展潮流、对国民政治参与实行限制的制度是不能长时间存续的。实际上，仅从威权政体这一

---

① 参见刘宏：《中国—东南亚学：理论建构、互动模式、个案分析》，中国社会科学出版社 2000 年版，第 352 页。

方面，还不能完全概括东亚模式中政治经济体制的全部特征。在东亚政体中还存在另一个侧面，即政府对经济发展的全面干预，利用国家权力推动工业化目标的实现和经济发展水平的提高。东亚政治的这种特征也被比较政治学者和发展经济学者作为研究对象，往往用诸如"开发独裁"、"发展主义"、"发展型体制"等来概括。① 一般而言，国家或政府的经济干预或经济管理，也构成了国家政治机能的一部分，但是与单纯的国家政治机能相比较，从原本上讲，它不是其中的核心机能，无论是在传统的政治学理论中还是在古典政治经济学理论中，提到的国家政体具有的经济机能只是一般性的管理机能，是在作为社会基本制度如确定财产私人所有制以及维护市场经济秩序等方面的基础性职能，而不是国家对经济生活的深入干预。所以说，国家或政府对经济生活的干预是在传统的一般性管理模式上的一种延伸，是国家政治机能的衍生品。20世纪后半期，从东亚的先行国家和地区开始，逐渐扩散到东南亚的大部分国家，国家机能被大幅度地扩张了，与威权政治相对应的是政府利用国家的权力大力推进工业化和经济发展战略，对经济生活实施全面而深入的干预，即所谓的"发展主义体制"。实际上，东亚经济的发展机制是由国家干预体制和民间体制组合而成的，发展主义体制不仅是政治体制的组成部分，也是经济体制的组成部分，脱离了这一组成部分也就无法有效地解释东亚的经济发展。正是因为这一体制处于政治和经济两个体制的交集，所以成为比较政治学者和发展经济学者的研究对象，而更多的成果出自前者的研究中。

对东亚模式的类似的总结概括实际上并没有更长的历史，大部分是在20世纪80年代之后由于东亚经济的腾飞而使其发展模式受到重视的。"开发独裁"是以概括东亚政体特征为目标的，这一点从这一词汇的构成上即可以看出。"开发"作为形容词是用来说明独裁体制的特点的，大部分学者对其含义的解释，也是将东亚政权致力于发展经济解释为谋求独裁统治的合理化和持续化。如韩国学者朴一指出，开发独裁是以推进经济发展这一国家目标而取得政治统治的正统性，在这一目标上取得一定成果的独裁政治。② 日本学者高桥进则将开发独裁定义为：经济增长需要稳定的

① 英文 developmental 一词通常被翻译为"发展"，有些学者也用将其译为"开发"，在本书中，发展主义与开发主义等相关词语的含义是相同的。
② ［韩］朴一：《韩国 NIEs 化的苦恼——经济发展与民主主义的两难困境》，同文馆1999年版，第4页。

政治环境因而使强烈限制政治参与的独裁体制正当化的体制。[①] 显然，这里强调的是从发展到政治统治合理化的顺序，是以发展为始点，落脚点则放在了独裁统治上面。从前面对东亚威权政治特征的分析可以看出，这一政体对民主政治参与实施了一定程度的限制，但是与极权政治是不可同日而语的，严格地讲，是不能将其归为独裁统治的行列的。从经济发展需要稳定的政治环境这一角度出发，它是谋求稳定和增长的政治。发展主义与威权政治之间到底是什么样的关系，不同于上面的开发独裁观认为出于发展的需要而实施独裁统治的逻辑关系，另一种观点认为是威权政治在先，威权主义体制下的政治精英为了确立政权的正统性而推行了发展主义政策。[②]

与相对早期或相对传统的开发独裁论不同，随着东亚经济发展越来越受到世界的关注，人们的研究也从包含较多的价值判断的角度转向了对作为一个事实或现象的实证研究上。大约也是在 20 世纪 80 年代提出的发展主义国家、发展主义、发展型体制等观点，更加中性化或者趋向于理性，也可以说是较少包含价值判断的概念。

发展型国家是英语 developmental state 的译文，它最早来自于美国政治学者查默斯·约翰逊关于日本的研究，在其著作《通商产业省与日本奇迹》中，对 20 世纪 30 年代以后日本政府经济管理机构在国家经济发展中所起的作用进行了深入细致的调查和分析，他指出："作为一个发展较晚的特殊模式，日本不同于西方市场经济国家、共产主义集权国家或第二次世界大战后的新兴国家，最明显的差别是，在日本，国家的经济职能是同民营部门共同分担的。政府和民间企业共同改善了处理经济问题的种种方式方法，使市场为国家经济目标的实现发挥作用。日本的这种模式是历来政府扶植国民经济发展最成功的实例。"这种政府将经济发展作为优先目标、对发展给予指导并与民间企业密切协作的模式，被称为"发展导向型国家"。[③] 后来他的理论被扩展到东亚其他经济体，也被称为"发展型国家"。

日本学者在这方面的研究进一步趋向于客观，使得相关的概念及理论

①　［日］高桥进：《开发独裁与政治危机》，载《世界》1980 年第 2 期。

②　郭洋春：《冷战结构的本质与世界经济——亚洲开发与开发主义》，载［日］横山正树等编：《后冷战与亚洲——亚洲开发主义与环境、和平》，日本中央经济社 1996 年版。

③　Johnson C.（1982）MITI and the Japanese Miracle：The Growth of Industrial Policy 1925 – 1975. Stanford Stanford University Presss，pp. 180 – 188.

都得到了更进一步的深入和系统化。经过渡边利夫、村上泰亮①等人的初期工作之后，关于东亚发展主义的研究进入了一个新的阶段，"发展主义"与"发展型体制"被明确地区分开来，两者之间的关系也更加清晰化了。正如从词义所表现的那样，发展主义是一种意识形态，是作为政治工具进行政治宣传或政治动员的。而发展型体制则是为了实现发展主义倡导的目标和推进发展战略而进行的制度和组织方面的准备。末广昭指出：发展主义是在以"发展"作为国家目标，并以此作为动员国民的基本口号的情况下，号召国民将国家、民族利益优先于个人、家庭和地方利益，为了实现国家的特定目标，依靠工业化带来的经济增长提升国家实力，而力图动员和管理人力物力的意识形态。他认为发展主义作为一种意识形态，是所有发展中国家都存在的。发展中国家在实现国家独立目标之后，发展经济、作为独立国家实现经济自立成为首要的任务，于是，发展主义在特定的环境条件下成为必备的意识形态。但是，存在发展主义的意识形态并不必然能够取得良好的经济发展绩效，不同国家经济绩效的差别在于是否存在发展型体制。发展型体制是为了实现发展主义所倡导的目标，在法律、制度、组织等方面进行的有目的的准备，其构成要素包括：国家对投资资金的管理和运营；对人力资源配置和劳资关系的介入；推行为实现增长结果共享的社会政策。末广昭认为只有最后一项政策得以实施，才标志着发展型体制的确立。② 下面，我们从东亚典型国家的发展实践分析发展主义意识形态及发展型体制的形成。

1.3.2.2　韩国的发展主义与发展型体制

第二次世界大战前后从殖民地统治中获得解放，诞生了一大批新的民族国家，这些国家的领导者在快速建立国家机构的同时，把民族主义和经济发展作为立国的基本理念，致力于确立独立国家的权威性或当权者自身的"正统性"。正如缪达尔（Myrdal）指出的那样：在继承了列强统治遗产的"国境"线的基础上，不得将发端于西欧的民族国家作为唯一现实的

---

① 村上泰亮在其著作《反古典的政治经济学》中，对发展主义做了如下的定义：发展主义作为一种经济体制，是以私有制和市场经济（资本主义）作为基本框架，将产业化（即人均产出的持续增长）作为目标，只要对目标实现有益就从长期角度允许政府对市场的干预。参见［日］村上泰亮：《反古典的政治经济学》，中央公论社，第5～6页。

② ［日］末广昭：《什么是开发主义》，《发展中国家的开发主义》，东京大学社会科学研究所编：《20世纪体系：第4卷开发主义》，东京大学出版会。

国家形态，为此，国家领导者的责任在于将具有不同的民族和文化传统的各集团融合，以避免国家的分裂和崩溃。这时，更多的领导者采取的手段就是以民族主义为基础的经济发展主义的激励。[1]

　　从一般情况看，韩国的发展导向可以看做是在与其他国家完全相同的时代背景下诞生的。唯一不同的是韩国作为世界上其他国家所不能类比的高度同质的民族集团，没有形成过单一的民族国家，而是由于朝鲜战争成为南北两个独立的国家。这一历史背景对于韩国的民族主义、发展主义产生了不可忽视的影响。

　　二战结束之后的韩国，经历了美国军政统治时期。1948 年李承晚就任第一代总统（第一共和国），但是由于政治斗争、腐败而导致经济重建的失败，国民对独裁倾向的反感，使其在 1960 年下台。后继的第二共和国也于 1961 年 5 月 16 日被军事政变推翻，不得不将政权委托给革命委员会（后来的国家再建委员会）。1963 年，以朴正熙为总统的第三共和国成立，之后韩国真正地迎来了发展时代。尽管如此，之前的李承晚执政时期，其实也为倡导发展主义和建立发展型体制做出了很重要的工作。为了实现战后国家的形成和经济重建，国家对经济事务的全面深入管理不仅体现了强烈的"国家资本主义"或发展主义色彩，而且为后来的发展型体制的形成奠定了重要的基础。

　　1948 年制宪宪法和政府组织法的颁布，可以说是为国家政体的形成提供了重要的条件。从与发展型体制相关联的角度看，韩国宪法包含了世界上其他国家宪法无法相比的详细的经济条款。1948 年制定的宪法专用一章——第六章以经济为题，设置了浓厚的国家经济干预色彩的条款。如第 84 条为，为实现社会和国民经济的均衡发展，"在此限度内保证个人的自由，重要的资源所有权为国有"（第 85 条），分配土地（第 86 条），运输、通信、金融等领域实施国有、公有企业经营和对外贸易实行国家统制（第 87 条），出于国防或国民生产方面的需要在必要时可以将私人企业收归国营或公营（第 88 条）。后来韩国宪法的经济规定经过了强烈自由主义倾向的改正，但仍存在着具体的经济干预的痕迹。

　　从 20 世纪 50 年代末期到 20 世纪 60 年代后半期，无论是韩国的政治制度还是经济组织，均作为以经济发展主义为旗帜的国家体制而得到了大力建设。基于制宪宪法附则第 101 条制定的《反共法》（1948 年）和《国

---

①　缪达尔：《亚洲的戏剧——国民贫困研究》（上），东洋经济新报社 1974 年版，第 25 页。

家保安法》 （1949 年），其后被废止或修正，变为《新国家保安法》
（1960 年）和《反共法》（1961 年）。以反共意识形态为"国是"，以引进
外资为杠杆建立的为发展经济而动员所有人力物力资源的总动员装置，正
是在此基础上形成的。1962 年实施的"第一个经济发展五年计划"，发挥
了驱动上述装置的指针性作用。

　　李承晚政权下台后经过许政过渡政府之后成立的张勉民主党政权，尽
管执政时间较短，但是客观上说，对于韩国推进发展主义及发展型体制的
建立起到的作用是不能忽视的。面对工业落后的局面和国民要求提高生活
水平的要求，张勉政权先于后来的朴政权首先提倡了"经济第一主义"，
其积极推进经济发展的典型表现就是制定了《经济发展五年计划》，并提
出了实施"国土建设事业"。这两项政策并没有因为"5·16"事件而中
断，相反，被朴政权继承并发展，对后来的经济政策和体制产生了很大的
影响。当时的韩国由于南北分裂导致的工业基础基本丧失、朝鲜战争的破
坏和战后复兴的滞后等，只存在稍许的工矿业。① 在当初制定的经济计划，
确定了通过进口原材料出口加工产品实现经济增长的方向，是在当时情况
下不得已的选择。

　　张勉政权在 1960 年公布的国土建设事业，是指其应美国要求制定的
在 1961 年 1 年内投入 400 亿韩元、共动员 450 万人的国土开发计划，内容
包括道路建设、农地开垦、资源开发，建设昭阳江大坝等。在推进这一计划
过程中建立起了作为广泛国民运动的官民合作体制。1960 年 12 月成立了国
土建设本部门，本部长由政府高官兼任，部长代理则由民间人士出任。

　　通过军事政变上台的朴正熙政权，鉴于国民强烈的发展经济的诉求和
自身谋求军事政权合法性的需要，将政权的工作重心放在大力推进经济建
设上面，使韩国从 20 世纪 60 年代初开始进入了所谓的"发展时代"。朴
正熙倡导的以实现经济自立为基础的国家现代化这一发展主义意识形态，
贯穿于韩国的整个现代发展时期。

　　在第一个经济发展计划中，首先明确提出"果断地纠正所有社会经济
的恶性循环，建立实现经济自立的基础"。为了贯彻发展主义意识形态，
创立并完善了发展型体制及政策体系。首先，成立了政策研究规划和制定
执行机构，负责制定和实施以经济发展计划为代表的各项发展计划及政

---

　　① 当时韩国仅存的工业被称为"三白产业"，即棉纺业、制糖业和面坊加工业，"三粉产
业"在上述三产业中用水泥替代棉纺。

策；其次，大力扶植财阀企业，使其成为实现工业化的主力军；再其次，建立政府金融系统，实施政策金融，配合财政政策推进产业政策的实施；最后，在20世纪60～70年代，韩国还建立了促进出口的政策体制，实施了出口主导型的工业化战略。

　　20世纪70年代初期国际形势的变化对韩国形成了强烈的冲击，使其进一步加强政府对于实现工业化的干预，在这一背景下形成的"维新体制"以及相应的"重化学工业化战略"，典型地表现出韩国发展主义的特征。从20世纪60年代末期开始，美国鉴于苏中对立的加剧及美国对东亚地区的过度干预等情况，着手调整其东亚的安全和外交政策，尼克松政府强调东亚各国除了在遭遇包括核武器等来自主要大国的威胁之外，希望安全保障问题主要由各国自己处理。接下来就是从韩国撤出部分驻韩美军。表现美国对东亚战略发生重大变化的最重要标志还是美国与中国的接触和美中关系的和解。日本也追随美国与中国实现了两国关系的正常化。这标志着自朝鲜战争以来东亚地区冷战格局发生了重大的调整。在这样的形势下，朴正熙在1972年12月6日发布了"国家非常事态宣言"，表明了对大国政治权力强烈的不信任感和对区域发生局部战争的可能性进一步提高的担忧，强调坚持民族自主性，来能动地和灵活地应对变化的世界潮流。韩国政府一方面展开积极的外交活动；另一方面在国内实施了所谓的"十月维新"，建立维新体制进一步加强了对国内政治的控制和经济干预。在1972年10月27日公布了"维新宪法"，11月21日通过国民投票得以确定。新宪法最大的特征是大幅度地强化了总统的权限，如总统可以实施解散国会、根据对国势的整体判断暂时停止国民的权力等紧急措施；删除了旧宪法禁止总统四届连任的规定，将任期从四年延长至六年。[①]

　　维新体制在经济上的内容是大力推进重化学工业化的发展。在1972年开始的第三个经济发展五年计划，在所谓的"增长、稳定和均衡"的三大经济发展原则之下，提出了三个重点发展目标，一是推进农村经济的革命性发展，二是实现出口的划时代增长，三是大力建设重化学工业。其中第三项是最大的目标并成为经济发展的核心。1973年1月，朴正熙总统在新年记者招待会上发布了"重化学工业化宣言"，阐述了在维新体制下发展战略的重大调整。其中确定的长期目标包括钢产量为1 000万吨，造船

---

　　① "十月维新"被认为是当权者发动的第二次军事革命，其真实理由不是仅限于应对新的国际形势和"南北对话"，真正的基础在于"对民族自主性的强调"，这一点上它与"5·16"事件具有同样的性质。

500万吨，精炼油94万桶，汽车产量为50万台，这些目标在该年末发布的《我国经济的长期展望（1972～1981）》中被进一步细化。20世纪70年代韩国经过两个五年计划，军事革命确定的目的由原来的"经济建设"转变为"重化学工业建设"。

1.3.2.3 多种族国家马来西亚的发展型体制

与韩国高度化的单一民族不同，马来西亚作为东南亚的主要国家之一，是一个多民族而且各族之间具有较大社会差异的国家。因此，马来西亚的发展主义的重要课题是要消除各种族之间的矛盾和差异，通过民族之间的和解实现稳定的统治和社会经济发展。

马来西亚有三大种族，其中人口最多的是马来人，其次是华人和印度人。在长期的英国殖民统治期间推行的殖民政策，形成了马来西亚各种族分工体制及相应的差别型社会结构。首先是英国人掌握大规模橡胶园、锡矿以及核心进出口业、贸易、保险、水上运输等产业，殖民地官僚等控制了殖民地经济结构的高端和基础；其次，处于传统社会底层的马来人主要在农业部门，从事小规模的水稻种植和橡胶栽培经营；中小规模的华商作为社会中层从事中小贸易业和国内流通，垄断了本土的金融、银行部门，更多的华人经营者和工人分布在中小规模的橡胶园、锡矿行业；印度人则作为社会下层大部分是橡胶园和铁道、道路建设的工人。英殖民地统治为了维护其统治秩序，采取了差别化政策即优待马来族的政策，从而造成了各族之间的矛盾和深刻的社会差别。

在马来西亚实现独立的第二年即1958年，政府实施了《创立产业条件》条例，其目的是以在一定时期内减免企业法人所得税为基础在工业部门引进外资。这一法律在1968年发展为《投资奖励法》，1986年调整为《投资促进法》。在第一个马来西亚计划（1966～1970年）前，马来西亚的工业化进展主要表现为，政府在建设道路、港湾、电力等基础设施和能源产业方向进行了大量投入，同时，大力引进外国资本和技术，国内则主要供给华人民间资本和廉价的劳动力。

但是，1969年爆发的种族暴动对马来西亚的政治经济发展造成了巨大的冲击。如前所述，暴乱后马来西亚政治走向了威权体制，在这一体制下实施了以发展主义为基础的"新经济政策（NEP）"，从而大幅度地加快了马来西亚工业化的进程。通过发展经济消除社会矛盾健全社会结构，成为存在严重社会种族矛盾的马来西亚极为迫切的课题。新经济政策正是体现了这一特点的发展主义意识形态下的经济政策。新经济政策因其具有优待马来人的倾向而被称为"马来人优待政策"或"大地之子①政策"。这一政策的基本目的包括：（1）对马来人、华人及印度人实行平等对待，无差别地消除各种族中的贫困化；（2）缩小种族间、地域间的经济差距，调整社会结构。

为了达到第一个目的，主要手段包括创造就业机会、提高生产率、改善和充实农村的社会公共设施等。第二个目的包括四个目标：一是促进庞大的地区开发计划的实施，其中不仅是发展农业而且要推进农业地区的城市化，以此作为新的增长点。二是使就业机会的分配能反映马来西亚各种族人口的比率结构。三是在1971～1990年的20年间，使"大地之子"占有30%的生产资料和经营权。四是在同样的20年内，"大地之子"将拥有及经营30%的工商业活动，·以此创立大地之子共同体。尽管新经济政策标榜在各种族间平等、无差别对待，其实施以不损害其他种族利益的范围为界限，但从政策内容上看却明显地表现为它是以马来人为中心的大地之子作为政策优待对象的。在政策实施初期，由于非常担心收入及财富分配的不公平，政府直接参与经济活动，设立国家出资的公营企业和推进资本积累。

1.3.2.4　工业化战略与政策

通过发展经济真正实现自立，是东亚主要国家现代化发展模式的核心内容，经济发展又落实在实现工业化或经济现代化这样的目标上。从作为发达国家的日本，到韩国等东亚先行国家及地区以及后来的东南亚主要国家，甚至包括中国、越南等原计划经济国家，其早期发展都是依靠大力发展工业实现经济腾飞的。已经有很多关于东亚主要经济体的经济发展机制的讨论，但是在一些主要问题上并没有达成一致的意见，在不同学派之间还存在着较大的争议。下面以东亚主要经济体的工业化发展战略和政策为主线，对东亚模式中的经济发展机制尝试给出我们的解读。

在发展主义意识形态和发展型体制之下，东亚各国家及地区政府对经济发展实施了深入的干预。政府对经济的干预在发展中国家中是普遍存在

---

① 马来语 Bumiputerade 的意思是大地之子，是马来西亚对马来人及土著民的称呼，以区别于华人、印度人等外来移民。

的，但是东亚地区的政府干预在很多方面不同于其他地区，被认为可能是东亚实现发展成功的重要因素。尽管将东亚主要国家及地区的发展概括为"东亚模式"，但是由于发展时期的不同以及各自发展时期面临的内外部背景条件存在着较大的差异，不同经济体的发展既存在着普遍性也存在各自的特殊性。

东亚主要国家及地区政府对工业化发展发挥的推动作用，可以总结为产业政策管理模式。在实现工业化的大目标之下，政府根据不同时期的经济状况选择重点发展的目标产业，通过财政、金融等各种产业政策促进目标产业的发展。产业政策的实施不仅表现为对投资及资本积累的促进，还表现在对工业化主要承担主体的大力扶植等方面。

首先，制定中长期经济发展计划，确定各个时期经济及产业发展的主要目标和任务，对民间经济主体给予方向性的引导。政府努力加强社会公共设施建设和教育投资，为产业发展提供有利的社会条件。

如前所述，早在李承晚执政时期就已经开始制定经济发展计划，这一方式在朴正熙执政后得以延续，经济计划成为韩国政府推动经济发展的重要方式之一。1962 年制定和实施的第一个五年经济发展计划（1962～1966 年），就是参照之前其他政权制定的经济发展计划形成的。其背景是美国对韩援助逐渐减少，韩国急需脱离援助依赖经济走向经济自立，并努力改善人民生活。该计划确定了推进进口替代工业化，最初还包括充实社会资本、振兴农业发展等的目标。由于国内储蓄率过低，无法筹集资金对计划目标给予资金支持，便尝试积极引进外资。尽管在计划实施的第二年遇到了困难，不得已将计划指标下调，但是最终的实施结果还是大幅度地超过了下调的计划指标。这样，进一步增强了政府的发展欲望和实施发展计划的信心。于 1967 年开始实施的第二个经济发展五年计划（1967～1971 年），是完全由朴政权负责制定和实施的第一个经济发展计划。该计划包括两大目标，一是前一个计划没有很好完成的任务，即为了充实社会资本和建设主导产业，为筹集资金而努力提高国内储蓄率和顺利引进外国资本；二是超越了第一个计划，明确提出实现出口导向型增长，努力振兴依托丰富的劳动力资源的纤维等劳动密集产品的出口。第三个经济发展五年计划（1972～1976 年）是进一步确立出口导向型工业化的时期，也是重化学工业化的真正开始时期。这一计划最初在"增长、稳定、均衡协调"、"形成自立性经济结构"、"实现地区均衡发展"等方针之下，确定了农村经济的创新发展、划时代的出口增长和建设重化学工业的三大目标，但是在急剧变化的政治经济形势下，逐渐将努力的重点集中在建设重化学工业上面。到 20 世纪 90 年代初，韩国已经实施了六个五年经济发展计划。

其他的东亚国家和地区也都运用经济计划作为推动工业化的重要手段。如在 20 世纪 70 年代，马来西亚政府实施了两个五年发展计划，每个计划不仅确定了计划时期的目标和主要工作，而且还有具体的政策措施（第二、三个马来西亚计划的具体内容详见表 1 - 7）。

其次，制定产业政策，运用财政、金融及外汇等政策手段实现资源的倾斜配置，促进重点产业的发展。

产业政策是东亚国家及地区加速推进工业化进程的核心政策，在以实现工业化为主要发展目标的过程中，所有的经济政策都是围绕实现工业化这一大目标而展开的。尽管在不同的国家及地区产业政策体系的完善度以及实施力度存在差异，但是所有的东亚经济体都曾经实施过这一政策。相比较而言，在 20 世纪 50 ~ 60 年代，日本的产业政策体系及相应的体制达到了高度完善的程度。韩国在 20 世纪 60 年代进入所谓的"发展时代"及 20 世纪 70 年代的重化学工业化发展时代之后，政府运用产业政策对产业发展的干预与日本相比更是有过之而无不及。即便是在政府对产业发展干预程度相对较小的中国台湾地区，也存在着运用各种手段调整资源配置的事例。

表 1 - 7　　　20 世纪 70 年代马来西亚经济计划与大地之子工商活动促进对策

五年发展计划	工业部门的发展计划	对应的政策、建立的机构	马来人工商共同体的建设
第二个马来西亚计划（1971 ~ 1975 年）	①创造就业机会（年 7%）②培育小规模工业 ③未开发地区的工业培育 ④附加价值增长（年 12.5%）⑤出口额（年 15%）	1971 年修订投资奖励法 1972 年成立信用保证公社（CGC）1973 年小规模产业企业诊断协议会 1975 年设立国家认证机构（SIRIM）1975 年在投资奖励法中增加"设厂奖励项目"1973 年成立马来西亚开发银行（BPMB）1971 年自由贸易法	①商工省下设大地之子参加局 ②国家企业公司（PERNAS）、人民信托局（MARA）、州经济发展局（SEDC）以及市政行政部门协会（FIMA）的合作 ③小规模企业的培育 ④在马来西亚兴业金融有限公司（MIDF）设立大地之子贷款局

续表

五年发展计划	工业部门的发展计划	对应的政策、建立的机构	马来人工商共同体的建设
第三个马来西亚计划（1976~1980年）	①创造就业机会（年7.4%）②培育小规模工业③落后地区的工业培育④劳动密集型产业、化肥农药产业、出口导向产业⑤石油资源的工业化	1974年成立马来西亚石油公司（PETRONAS）	马来西亚土著人投资基金（Bumiputera Investment Fund）

资料来源：马来西亚政府：《第二个马来西亚计划（1971~1975）》、《第三个马来西亚计划（1976~1980）》，转引自平户千夫：《马来西亚工业化与"民族资本"》，载《经济地理学报》1992年第3期。

对于落后国家而言，由于国内储蓄率低而难以筹集发展工业所需的大量资本，以及优先资金如何有效率地使用，这是推进工业化面临的最大困难。韩国在1962年开始制定和实施经济发展计划，在每个经济计划期间都配合主要计划目标制定资金分配计划。为实现相应的计划组建的政府主导型金融体系，发挥了非常重要的作用。

早在1954年韩国就设立了韩国产业银行，其后，在20世纪60、70年代，相继建立了韩国进出口银行、国民投资基金、韩国土地金库、韩国长期信用银行等政府金融机构，它们主要是承担为实施各次经济计划的重点政策而分配财政投融资资金。不仅是建立系统的政府金融体系，韩国政府还对民间金融机构实施严格的管制，政府对民间金融机构的资金走向具有影响力。正是由于政府对金融体制的形成及运行有着严格的规制，并且是以银行为主的间接金融体制，所以韩国的金融体制也被称为政府主导型间接金融体制，或政府主导型信用分配体制。在第二个五年计划以后，促进出口和发展重化学工业成为产业政策的最优先目标，这时韩国的金融系统将产业部门区分为优先部门和非优先部门，为推进优先部门的投资而实行了资金分配和低利率优惠政策。在此期间，韩国还制定了各种具体的产业发展政策，如1967年的《机械工业振兴法》，1969年的《电子工业振兴法》、《汽车产业育成计划》，1970年的《造船产业振兴基本计划》等。为实现这些具体的产业发展目标，金融部门同时制定了相应的资金支持计划，向这些重点发展产业提供优惠贷款。

20世纪70年代初期，马来西亚的工业化在"新经济政策"的框架下开始了新的发展时期，从此开始，以联邦政府为中心的公共部门对经济的干预也急剧地加强了。公共部门对经济的介入不仅限于通过扩大财政支出，也包括制度性和政策性的干预。

第一，联邦政府通过大规模举债来扩大开发支出。在1966年马来西亚联邦政府总支出在名义国内生产总值（GDP）中所占的比例仅为24.6%（一般项目支出为17.6%，投资支出为7.0%），但是到1985年这一比率已经提高到了34.4%（一般项目支出为25.4%，投资支出为9.0%），20年间提高了近10%。大规模扩大的财政支出特别是发展支出的增加，其来源主要有三个方面：联邦政府的经常项目储蓄、国内借款和国际借款。1984年发展支出中三者所占的比率分别为32.5%、45.0%和44.0%，1985年的相应比率则变为50.0%、59.0%和13.0%。通过发行国债筹措资金成为最主要的资金来源，而且其国债持有者主要是养老基金而非中央银行。政府通过财政手段对经济的干预是通过所谓的"发展支出"实施的，包括直接支出和政府贷款两部分（表1－8），直接支出不仅仅包括对公共事业的支出，还包括对公营企业的资本投入。

表1－8　　　　　　　马来西亚联邦政府的开发支出　　　　单位：万林吉特

年份	1984	1985	1986
开发支出	807 400	650 600	760 800
直接支出	427 900	404 100	504 200
贷款余额	379 500	246 500	256 600
发放额	（412 800）	（291 200）	（301 600）
返还	（33 300）	（44 700）	（45 000）

资料来源：Bank Negara Malaysia，Annual Report 1986.

第二，在金融方面政府通过对金融体系的干预为工业化发展提供长期设备投资。首先是建立政府金融机构，包括马来西亚工业开发金融金库（MIDF）、马来西亚工业开发银行、马来西亚开发银行（BPMD）等；其次是出于促进新增设备投资的目的，在中央银行设立了"新投资基金"等政策性金融。根据商业银行的申请，中央银行向其发放长期低利贷款，后者再加上利差贷给企业作为新增设备投资。

第三，对工业化担当者的扶植。企业作为市场经济最重要的主体，是工业化的主要担当者。在东亚各经济体中，尽管存在着诸如韩国的财阀企业主导型工业化、中国台湾地区的中小企业主导型工业化等不同的模式，但是无论是哪一种模式，企业作为工业化的担当者和发展经济的重要主体，都或多或少地得到了政府直接或间接的扶植和支持。可以说，后发国家利用政府力量扶植企业的发展，是东亚模式的重要构成要素之一。

在韩国，财阀集团在该国的工业化发展中承担了主力军的作用，也得到了韩国政府的大力扶植。其他国家如马来西亚等，对企业的扶植表现在两个方面，一是政府通过投资建立国有及公营企业，直接参与工业化活动；二是通过各种政策对各类企业加以直接或间接的扶植。

企业作为现代经济的基本组织形式，其发展需要较为长期的过程。单纯依靠其自身的发展是不能满足快速工业化的需要的。在后发国家，一方面缺乏企业发展所需要的社会经济环境，包括资本市场、经营者人才的培育等；另一方面从企业组织制度的完善和参与市场竞争的经营能力的提高等方面，也需要一个渐进的过程。因此，在东亚各国家和地区政府推动的工业化战略中，利用政府的各种力量大力扶植企业也是必然的。东亚各个国家及地区快速工业化发展过程中的担当者，是由三类企业构成的：一是国家投资建立起来的国有、公营企业，这些企业在基础产业部门或具有较高公共利益的部门发挥着主导作用。二是国内的民族企业，各个国家及地区在不同时期根据发展需要，重点扶植不同类型的企业。如韩国一贯大力支持财阀系的大企业；中国台湾则是以中小企业作为工业化的主力；马来西亚也利用所谓的"大地之子"政策对中小企业的发展给予帮助，同时也重视大企业的发展。三是外资企业，包括合资企业和外商独资企业，外资企业在东亚工业化发展中发挥着重要的作用，其发展也在东亚扩大对外开放和实施外资优惠政策中受益。上述三类企业在东亚发展中形成了三足鼎立的态势，有人将之称为"支配资本的鼎结构"①。

第四，大力振兴出口产业和吸引外资，实行外向型特别是出口导向型工业化战略。关于这一点，被看做东亚实现奇迹发展的一个非常重要的因素。具体内容在下面作单独的分析。

上面就东亚模式中的两个主要构成威权政治、发展体制和工业化战略与政策，作了简要的论述。尽管这些是东亚发展体制中的主要构成，但是它们并不是全部。后发国家实现工业化和现代化发展，需要很多综合性的社会经济条件，如承接发达国家先进技术和产业转移的社会能力，包括人才培养和教育的发展、社会法律制度的建设等；经济发展所需要的基础性

---

① ［日］末广昭：《赶超型工业化论：亚洲经济的轨迹与展望》，名古屋大学出版会2000年版，第163～169页。

组织、制度的形成和成长，特别是企业组织的制度形成和经营能力的提高，对新兴工业化发展的适应能力的培育等。这些方面在东亚国家和地区，都表现为具有特色的发展模式。限于篇幅，不能对此作专门的分析，但是在下一小节"东亚模式的理论评析"中，将会略加涉及。

1.3.3 利用外资、出口导向的开放体制与东亚紧密型区域经济联系的形成

后发国家的工业化路径通常被设定为进口替代，即在保护国内市场的条件下，通过扶植具有战略意义的产业部门的发展，实现国家的工业化。但是在众多的发展中国家的实践中，过度的进口替代政策并没有带来良好的发展绩效，相反还导致了严重的经济结构畸形和工业化发展的停滞。而东亚经济体的实践则被认为较早地从进口替代工业化政策转向了出口导向工业化政策，这是东亚工业化取得成功的另一重要原因。实际上，从东亚主要经济体的发展实践看，不仅仅是出口导向型工业化战略，该战略的实施同积极利用外资及在此基础上大力振兴出口产业是联系在一起的，也就是说，以利用外资和出口振兴为主要内容的开放体制及对外开放战略的推行，对于东亚快速的工业化进程起到了重要的作用。我们还需要看到，在不同时期相继崛起的东亚国家、地区在推行对外开放战略的过程中，先行起飞的经济体从外资吸收国转变为对外投资国，先行国家、地区对后发国家的区域内投资，形成了区域内发展的联动机制。下面首先简要总结主要国家、地区的实行开放战略的发展实践，然后分析作为开放体制及战略延伸的东亚发展联动机制（即东亚区域内紧密型经济联系）的形成及其存在的界限。

1.3.3.1 韩国的出口振兴政策与利用外资

早在李承晚执政时期所指定的经济发展 3 年计划确定的基本方向中，就已经提出了发展进口替代产业和培育出口产业以改善国际收支。朴正熙政权执政的初期并没有立即开始实施这一政策，而是将调整当时的主导产业——农业作为优先的课题。工业化战略的重点也是放在了化肥、农业等领域的进口替代上面。之后是在其他政策实施无果或无法实施的情况下，才开始大力推进出口产业的培育，走外向型发展道路的。在 1964 年 6 月，公布了系统化的出口导向政策"振兴出口综合对策"，选择出口扶植产业，

优惠提供工业用地和通过优惠税收、金融等方式，对出口产业的成长给予政策支持。不仅如此，还建立了促进出口的制度及组织，如政府引进了出口目标制度，对主要出口产业以及目标出口市场设定年度出口目标。在1962 年建立了大韩贸易振兴公社（KOTRA），通过提供海外市场信息支援民间企业的贸易活动。在 1964 年设立了出口功勋者制度等。从 1967 年开始进入了"第二个经济发展五年计划"的实施时期，在继续发展轻工业部门的出口产业的同时，提出了增加附加价值实现产业结构高级化的目标，从此，重化学工业化进入了经济发展的日程。政府选择了七大部门作为优先发展的对象，相继制定了特定工业振兴法，它们是《机械工业振兴法》（1967 年）、《造船工业振兴法》（1967 年）、《纤维工业现代化促进法》（1970 年）、《钢铁工业育成法》（1970 年）、《非铁金属冶炼工业法》（1971 年）。当然，当时对这些重化学工业化领域的扶植还处于进口替代工业化阶段，它们还远不能成为出口产业的主力。但是这些对重化学工业实施的产业政策，为 20 世纪 70 年代以后重化学工业化战略的全面实施以及这些产业的快速发展做了前期准备。20 世纪 60 年代韩国的工业化政策实际上是多元的，即进口替代与出口导向政策的交替实施的阶段，但是从总体方向上看，已经进入了以出口导向战略为主导的大方向上。

进入 20 世纪 70 年代以后，韩国开始了重化学工业化阶段，这时的出口振兴政策的实施是与重化学工业战略相统一的，是将国内外可利用的所有资源都通过优惠措施配置到相应的领域。在政策目标上两者表现出了高度的统一性和一致性。如在重化学工业计划中，其主要目标是：①通过产业结构高度化，使重化学工业在全产业中所占比例从 1971 年的 35.2%，提高到 1981 年的 51.0%；②实现出口结构的高度化，使重化学工业产品在出口总额中所占比例从 1971 年的 10.1%，提高到 1981 年的 60% 以上；③在 20 世纪 80 年代形成出口额 100 亿美元，人均国民收入达到 1 000 美元的经济基础。为了实现这一目标采用的措施是，选定钢铁、化学、非铁金属、机械、造船、电子工业等六大产业作为"战略产业"，为提高产业集聚效应和投资效率，在洛东江河口（后改在阳光湾）建设第三炼钢基地、丽水和阳光地区建设综合化学基地、温山建设非铁金属基地、昌原建设综合机械工业基础、巨济岛建设大型造船基地及象山的电子工业基地等，计划在 1973～1981 年期间投资 96 亿美元，其中内资为 38 亿美元（40%），外资为 58 亿美元（60%）。为了实现上述产业发展目标，韩国实施了一系列优惠政策加以引导，一方面直接为战略产业发展提供资金支持，另一方面引导企业进入重化学工业领域。在大举发展重化学工业时实际上是一种进口替代战略，但是韩国工业化发展所需要的大量外汇必须通过产品出口来获得，所以，确立重化学工业替代轻工业作为出口产业的地位，成为这一时期的重要课题。在 1972 年朴政权就将该年确定为"确立自立出口之年"，实施了多方面的出口振兴政策。第一次石油危机之后的 1974 年，开始改革出口体制，同年的 11 月实施了《促进出口的金融税收的综合政府支援政策》，同年 12 月，断然大幅度下调汇率。这一时期另一项重要的促进出口的举措，就是在政府的积极作用下，引进了"综合贸易商社制度"。① 1975 年韩国商工部向总统提议建立综合商社。其基本方针包括：强化出口营销的能力，实现出口实体的大型化，为中小企业提供大型的出口窗口服务。要求条件是：国外分店在 10 家以上，资本金 10 亿韩元以上，有七类产品出口额超过 50 万亿美元。政府为了早日形成综合商社体制，为符合条件的对象企业提供了各种倾斜政策。

对于大多数发展中国家而言，储蓄不足、资本短缺是实现工业化面临的最大难题，韩国当然也不例外。解决这一难题的重要途径就是引进外国资本，利用外资解决资本不足的问题。在 20 世纪 60 年代初期，韩国就开始官民并举开展引进外国资本的外交活动，通过外国借款创建新兴的工业基础。同时，为了给引进外资提供良好的社会法制环境，朴正熙政权还制定和完善了一系列的相关法律，如在 1961 年 12 月发布的"外资引进运营方针"，就是为了补充李承晚政权制定的《外资引进促进法》。1962 年制定了《关于借款支付保证的法律》、《以长期结算方式引进资本品的特别措施法》。这一系列法律法规，在 1966 年都纳入到了《引进外资法》中。20 世纪 60 年代前期开始个别项目的民间外资借贷，在中期签订《日韩基本条约》之后，开始大规模利用日资。其后，随着利用外资项目的增多，也实现了利用外资国别的多元化和形式的多样化。

表 1-9 反映了韩国 1966~1972 年通过各种形式引进外资的情况。外资借贷的方式包括公共借款和民间借款，前者主要包括从国际货币基金组织（IMF）等国际机构以及外国政府的借款，后者包括商业借款、直接投资和银行借款等。在这一期间，韩国利用外资的主要方式是商业借款，所占份额高达 45.6%，其次是公共借款，银行借款和直接投资所占的比重

---

① 综合贸易商社就是模仿日本的综合商社制度建立的以进出口贸易业务为主的综合贸易公司，通过这一贸易企业组织形式，为工商企业开发国际市场提供服务。

是比较小的。

　　进入 20 世纪 70 年代以后，韩国开始实施重化学工业化战略，重化学工业作为装置型产业不仅需要大量的熟练劳动力，而且需要轻工业无法比拟的大量资本。所以，在提出重化工业建设计划的当初，就确定了以利用外资为前提的重化学工业化目标。由于商业借款需要支付较高的利息，所以，20 世纪 70 年代以后韩国的外资引进从以商业借款为中心向软贷款的公共借款和非债务领域的直接投资转变。政府根据不同时期的情况，进一步修订和完善外资利用政策，核心原则是为加速发展重工业利用外资提供方便条件。如在 1978 年 4 月发布的《改善引进外资行政》的条例中，提出了促进技术引进的自由化（自动认可），尽管仍将限制商业借款作为外资引进的基本方针，但在发展重化工业和国防工业所需要的外资可以作为例外等措施。在 1979 年制定的《引进技术自由化措施》中，进一步扩充了重化学工业化所需引进的外国技术的自动认可项目。

表 1 - 9　　　韩国各种方式引进外资数额及构成（1966~1972 年，实际利用额）

方式	金额（万美元）	比重（%）
公共借款	113 000	26.4
商业借款	195 000	45.6
直接投资	22 700	5.3
银行借款	20 500	4.8
其他	76 300	17.8
合计	427 500	100.0

　　资料来源：韩国财务部、韩国产业银行：《韩国引进外资 30 年史》，财务部、产业银行 1993 年版。

　　20 世纪 70 年代韩国利用外资的基本情况是，外资利用总额在 1973~1978 年间为 112.19 亿美元，是前期（1966~1972 年）外资总额的 3.2 倍，其中商业借款为 58.46 亿美元，所占比重为 52.2%，公共借款为 34.31 亿美元，占比 30.6%，金融机构借款为 12.26 亿美元，占比 10.9%，直接投资总额 7.04 亿美元，占比 6.3%。同前期相比，在绝对数额方面商业借款、公共借款、金融机构借款和直接投资分别增长了 3.0 倍、3.0 倍、6.0 倍、3.1 倍，在总额中所占比例金融机构借款的比重从 5.8% 增加到 10.0%，有了显著的提高，而另外三项的比重则出现了不同程度的下降。

1.3.3.2 马来西亚的出口振兴与外国直接投资

与日本、韩国及中国台湾地区等自然资源匮乏相比,马来西亚拥有辽阔的国土和石油、锡矿、天然橡胶等丰富的自然资源,所以在相当长的时期内该国一直推行出口自然资源、进口工业品以及实行进口替代工业化政策。20 世纪 70 年代,可以看做从进口替代到出口导向的转型时期,为了有效引进外资,在较早时期马来西亚就开始着手建立适于外资引进的制度,一再放宽对外商投资的限制。从 20 世纪 80 年代中期开始,马哈蒂尔总理开始实施学习日本等东亚先行国家及地区的发展经验的"向东看政策(Look Esat Policy)",大力推行外向型工业化发展战略,大规模引进外国直接投资,加速本国重化学工业化目标的实现。

1968 年马来西亚制定《投资奖励法》,取代了此前实行的《创始产业法》,与同年 12 月发布的"第一次马来西亚计划"相配合,包括了以促进出口工业为目的更广泛的优惠措施。根据该法,选定能够促进出口、适于国家经济要求的产业作为创始产业,授予符合条件的企业以创始产业企业资格,对具有资格的企业给予两年以上的所得税免税等各种税收优惠,同时还享受减免各种出口费用、加速折旧等出口特别奖励措施。政府还加大公共投资,建立工业开发区、自由贸易区等,其相应的法律基础是 1971 年制定实施的《自由贸易区法》。1971 年 4 月修订了《投资奖励法》,导入了对于灵活使用劳动力实施的免税措施,以及对电子机器产业实施的特别鼓励措施;1974 年 7 月再度修订该法,对在指定优先开发地区建设工厂实施免税政策。由于投资奖励优惠力度的增加和投资环境的改善,20 世纪 70 年代马来西亚顺利地扩大了引进外资的规模,实现了以初级产品出口扩大为基础的持续经济增长。吸收外商投资的三个主要产业是纤维、电子机械和食品加工及出口,同时日本等国家的资本也开始进入石油制品、机械等重工业领域。这一时期尽管马来西亚政府已经开始注意到出口对工业化及经济增长的作用,并采取措施如上述的设立自由贸易区及加大出口产业的外资引进等,但这一时期仍然是进口替代和出口导向相交替的,而且两者存在着不相衔接的问题。①

20 世纪 80 年代,马来西亚的工业化从此前的轻工业、劳动密集型产

---

① 安忠荣指出,直到 20 世纪 70 年代,马来西亚的工业化政策的基调仍然是进口替代和出口导向战略的混合。但是,两个不同的战略相互不协调。参见 [韩] 安忠荣著,田景等译:《现代东亚经济论》,北京大学出版社 2004 年版,第 91 页。

业开始转向发展重工业阶段。1980 年政府为了促进新型的资源关联型重工业化的发展,由政府直接出资组建了马来西亚重工业公社(HICOM)。从 1981 年开始实施的"第四个马来西亚计划",提出了培育重工业的目标。具体内容包括:(1)利用新开发的天然气资源的直接还原法,建设炼钢厂;(2)在贝拉州等四个地区建设水泥厂;(3)建设钢板工厂;(4)建设金属加工厂;(5)在沙拉瓦库州建设炼铝厂;(6)建设轻机械工业等。这些重工业部门以及与其相关联的零部件工业、资源密集型出口替代产业、劳动密集型产业,被确定为工业化发展的四大支柱。

为了实现上述发展重工业化的目标,进一步放宽外商投资的规制,马来西亚政府不得不在承认自由企业活动的基础上,推进以外商投资为主体的工业化。引资政策不再拘泥于以前的"大地之子政策"的内容。1984 年中期发布的吸引外资政策规定,为了扩大产品出口和实现产品的多样化,外国企业的投资只要满足以下条件:(1)高度资本密集型产业;(2)资源加工型产业;(3)出口导向型产业;则外资比例最高可以达到 70%。经过一系列吸引外资的政策,到 1985 年 7 月发布了对外资出资比率放宽规制政策。新经济政策发表后外资出资比例最低标准被限定在 30%,新政策按照合资企业产品出口的比率,将出资比率划分为四个等级:(1)产品出口比率在 80% 以上的企业,原则上外资投资比率可以在 80% 以上,而且在自由贸易区内的企业,可以设立外商独资企业;(2)产品出口比率在 51% ~ 80% 的企业外资比例可以在这一对应范围内;(3)出口比率在 20% ~ 50% 之间的企业,外资比率可以为 51%;(4)出口比率在 20% 以下的外资比率可以为 30%。而且,对于高技术产业外资比率可以达到 51%。

1986 年马来西亚发布《投资促进法》取代了此前的《投资奖励法》,吸收了其他相关法规的内容,并充实和扩大了对投资奖励的措施及范围。在该年相继发布了"中长期工业化计划"和"第五次马来西亚计划"。为了吸引更多的外商投资,进一步放宽了对外商投资出资比率的限制及出台了吸引外资的优惠政策。1986 年 9 月公布的外资规制额雇佣规制放宽措施,主要内容包括:原来规定的出口率在 80% 以上的企业外资比率可以为 100%,现在将前一比率下降至 50%;而且在国内的自由贸易区、保税区销售的产品也可以视为出口。正式雇用员工超过 350 人的企业,不再考虑出口比率而承认作为外商独资企业。同时,对外资企业给予大幅度的减免税措施(详见表 1 - 10)。

表 1 – 10   投资减免税优惠指南

项目	条件	税额减免率（%）
出口	50% ~ 80%	15
出口	80% ~ 100%	30
附加价值	最低 25%	20
国产化率	最低 25%	20
雇用	最低 100 人	25
厂址	工业立地优先地区	5
最大	—	100

资料来源：马来西亚工业开发厅（MIDA）：《中长期工业化计划》，1986 年。

　　如上所述，韩国和马来西亚都采用了工业化战略实现经济现代化，而且为了实现工业化目标都实施了外向型战略，积极利用外资和发展出口产业，以出口带动工业化发展。两国在总体上存在相似性的同时，在具体方面也存在着很大的不同。韩国作为东亚地区的先行国家，在较早的时期就开始了出口导向战略，大力发展出口产业的同时以出口带动工业发展。而马来西亚直到 20 世纪 80 年代之后才开始真正实施出口导向战略，此前一直是进口替代和出口导向交替进行的。这一方面是由于两国工业化发展时期不同，面临的国际经济条件也不同；另一方面还与两国自身的经济发展条件有较大的差异相关，韩国是一个资源小国，严重缺乏发展工业化的自然资源，走加工贸易道路是其实现工业化的必然之路；而马来西亚则是国土广阔，有相对丰富的资源，所以在较长时期内依靠出口初级产品和进口替代工业化战略来发展经济。在利用外资的形式上，两国也存在着很大的差异。韩国利用外资主要是以间接信贷为主，而马来西亚则是以吸收外国直接投资为主。所以，马来西亚的工业化也被称为"外国直接投资主导型工业化"。

1.3.3.3　东亚发展联动机制与东亚区域内紧密型经济联系

　　从总体上讲，东亚模式是对东亚各经济体经济发展模式的总结，是以国家与地区内部为界限的。但是东亚之所以能够从世界上的落后地区发展为具有重要影响的新兴工业化地区，与前述的开放体制在区域内的延伸从而形成了区域内密切经济联系之间又存在着重要的联系。所谓的"出口导向工业化战略"，并不是意味着出口作为总需求的一个重要构成在其中占有很大的比例，其增长成为经济增长的主导因素，而是出口作为连接进口和国内投资、生产的中间环节，对国内高投资起到了促进作用。利用外资也是一样。两者的共同作用实现了由高投资率和出口快速增长拉动的高速

经济增长和产业结构的快速升级。一方面，东亚的后发经济体借鉴先发者
的经验，构建了相似的发展型体制和工业化模式，为承接产业的国际转移
创造了条件。另一方面，东亚不同经济体在发展阶段上存在的差距和继起
型发展，使得区域内先行者向后发者进行投资和产业转移，形成了区域内
发展的联动机制和以区域内工艺间分工为基础的紧密型经济联系。刘洪钟
（2000）将其概括为一种包括内部网络生产结构、雁行提升发展模式以及两
头依赖约束格局在内的地区性经济关联机制。在这种分工格局中，日本作为
东亚最早的发达国家对 NIEs 和 ASEAN 及中国等后发经济体的大量直接投
资，对后者的发展起到了极大的促进作用。而 NIEs 后来又同日本、美国等
发达国家一同对 ASEAN 各国展开直接投资（详见表 1-11 和表 1-12）。由
此，处于不同发展层次的东亚各经济体之间就形成了依靠投资和贸易带动
的，以内部网络生产结构为循环机制，以雁行提升为发展机制，以发展水
平和结构调整能力两头依赖为约束机制的紧密的经济联系。

表 1-11 　　　　　　　　**日本对东亚的直接投资** 　　　　　　单位：万美元

年份	NIEs	ASEAN 各国	中国
1980	37 800	78 600	1 200
1983	11 700	65 100	300
1987	258 000	103 000	122 600
1991	220 300	308 300	57 900
1993	241 900	239 800	69 100

资料来源：日本大藏省（现财务省）：《财政金融统计月报》，1981~1994 年。

表 1-12 　　　　　　**NIEs、日本、美国对 ASEAN 各国的直接投资** 　　单位：万美元

年份	NIEs	日本	美国
1986	28 400	66 500	20 400
1987	94 700	169 100	21 700
1988	365 800	362 800	165 300
1989	406 400	484 200	107 600
1990	677 900	591 000	137 300
1991	464 700	343 000	165 900
1992	400 900	386 000	244 100
1993	358 200	390 800	117 400
1994	1 500 600	448 900	317 300
1995	363 800	347 900	482 600

资料来源：日本贸易振兴会：《JETRO 白皮书·投资篇》，日本贸易振兴会出版发行，1987~
1996 年各年度版。

对于这种网络分工中的各经济体而言，以振兴出口产业扩大出口为基础赚取外汇，再进口先进的机器设备扩大产业投资，反过来再扩大出口，通过这样的循环不断地实现本国产业结构的升级和国际竞争力的提高，这种产业发展模式始于日本，笔者称之为"日本工业化模式"。东亚后发经济体不但吸收了前述的日本模式中的制度因素，也在很大程度上借鉴了这种生产力发展的工业化模式。特别是在全球化条件下东亚后发经济体的发展能够引进大量的外国直接投资，使得这种发展模式得到了扩展。这种模式虽然使东亚区域的工业化实现了快速发展，但是它同时也由于区域产业竞争力的提高使出口快速增长，导致了区域内一些国家乃至整个区域对世界其他国家及地区出现了经济失衡的现象。东亚地区对美国的经济失衡被看做世界经济失衡的代表，成为美国实现再平衡的主要调整目标。今后东亚的发展面临着从外需主导向内需主导转型，从增长导向型向平衡导向型转变的重任。①

---

① 日本工业化模式的东亚扩展、扩散及其造成的国际经济失衡的思想，笔者在另外的文章中做了更详细的阐述。参见崔岩：《历史与现实的思考：东亚经济发展与日本》，载《日本研究》2011 年第 3 期。

东亚转型的提出

直到 20 世纪 90 年代中期，以世界银行为代表，学术界关注的主要是东亚经济赶超的经验以及这些经验能否或如何移植到世界其他贫困的发展中国家，因此当东亚金融危机爆发后，经济学家们显然感到手足无措，震惊之余开始调转"枪口"，威权主义、发展型政府以及开放体制等一系列原来的发展经验，现在都被视为导致危机爆发的重要因素。学者们的一致结论就是，东亚必须转型。于是，我们看到了，那些深受危机困扰的东亚国家在 IMF 的直接干预下，都开始进行大刀阔斧的制度变革与经济转型。不过，到底如何看待迄今为止东亚的经济转型？它究竟从何时开始？诱因又是什么？这是本章将主要讨论的议题。

2.1 世界变革与东亚面临的挑战

20 世纪 80 年代以来，有三股潮流席卷世界，分别是全球化、区域化和民主化。在这种新的国际背景下，任何采取开放战略的国家都不可避免地要受到它们的影响。30 年来后发国家的实践证明，全球化、区域化和民主化都是双刃剑，利用得好，能够加快本国的赶超进程，利用不好，则会落入发展的陷阱。东亚、拉美以及非洲地区经济发展的不断分化充分说明了这一点。不过，即使在 20 世纪 90 年代以前习惯于被视为成功案例的东亚地区，仍难以完全教科书般地取其利、避其害，全球化和民主化的挑战与冲击最终还是落到了该地区的所有国家，迫使其走向转型之路。

2.1.1 20 世纪 80 年代以来世界变革的主要趋势

2.1.1.1 全球化迅猛发展

20 世纪 60 年代"全球化"一词第一次进入我们的视野,如今,它已经成为妇孺皆知的口头禅。很多人把它看成太平盛世、繁华、人类社会向高级阶段演化的路径和整合过程,但也有人将其视为新的无序与混乱。在它成为最流行和最时髦的词语的同时,也成为一个受到诅咒的字眼,争论从开始就没停止过,并将持续下去。

全球化波及了人类活动和生活、社会的所有领域和环节,改变着全球的面貌以及传统的观念和规则,经济学、社会学、政治学等几乎所有领域都对其从不同的角度进行了解释,想要对"全球化"做出准确的定义是件困难的事情,本书仅从经济领域对这一概念进行探讨,采用贾格迪什·巴格沃蒂的解释,即全球化包括国际一体化的各种形式:对外贸易、跨国直接投资、短期资金的流动、技术扩散以及跨国移民,在经济领域则主要可以分为金融自由化和贸易自由化两个层面,它们是全球化的两个最主要实现因素。① 全球化是持续、长期发展的动态过程,它不是顷刻之间突然出现,而是经过几十年甚至上百年的长期积累、缓慢演化而来,大致分为以下"三波浪潮":

第一次全球化的浪潮出现于 19 世纪后半期。"金本位制"的确立和资本、商品以及劳动力在国际间流动的限制的消除成为了此次全球化的主要推动力,帆船向蒸汽动力船舶的转变带来了交通工具的革命性变革,交通成本大为降低,整个 19 世纪,世界贸易快速增长,全球资本市场开始融合。然而好景不长,市场和贸易的扩张被第一次世界大战中断。随后而来的20 世纪 30 年代的大萧条增加了人们对市场有效性的怀疑,政府开始对市场进行干预,首先是针对国际贸易领域首当其冲;20 世纪 30 年代贸易壁垒林立,贸易保护主义盛行,并对资本流动实施限制,国际资本流动和贸易总额急剧下降。工业化国家纷纷推行以邻为壑的战略,全球化受到沉重打击。

全球化的第二次浪潮从 1945 年开始,并在 20 世纪 80 年代达到高潮。战后各国开始对战前所犯的错误进行反思,并决心不再让悲剧重演,他们

---

① [美]贾格迪什·巴格沃蒂著,海闻等译:《捍卫全球化》,中国人民大学出版社 2008 年版,第 4 页。

齐心协力推动经济一体化的进程，在国际货币、投资和贸易方面，国际货币基金组织、世界银行和关税及贸易总协定等多边机构应运而生，有力地推动了全球化的发展。这一时期，贸易关税和运输费用大大降低，国际贸易快速增长；在布雷顿森林体系瓦解之后，美国和德国首先解除资本管制，日本和英国紧随其后，国际资本流动重获动力，并达到较高的水平。全球贸易总额重新回到大萧条之前的水平。

　　全球化的第三次浪潮开始于 20 世纪 80 年代，并至此进入了一个全新的时代。20 世纪 80 年代，罗纳德·里根和玛格丽特·撒切尔分别在美国和英国鼓吹自由市场理念，自由市场理念开始深入人心，前一阶段建立的国际组织成为以私有化和市场自由化为支柱的"华盛顿共识"的传教机构，发展中国家受到这股思潮的诱惑开始取消政府对金融市场、资本市场和贸易壁垒的干涉，全面向西方发达国家的所谓"好"的标准看齐，在国内缺乏有效监管机构的同时，资本市场自由化大踏步前行，国际金融一体化甚至超越国际贸易一体化的速度获得了长足发展。因此，金融全球化也成为这一阶段经济全球化的最重要的特征。与一百年前不同，20 世纪 80 年代特别是 20 世纪 90 年代以来的金融全球化具有两大特点：一是规模庞大。1991～2007 年间，流向发达国家的资本总量从 9 050 亿美元增加到 72 009 亿美元，增长了 7 倍；流向发展中国家的资本总量规模虽然不如发达国家，但增速更快，从 950 亿美元增加到 16 662 亿美元，增长了 16.5 倍。[①] 与 100 年前国际资本主要从欧洲发达国家流向新兴市场不同，当前的资本国际流动具有双向流动的特点，主要表现为各国对外资产和负债同时增加（IMF，2005）。二是短期资本流动所占比重大大超过长期资本。根据 IMF（2005）[②] 以及博尔多等（Bordo et al.，1999）[③] 的研究，100 年前的国际资本流动主要集中于基础设施、资源和政府债券等领域，属于长期投资；[④] 20 世纪 90 年代以来的情况则完全不同，以 2007 年为例，在流入发达国家的 72 009 亿美元国际资本中，直接投资为 11 320 亿美元，仅占 15.7%，证券投

---

　　① 笔者根据国际货币基金组织各期的《世界经济展望》和《全球金融稳定报告》的数据整理得出，www. imf. org。

　　② IMF：《世界经济展望：全球化与对外失衡》，中国金融出版社 2005 年版。

　　③ Bordo, Michael D. , Barry Eichengreen & Douglas A. Irwi (1999). Is Globalization Today Really Different Than Globalization A Hundred Years Ago? NBER Working Paper, No. 31.

　　④ 比如，1914 年前世界霸主英国的国外投资组合中，40% 集中在铁路行业，30% 是政府债券，10% 集中在资源开采产业（主要是矿产），5% 进入了公共设施部门，从事商业和金融活动的投资则非常的少。

资和银行贷款则占84.3%；流入发展中国家的 16 662 亿美元国际资本中，直接投资为 6 110 亿美元，占 36.7%，证券和银行贷款则占 63.3%。①

2.1.1.2　区域化②再掀高潮

区域化与全球化是两个既相联系有又不同的概念。如果全球化可以被理解为世界各国经济与社会关系时空方面的压缩，那么，区域化可以被看做全球化的一个组成部分，但是正如詹姆斯·米特尔曼（1996）所言，从其封闭性与竞争性的角度看，区域化"可能也是对全球化的回应或是挑战。……（它）具有分裂性，把世界经济划分为不同的贸易联盟，并最终导致处于主导经济中的排外性组织之间的冲突"。③

区域贸易集团的增多是 20 世纪 80 年代以来世界经济与政治领域最显著的变化之一，几乎所有的国家都隶属于某一个或多个贸易集团。根据世界银行的统计，世界贸易总量中有三分之一以上是通过这些协定发生的，如果将亚太经合组织（APEC）也算进去，这一比例将达到三分之二。④经济区域主义的兴起使得各国之间在扩大贸易量降低关税壁垒的同时，也对国内包括宏观经济政策在内的方方面面产生了很强的反作用力。

虽然区域主义历史悠久，但其迅猛发展却是近代以来的事情。二战以后，各国的贸易保护程度普遍较高，由于 20 世纪 30 年代的惨痛教训，各国开始致力于自由贸易区的推进，区域主义在某种程度上与全球化同步而行，并将所有参与国一律平等作为一项基本的原则。由此 20 世纪 50 年代和 60 年代出现了区域经济的整合。1947 年比荷卢三国经济联盟成立，1951 年欧洲煤钢共同体（ECSC）成立，至 1957 年，欧洲煤钢共同体进一

---

① IMF (2009b). Global Financial Stability Report：Navigating the Financial Challenges Ahead, October.

② 严格说来，本文所指的区域化其实指的是区域主义。这是两个相互联系但又有重要区别的概念，按照介（Chia, 2002）的定义，区域化是指在没有正式的合作框架情况下，区域内贸易、投资、技术和人口流动的增加所导致的经济依赖性的增强，它通常又被称为市场驱动型一体化，因为当每个经济体实施自己的单边开放步骤并履行多变承诺时，该一体化才出现；而区域主义则是指正式的经济合作和经济一体化安排，以及两国和更多国家间通过贸易和投资自由化及促进措施实现经济增长的协定，它更加强调的是联盟经济体之间的制度安排以及经济政策的合作和协调。

③ ［美］詹姆斯·米特尔曼（1996）：《全球化背景下对"新地区主义"的反思》，载王正毅、迈尔斯·卡勒、高木诚一郎主编：《亚洲区域合作的政治经济分析：制度建设、安全合作与经济增长》，上海人民出版社 2007 年版，第 359～364 页。

④ 莫里斯·希夫、L. 阿兰·温特斯著，郭磊译：《区域一体化与发展》，中国财政经济出版社 2004 年版，第 1 页。

步发展为欧洲经济共同体，至此，欧洲历史进入到一个全新的阶段。受到欧洲成功经验的鼓励，美洲、非洲以及世界其他地区的发展中国家也掀起了区域化的热潮，这种热潮是建立在发展中国家追求进口替代战略的基础之上并为之服务的；进口替代战略要求实行贸易保护以培育国内产业的竞争力，最终实现共同繁荣，如果这项政策能够扩展到一个更大的经济区域内实施，各国所付出的代价将更小。① 因此可以说这一时期区域化的保护主义和干涉主义色彩浓厚，其主要目的是加强政治联盟，以避免战争，防止二战悲剧的再次上演，在经济领域所取得的成效则极其有限。

20 世纪 80 年代以后，尤其是东京回合和乌拉圭回合谈判之后，区域主义再次掀起高潮（如图 2 - 1 所示）。欧盟成为这股区域主义浪潮的领军者，建立欧洲经济区，将单一市场计划向周边国家推进，并积极吸纳新成员以及推进地中海政策，欧盟一体化的趋势更加明显，其所涉及的广度和深度与第一阶段相比都大为增强。加拿大—美国自由贸易区于 1988 年成立，接着于 1994 年通过北美自由贸易协定（NAFTA）将墨西哥包括在内。1991 年南方共同市场成立；1995 年三国集团（G3）成立；1992 年，经过多年的磨合和商

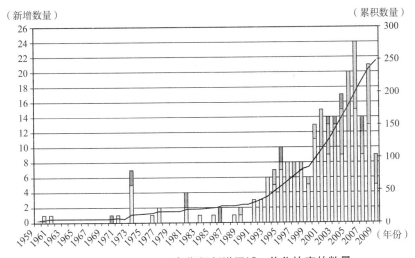

图 2 - 1　1959～2010 年期间新增区域一体化协定的数量

注：其中浅灰色代表新增商品贸易区域一体化协定，灰色代表新增服务贸易一体化协定，深灰色代表与已经存在的区域一体化协定融合的数量。曲线代表区域一体化累积数量。

资料来源：RTA Database，WTO。

---

① 莫里斯·希夫、L. 阿兰·温特斯著，郭磊译：《区域一体化与发展》，中国财政经济出版社 2004 年版，第 3 页。

讨，东南亚国家联盟最终成立了东盟自由贸易区（AFTA）；在非洲，自由贸易协定同样纷纷出现，包括东南非共同市场（COMESA）、加勒比盆地计划（CBI）、南部非洲发展共同体（SADC）等。这一时期自由主义盛行，全球化进入到一个新的阶段，各国的关税水平已经大大降低，发达国家的制造业产品关税（纺织品、汽车等少数项目除外）几乎已经接近零水平。

这一时期区域主义的主要目的与前一阶段相比有了明显的区别，除了政治目的，通过加入区域合作组织促进本国的经济发展越来越成为各国考虑的重点。此外，仅从经济层面看，这一时期的区域主义也展现出了许多与早期区域主义不同的特点，主要包括三个方面：一是封闭式区域化模式转变为一个更具开放性的模式。20 世纪 60、70 年代在发展中国家之间形成的很多贸易集团都是建立在进口替代发展模式的基础上的，区域性协定的高外部贸易壁垒就是这一模式的典型表现。而新一轮的区域主义则总体上更加开放，更加致力于促进而不是控制国际商业的发展。二是已经认识到有效的一体化所要求的不仅仅是减少关税和配额，很多其他类型的贸易壁垒也会带来市场的分割，并阻碍商品、服务、投资、观念的自由流动，因此，需要采用更广泛的政策措施（不能仅限于传统的贸易政策）来扫除分割。最先积极倡导深度一体化的是欧盟的单一市场计划。三是开始出现高收入国家与发展中国家平等贸易伙伴的"南北"贸易集团。最典型的一个例子可能就是 1994 年成立的北美自由贸易区。[①]

近 20 多年来世界范围内区域主义快速发展的原因主要有二：

（1）经济层面。一般而言，一个运行良好的贸易集团可以促进成员国的经济效率和福利水平，为消费者提供更多的消费机会并增强企业的竞争。然而，究其综合收益来说我们还不能一概而论。依据比较优势理论，参与区域主义会产生贸易创造和贸易转移两种效果，只有当区域经济整合所产生的贸易创造效果大于贸易转移效果时，区域内经济体的整体福利水平与之前相比才会提高。贸易创造和贸易转移的效果则是由区域经济整合的方式、原本各成员国之间关税水平的高低、各国国内产业的竞争力、对区域外产品进口的限制以及国内相关的制度安排等决定。

贸易创造的大小主要取决于区域内成员国之间贸易壁垒的降低、充分发挥比较优势通过区域经济整合而形成的更为专业化的分工以及规模效应。欧洲共同市场的成立就是贸易创造的典型案例，在共同市场成立之

---

① 莫里斯·希夫、L. 阿兰·温特斯著，郭磊译：《区域一体化与发展》，中国财政经济出版社 2004 年版，第 1～2 页。

前，欧洲各国国内市场不足，生产规模狭小，在世界市场中难以形成竞争力。而欧洲共同市场成立之后，在欧洲资源利用得以优化，生产重新布局，规模效应骤然增加，经济开始加速成长。而贸易转移则可以减少来自区域外的进口，大大降低成员国所要支付的关税成本。同时，在各国签订自由贸易协定之后，可以提高其在国际谈判中的议价能力，改善贸易条件。局部的贸易自由化仅仅对区域内的成员国免除关税，而对于区域外的国家仍然维持原有的关税水平，这可以使国内的生产结构与资源配置进行逐步的调整，在面对全球化的冲击时，降低由于本国市场开放而对国内产业的冲击。区域内市场的扩大和由此所带来的必要的成员国国内政策的透明化和自由化，也必将提高其对外资的吸引力，为经济提供更为持久的动力。

（2）政治考量。各国之间结成贸易集团除了经济层面的考量外，往往还掺杂着政治目的。国家安全、和平以及有助于某些政治和社会制度的形成等原因都可能促成区域主义的兴起。甚至在有些时候政治目标的重要性会压倒一切，而经济层面的考虑仅仅是各国之间寻找政治目标的润滑剂和结合点。如今，自由贸易区已经成为解决邻国之间安全问题、政治互信问题的有效手段，因此，如果不考虑政治目标的潜在收益，对贸易集团的考察就会有失偏颇。

区域贸易集团尤其是深度一体化，成员国之间定期或不定期的会议、对话以及谈判可以明白各国之间的分歧所在，理解彼此之间最为关心的话题和政策侧重点，理解各国所采取的行动的目的，通过对话的形式增进政治互信，实现政策的协作和一致行动。此外成立贸易集团之后各国之间的贸易往来必然增长，而贸易的增长也就意味着国家之间相互依赖性的增强，整个区域形成利益共同体，战争的成本大大增加，最终使战争的爆发面临强大的政治压力。同样，区域内各国商品流动的增加必然带来更多的文化交流和认同，各国之间的政治和社会制度也都会为彼此所熟悉，人民之间的信任程度必将增加，将来自区域内的威胁消除于无形之中。

欧盟成立的初衷就是以经济手段将德国与整个欧洲的命运捆绑在一起，减少欧洲战争的威胁，化解德法这对宿敌的仇恨。比如，蒙内特（Monnet）和同为法国人的罗伯特·舒曼（Robert Schuman），后者也是欧洲经济联盟（EEC）的奠基人之一，就明确宣传，欧洲煤钢共同体的目标就是促使法德战争不仅会"不可想象，而且从事实上也不再可能"。标志着欧洲煤钢共同体成立的1951年的巴黎条约也在序言中明确写道，"决心用日渐明显的根本利益来取代一直以来的敌对状态，通过建立一个经济共同体，为经历了残酷战争而长期分裂的人民中形成一个更广泛、更深入的共同体创造基础"。后来，欧盟委员会的主席瓦尔特·哈尔斯坦（Walter Hallstein）更一针见血地指出，"我们不仅仅是为了经济，我们更是为了政治"。①

与欧盟类似，ASEAN 成立同样存在着缓和印度尼西亚和马来西亚的紧张关系的目的，人们普遍认为东南亚国家相互之间经济依赖的增长有助于缓和相互之间的矛盾与冲突，即便是美国也是利用贸易政策执行政治目的的行家里手。20 世纪 80 年代中期以后，美国开始利用区域贸易政策来维持区域安全。美国与以色列、约旦、巴黎的自由贸易协定的主要目的除了进一步扩大中东的市场之外便是想以此来改善与中东国家的政治关系。而其与新加坡签订的自由贸易协定，也是希望新加坡能成为东亚各国的典范，并在未来与更多东亚国家签署类似协议，以增加美国对东亚各国的政治影响力。同时，美国也正在积极地利用 NAFTA 来解决来自墨西哥的非法移民、毒品走私以及环保问题。出于政治目的而出现的区域经济整合，反映的是各国对其国家安全的担忧，希望通过自由贸易区的建设来为本国人民创造一个更为安全、稳定与和平的环境。

2.1.1.3 民主化运动的兴起

伴随着经济全球化的发展，必然要求世界各国的政治制度做出相应的调整，世界范围内各国经济发展与政治变革交织前行，不断塑造着世界的面貌。自 19 世纪以来，在全球范围内掀起了三波民主化的浪潮②：第一波民主化（1828 ~ 1926 年）起源于美国革命和法国革命，在大约 100 年的时间里共有 30 多个国家建立了全国性民主制度。而法西斯的上台对这波民主化造成了毁灭性打击，反民主的运动在 20 世纪 30 年代的经济萧条中获得了力量，意大利、德国、葡萄牙、巴西和阿根廷等纷纷退回到威权体制。至 1942 年，民主国家数量降到了 12 个。

第二波民主化浪潮（1943 ~ 1962 年）始于第二次世界大战，但仅仅持续 20 年，战后意大利、奥地利、日本、德国纷纷建立民主政体，全球民主国家的数量增加到 30 多个。但是至 20 世纪 50 年代末，各国的政治发展和政权变迁都呈现了极强的威权主义色彩。在亚洲，韩国于 1961 年通过军事政变建立了军人政府，并于 1973 年全面蜕变为高度威权体制。1965 年印度

---

① 莫里斯·希夫、L. 阿兰·温特斯著，郭磊译：《区域一体化与发展》，中国财政经济出版社 2004 年版，第 120 页。

② ［美］亨廷顿等著，刘军宁译：《第三波：二十世纪末的民主化浪潮》，上海三联书店 1998 年版，第 15 ~ 22 页。

尼西亚同样是军人接管了政权，民主制度死亡；1972年菲律宾紧随其后，费迪南·马科斯总统在菲律宾实行军事统治。第二波民主化进程就此止步。

从1974年开始至今，世界范围内出现了大规模的第三波民主化浪潮。这股民主化浪潮以1974年葡萄牙结束独裁政权为标志，之后，在全球范围内爆发了民主化运动，欧洲、亚洲和拉美纷纷建立民主政权，威权体制遭到瓦解和削弱、迈向民主化的运动势不可挡。20世纪70年代中期，民主化运动出现于地中海地区，并呈现迅速扩大之势，并于20世纪80年代初开始，渗透到东亚地区。20世纪80年代末和20世纪90年代初，韩国和中国台湾首次举行了自由的总统（领导人）选举；在新加坡，有威权主义倾向的总理李光耀自愿下台，菲律宾爆发了人民力量运动，最终于1986年推翻马科斯的独裁统治。这波民主化运动为东亚各国带来新的冲击和挑战，并至今仍在继续。我们所要讨论的重点即为第三波民主化，也正是这波来势迅猛的民主化对东亚经济体的威权发展模式提出了巨大的挑战。

回顾世界发展的历史，尽管形式各有不同，但从威权到民主是所有国家都必然经历的发展过程。从二战后发展中国家普遍形成的威权体制看，这种体制通常出现于非常时期，更多的时候是一种不得已而为之的妥协，是发展中国家在特定的历史环境下获得快速增长的关键历史时刻的工具，在国内和国际条件成熟的时候，这种发展模式必将受到国内民众的反对，并最终被抛弃。因此，随着经济的快速增长和本国经济实力、国际地位的提高，威权发展模式赖以存在的基础不复存在，其特殊的历史使命已近完成。国内有中产阶级为主体的人民对民主的诉求，而外部面临着波及全球的民主化浪潮，威权体制必然会一步一步走向瓦解。

2.1.2　世界变革对东亚的冲击与挑战

2.1.2.1　经济全球化、贸易和金融自由化与东亚金融危机

从前面的分析可以看出，全球化在二战以后经历了其第二和第三波浪潮，第二波浪潮以贸易自由化为主要特征，第三波浪潮则主要以金融自由化推进全球化的深入扩张。经济全球化的迅猛发展，为所有试图通过开放战略寻求经济增长的发展中国家提供了一条有效途径。贸易自由化从国际生产分工的角度为发展中国家开辟了一条便捷之路，这些国家可以凭借较低的单位劳动力成本优势加入全球分工体系，以此引进资本和技术，增加

出口收入，促进就业，最终实现经济的良性循环和持续增长（Ruane & Ugur，2006；Zhang，2007）。金融全球化则既可通过某些渠道直接影响经济增长的决定因素（国内储蓄增加、资本成本降低等），也可通过一些间接渠道施加重要影响，包括改善风险管理带来生产专业化的程度上升以及由于全球化的"纪律约束效应"推动宏观经济政策和体制的改进等。一些研究表明，金融开放程度较高的发展中经济体的人均收入增长速度高于金融开放程度较低的经济体（Prasad et al.，2003）。

然而，20世纪80年代以来全球化从贸易自由化向金融自由化的性质改变，对于那些充分利用贸易自由化而实现经济增长的新兴市场经济国家来说，就像是设置了一个陷阱。在金融自由化的大潮当中，发达国家向全球鼓吹"华盛顿共识"的种种好处，鼓励发展中国家尽快进行资本市场自由化改革。然而，贸易自由化尽管与资本市场自由化有相似之处，但两者之间存在着显著的区别。资本市场自由化一方面可能促进一国实体经济的增长，增加国内投资、促进国际间的技术转移，促进国内就业，为一国经济的发展提供强有力的支撑；另一方面，在缺乏有效监管机制和对银行进行必要的改革之前仓促开放本国资本市场将会使一国处于极度危险的境地，一旦短期资本大规模外逃，将会为一国的经济、金融和货币稳定带来严重威胁，本国经济必将陷入极度混乱并导致金融危机的爆发，而贸易自由化本身却不会产生这种后果。

金融全球化导致金融危机的逻辑已被许多学者所描述（Karunaratne，2002；谢世清，2009）。① 简单说，就是金融全球化导致金融自由化，金融自由化导致金融脆弱性，金融脆弱性导致金融危机（如图2-2所示）。更为具体地，当某一新兴工业化国家积极参与全球化时，通常会迅速开放其金融市场，包括实行资本账户自由化和放松金融监管；与此同时，仍然保留固定汇率和国内较高的利率，以此吸引国际资金。在经济景气的刺激下，以银行、投资公司等金融机构为中介，国际短期资本蜂拥而至并大量进入股市、房地产市场，狂热的非理性投机开始出现。随着信贷的不断扩张和资产泡沫越来越大，精明的投资者会选择兑现离场，或者伺机对该国虚弱的货币发起突然攻击。一旦攻击开始，会立即动摇所有国外投资者和债权人的信心。于是，资金抽逃以一种自我强化的方式迅速扩大，国内资本市场的资产价格也

---

① Karunaratne，Neil（2002）. Globalization, Crisis Contagion and The Reform of The International Financial Architecture. Discussion Paper No. 300, The University of Queensland, Australia；谢世清：《东亚金融危机的根源与启示》，中国金融出版社2009年版。

随之猛跌，流动性迅速消失。由于没有足够的流动资产或者资不抵债，大量的公司和银行无法偿还它们所积累的高额短期外债而不得不纷纷宣布破产，从而导致流动性金融危机。因此，如何把握好资本市场开放的顺序和节奏，对于新兴国家来说就显得异常重要，而其中关键的变量包括国内资本市场的成熟程度、金融监管的能力、治理机制的效率等（Prasad et al.，2003；Karunaratne，2002；沈联涛，2009）。[1] 然而不幸的是，直到1997年东亚金融危机爆发，很少有发展中国家真正明白这一点。

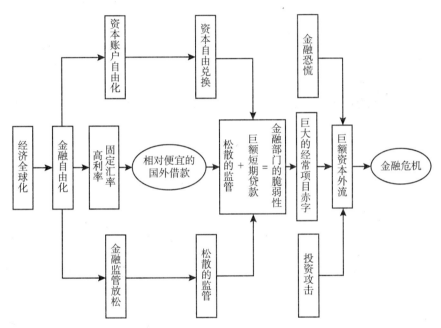

图 2 - 2　金融全球化导致金融危机的传导机制

资料来源：谢世清：《东亚金融危机的根源与启示》，中国金融出版社2009年版，第104页。

　　回顾东亚地区崛起的历史我们可以发现，全球化的第二波浪潮造就了东亚的经济奇迹，其中的贸易自由化堪称"东亚奇迹"最根本的原动力。二战后发展初期，东亚地区整体上处于恢复经济、完善经济结构阶段，重

---

① Prasad，Eswar，Kenneth Rogoff，Shang - Jin Wei & M. Ayhan Kose（2003）. Effects of Financial Globalization on Developing Countries：Some Empirical Evidence. IMF Working Paper.，p. 16；Karunaratne，Neil（2002）. Globalization，Crisis Contagion and The Reform of The International Financial Architecture. Discussion Paper No. 300，The University of Queensland，Australia；沈联涛：《十年轮回：从亚洲到全球的金融危机》，上海远东出版社2009年版。

点发展工业，实行进口替代型的工业发展道路。经过 20 多年的发展，东亚各国建立了比较完整的工业体系，摆脱了对外国产品的严重依赖，推动了经济的迅速发展。① 然而进入 20 世纪 70 年代，东亚地区的进口替代战略在发展到一定程度之后，受到国内市场需求不足的制约，经济发展开始出现停滞并陷入衰退状态。为了解决有限的本地市场与规模扩张迅速的进口替代产业之间的矛盾，东亚各国转而开始大力发展出口导向型工业，以东亚区域外部的需求来弥补国内市场的不足，欧美发达国家成为最终商品的输出地。在全球化不断深化的背景下，东亚各国对外部世界市场的不断开放最终推动该地区的出口导向战略获得成功。日本在这一时期已经逐渐成长为资本密集型中间产品和资本品的生产地，第二代出口国亚洲"四小龙"（NIEs）逐渐以分包商的身份进入全球经济体系中，利用欧洲、日本和美国的知识产权和技术来组装或生产最终产品，高收入国家的企业在全球范围内重新配置生产过程并将劳动密集型制造工序转移到东亚，成为"四小龙"经济崛起的强大动力。特别是 1985 年广场协议，日元的大幅度升值，NIEs 在劳动密集型产业上获得了更大的竞争优势，而日本则逐渐失去其在劳动密集型产业上的优势，不得不转向资本密集型产品的生产。

从 20 世纪 90 年代开始，随着国内劳动力成本不断上升而导致的企业利润率下降，日本和 NIEs 的企业开始将其生产线向东南亚地区转移，这些国家有着良好的宏观经济与贸易投资条件。随着外资企业的进入，这些国家在劳动密集型制造业方面的出口急剧膨胀，同时随着生产技术的快速提高，为投资者提供了将其生产过程专业化的机会，它们将产品的生产过程不断拆分并依据比较优势在不同类型国家进行布局，大大降低了生产成本。第三代（印度尼西亚、马来西亚、菲律宾、泰国）以及第四代出口国（中国和越南）通过给欧洲、日本和美国的公司提供分包服务，从而加入了全球生产和贸易体系。它们凭借着较低的单位劳动力成本在低端消费品领域进行竞争，随着时间推移也逐渐在零部件和其他中间投入品生产上变得越来越专业，通过该地区的主要贸易中心（香港地区和新加坡）和工业化程度日益提高的几个东亚经济体（日本、韩国、台湾地区）的跨国公司管理的生产网络，为日本和东亚、太平洋地区的第二代出口经济体提供零部件和中间产品。区域内贸易量大幅上升，零部件和中间产品贸易快速

---

① ［美］印德尔米特·吉尔等著，黄志强等译：《东亚复兴：关于经济增长的观点》，中信出版社 2008 年版，第 45 页。

扩大，区域内跨国直接投资迅猛增长，支撑整个分工体系向更进一步的区域专业化分工方向发展。

东亚各国正是在这种全球贸易自由化趋势不断加强以及全球市场日益开放的国际背景下适时地采取外向型经济战略，从而成为全球化过程中的"最大赢家"，成功实现了后进国家的经济赶超。

随着经济的快速增长，东亚国家开始变得越来越自信，各国政府也愈加相信自己对本国经济的控制能力，因此，当20世纪80年代以后全球化开始以全球各国的金融自由化为主要动力向前推进，以及IMF扛起传播华盛顿共识的大旗之时，东亚各国纷纷选择加入了这股浪潮。从20世纪80年代末开始，包括泰国、菲律宾、印度尼西亚、韩国和中国台湾在内的许多东亚经济体，逐渐放宽对资本流动的限制（新加坡和马来西亚甚至早在20世纪70年代即全面开放了资本账户），踏上了金融自由化之路。资本市场自由化为公司和企业直接向外国私人银行借款打开了方便之门，短期债务在东亚急剧增长；资本的大幅流入在推进国内流动性和资本盈利能力的同时，也增加了货币市场和证券交易的投机机会。在这种背景下，全球化开始褪去往日的光环，为东亚埋下了危机的种子。

韩国、泰国是东亚国家的典型代表，在全球化的第二次浪潮中，它们成功利用国内经济政策，借助全球化的大好形势迅速成长起来；而发展到20世纪90年代，快速的金融化使其吞下了全球化的苦果。随着全球化的逐步深入，韩国本来制定了分阶段、分步骤实行金融自由化的计划，但是1993年，美国克林顿政府坚持要求韩国迅速实现金融自由化，向西方发达国家看齐，并特别准许韩国公司获得外国的贷款（其中包括短期贷款），韩国到期外债逐渐向短期倾斜。20世纪80年代，泰国同样是在外国的诱导以及国内利益集团的游说下改变其原定的经济发展战略，将政策重点放在了IT行业和虚拟产业上，对金融业实行重要改革以实现金融自由化和金融开放。该国1989年取消了存款最高利息限额，1991年取消了对资本账户交易的大部分限制，资本市场自由化迅速推进。1995年，韩国公司的短期债务占到总债务的59.6%，泰国公司的这一比例更是高达67.1%。

东亚对全球化的参与至此达到了一个前所未有的高度，在全球化的过程中，贸易自由化促进了东亚的繁荣，在良好的国内政策的配合下东亚成功现实了经济赶超。然而随着全球化的深入，东亚在推进金融自由化以更深度融入全球化进程的同时，却忽视了全球化的风险，监管不力、信息披露机制不健全以及透明度不高等制度性问题，最终让东亚在1997年尝到了苦果。可以说，东亚在全球化的第三次浪潮中，面对金融自由化的诱惑做得太过鲁莽和仓促，东亚在追求最快的速度，然而却忘记了最快的速度往往不是最优的速度。

2.1.2.2　区域主义兴起对东亚的影响

东亚的区域合作在 20 世纪 80 年代以后（以 1985 年的广场协议为开端）其实已有很大进展。日本企业及韩国、中国台湾等 NIEs 的企业对东亚地区的直接投资急剧增长，在东亚区域内形成了紧密的生产流通网络。这样，事实上已经形成了可称为"东亚经济圈"的网络。但是，与世界其他地区（例如欧洲和北美）不同，东亚缺乏根据条约和协定比如欧盟（1992 年根据马斯特里赫特条约成立）和北美自由贸易区（NAFTA，根据 1993 年的北美自由贸易区协定成立）等加以制度化的地区合作机构。尽管东亚早就有过设立地区合作机构的建议，比如"东亚共同市场"（ECM：East Common Market，1970 年由韩国建议）和"东亚经济集团"（EAEG：East Asia Economic Grouping，1990 年由马来西亚建议），但前者只是提出建议而已，后者则遭到了美国的强烈反对，因此都没能得到实现。① 除了外部原因，许多学者还从语言文化、政治社会、资源禀赋以及经济发展等内部因素进行研究，② 认为是各国间的巨大差异阻碍了东亚一体化的进程。

然而 1997 年爆发的金融危机改变了东亚地区的区域合作进程，此后，各种形式的区域主义集团如雨后春笋般地诞生。那么，东亚的这种区域制度化合作动向是否受到了全球区域主义的影响呢？其他地区一体化组织的相对封闭性以及东亚金融危机期间由于区域合作不足而形成的巨大无助感，使我们有理由对上述问题持肯定的回答。

有关区域主义合作是否会增加贸易保护并具有歧视性特征，学术界并没有一个一致性的观点。福鲁坦（Foroutan，1998）通过对一系列发展中国家跨国数据的观察和研究，得出形成区域一体化集团并不必然带来保护主义的结论。③ 不过，她也承认，这一判断并没有特别有力的证据。与福

---

① ［日］西口清胜著，刘晓民译：《现代东亚经济论：奇迹、危机、地区合作》，厦门大学出版社 2011 年版，第 153 页。

② 比如卡塔达（Katada，2009）就从政治利益相似度、政治体制相似度以及宗教信仰相似度等三个指标详细考察了东亚国家之间的差异。参见 Katada（2009）. Political Economy of East Asian Regional Integration and Cooperation. ADBI Working Paper Series No. 170.

③ Foroutan, Faezeh（1998）. Does Membership in a Regional Preferential Trade Arrangement Make a Country More or Less Protectionist? *World Economy* 21（May）, pp. 305 – 306.

鲁坦相反，更多的研究显示，区域一体化会产生显著的贸易转移效应。比如，弗兰克尔、斯坦和魏（Frankel, Stein & Wei; 1997)① 考察了 1970 ~ 1992 年间包括欧盟、NAFTA、南方共同体、安第斯协定在内的八个区域一体化协定的集团内和集团外贸易，他们的研究结果表明，集团内贸易的增长一般会伴随着与世界其他国家间贸易额的明显下降（贸易转移）而下降。世界银行的一项研究② 考察了 9 个主要的贸易集团，比较了不同集团成员间以及同时期不属于重要的贸易集团的另外 17 个国家的经济表现，发现在深度一体化的同时没有进行外部贸易自由化的欧洲，贸易转移现象是很明显的，即集团内贸易增加，集团外贸易减少（相对于期望收益来说）。耶茨（Yeats, 1998)③ 以南方共同体为对象的研究也证明，由于一体化协定而形成的统一的对外关税壁垒将贸易从集团外生产的便宜产品转向了集团内生产的更昂贵的产品。

除了经济层面产生的对外歧视性特征，形成一体化组织还能够增强区域成员国的对外谈判能力，对于小国来说尤其如此。通常来说，小国在国际事务谈判中处于弱势地位，缺乏讨价还价的能力。但如果通过资源联合、共同行动和利益分享，这些小国就可以极大地减少谈判成本，同时还可以扩大市场、增强谈判能力。例如，1973 年加勒比地区的小国通过成立加勒比共同体（CARICOM），实现了谈判资源的联合，形成了统一的政策姿态，从而增加了自己的议价能力。在罗马公约的谈判中，CARICOM 国家在 ACP（非洲、加勒比和太平洋国家）组织的形成及其地位的确定中就发挥了领导作用。通过各成员方联合支持，CARICOM 各国成功地为其公民在关键的国际组织中谋得了位置，例如英联邦总秘书长、ACP 总干事等。此外，它们还加强了与世界其他地区的发展中国家的多边联系，积极参与联合国事务。最后，它们成功地进行了一系列市场准入优惠协定的集体谈判，例如与加拿大签署了加加合作（CARIBCAN）；与美国联合发起了加勒比盆地计划；与欧美签署了罗马公约与普惠制（GSP）协定。尽管 CARICOM 对贸易和投资的影响相对较小，它还是在与大国和区域贸易集

① Frankel, Jeffrey A., Ernesto Stein & Shang - Jin Wei (1997). Regional Trading Blocs in the World Economic System. Washington, D. C.：Institute for International Economics.

② Soloaga, Isidro & L. Alan Winters (2001). Regionalism in the Nineties：What Effect on Trade? Policy Research Working Paper 2156, World Bank, Washington, D. C.

③ Yeats, Alexander J. (1998). Does Mercosur's Trade Performance Raise Concerns about the Effects of Regional Trade Arrangements? World Bank Economic Review 12 (1, January), pp. 1 - 28.

团就贸易和投资的联合协商中充当了成功的政治角色。增强谈判及议价能力的目标并不仅限于在小国之间形成贸易集团。惠利（Whalley，1998）指出，这一思想影响了很多国家，其中包括 20 世纪 50 年代后期欧洲经济共同体（EEC）的形成。它们认识到，与单枪匹马相比，联合在一起将使它们在对美国的谈判中处于更有利的位置。①

欧洲、美国及世界其他地区不断掀起的区域主义浪潮明显对东亚各国领导人产生了影响。② 正如前面所述，韩国和马来西亚政府都曾提出过构建东亚区域合作组织的动议。事实上，早在 1965 年，日本著名学者小岛清就曾提出过包括美国、加拿大、澳大利亚和新西兰在内的太平洋自由贸易区（PAFTA），但如同"东亚共同市场"和"东亚经济集团"，该动议也未被采纳。不过，以此为开端，之后几十年不断出现的各种区域化合作倡议仍然对东亚各国的地区合作观产生了重要影响。1979 年，日本的大来佐武郎外相和大平正芳首相同澳大利亚总理马尔科姆·弗雷泽一道倡议召开了非政府的国家会议——太平洋经济合作会议（PECC），从而从第二轨道进一步推进了太平洋地区市场导向一体化的进程。③ 最终，1989 年 11 月于堪培拉，最初包括 12 个并逐步扩大到 23 个国家和地区的亚太经济合作组织（APEC）宣告成立。作为一个整体，东亚终于能够有机会在同一个平台展开区域合作的对话。

然而，由于亚太经合组织的开放性、复杂性以及非制度性，它并没有能够成为推动东亚区域合作的有效机制。相反，围绕贸易、投资与经济合作，盎格鲁·亚美利加（澳大利亚、新西兰、加拿大和美国）与东亚经济体（尤其是中国、马来西亚）之间产生了重要的分裂。正如约翰·雷文希尔在其论文《漂流的 APEC》中所指出的，亚太经合组织与其说是地区机构，不如说是地区间机构性质的组织，在反映东亚的意见上有其局限。④

① 莫里斯·希夫、L. 阿兰·温特斯著，郭磊译：《区域一体化与发展》，中国财政经济出版社 2004 年版，第 130 页。

② 兰伯特（Lamberte，2005）以及卡瓦和威格纳拉贾（Kawai & Wignaraja，2009）的研究也表明，北美和欧洲不断加深的一体化合作给东亚各国带来了恐惧感，它们担心两大区域集团的形成将会控制国际贸易领域的规则制定，从而将亚洲边缘化，因此东亚大量出现的自由贸易区主要是作为对北美和欧洲区域化的防御措施，其目的本身并不是为了促进地区繁荣的政策工具。

③ ［美］彼得·卡赞斯坦：《地区主义与亚洲》，载于王正毅、迈尔斯·卡勒、高木诚一郎主编：《亚洲区域合作的政治经济分析：制度建设、安全合作与经济增长》，上海人民出版社 2007 年版，第 406～407 页。

④ ［日］西口清胜著，刘晓民译：《现代东亚经济论：奇迹、危机、地区合作》，厦门大学出版社 2011 年版，第 154 页。

因此，从 20 世纪 90 年代后期特别是东亚金融危机爆发开始，亚太经合组织逐渐沦为各方拉帮结派、明争暗斗的一个政治俱乐部。

缺乏区域主义合作的代价以及东亚各国对构建制度化区域合作组织的强烈愿望在东亚金融危机爆发后进一步得到了验证。西口清胜（2011）将其归纳为三点理由。第一，由于东亚经济危机波及了该地区几乎所有的国家和地区，这些国家和地区便有了共同的经济危机方面的经历，从而形成了一体感。第二，东亚经济危机使应付危机的现有的地区合作机构——亚太经合组织和东盟几乎不能发挥作用，其无能的状况显露无余。第三，IMF 及其背后的操纵者美国在危机期间的糟糕表现使得东亚各国对它们的不信任感和反抗空前高涨。东亚各国普遍认为，正是由于 IMF 的处方才导致了危机的加剧。而美国和 IMF 对设立 AMF（亚洲货币基金）的设想持强烈的反对态度也加强了人们的反抗心理。可以说，经历了这次经济危机后，东亚的政治和商业领袖们的思考发生了戏剧性的变化，他们吸取了一个教训，就是为了对付这次危机或今后可能发生的危机，有必要创建自己的地区合作机构。由此，东亚的区域主义合作进程真正开始启动。

2.1.2.3　民主化运动与东亚威权发展模式的碰撞

正如第 1 章所分析的，威权政体和发展型政府是东亚成功实现经济赶超的两大重要因素。大野健一将这种模式的特点概括为四个方面[①]：第一，强势而懂经济的领导人。这条最为关键，它是其他条件产生的基础。这些领导人需要拥有良好的对经济形势的判断，精通经济事务，同时又在政策的制定、执行以及官员的任命上具有良好的直觉，韩国的朴正熙就是其中的典型代表。第二，把经济发展当做国家目标、意识形态甚至是迷信。第三，有辅佐领导人制定和实施经济政策的技术精英集团。第四，政权的合法性来自经济发展的成功。因此，东亚各国政府在规划自己的经济政策时，能够做到"顺应市场"，极少有意识形态或道德立场的考虑，实用主义和市场标准总是压倒了意识形态和道德价值的要求。[②]

这种模式之所以能够顺利推进并取得成功，就在于借助于强势的国家

---

① ［日］大野健一：《东亚的经济增长和政治发展：从威权发展模式到民主发展模式的平稳过渡》，摘自青木昌彦、吴敬琏主编：《从威权到民主——可持续发展的政治经济学》，中信出版社 2008 年版，第 74～77 页。

② ［日］猪口孝、爱德华·纽曼和约翰·基恩著，林猛等译：《变动中的民主》，吉林人民出版社 1999 年版，第 217 页。

领导人和强大的国家机器，政府控制了社会生活中对经济发展至关重要的各种的东西。它们控制着银行，可以吸取资本；制定和实施国民经济计划；对于稀缺资源实行国家垄断，限制和调节私人的准入；直接干涉企业的经营活动，使其与国家长远目标相一致；压制源自大众力量和组织起来的劳工的政治压力；将国内经济与大量的外国资本渗透相隔绝，以培育国内的弱势企业；同时能够利用国内政策的倾斜，执行一个意在长期提高劳动生产率、促进技术成熟和增加世界市场份额的稳定计划。①

    然而，正如马克思认为资本主义的发展为自己培养了掘墓人一样，威权发展模式也有其历史性的一面。从其产生的内外部环境看，威权发展模式的出现通常都具有特殊的历史条件，经常伴随着严峻的安全威胁。人民之所以支持本国威权政府的独裁统治和对经济生活的控制，是因为这能为他们带来国家安全的保障、收入水平的提高和工作的机会。东亚威权发展模式集中通过经济的快速增长、人民生活水平的不断提高来为其独裁统治获得合法性和民众的支持。通过独裁的手段调动国内一切的资源、消除阻碍经济发展的各种屏障和束缚推动本国经济的起飞，独裁手段保证了政策的有效性，减少了经济起飞过程中的不必要成本。

    但是威权发展模式的一个重要方面就是它具有转轨的性质。② 从民主化在东亚的扩散来看，其背后有着深厚的背景。首先，东亚经历了战后高速的经济增长，经济发展促进了中产阶级的扩大，社会中越来越多的人口是由商人、专业人士、店主、教师、公务员、经理、技术人员、文秘人员和售货员组成，公民政治参与意识大大增强。几乎在每一个国家，民主化最积极的支持者都是来自城市中产阶级。1984 年菲律宾爆发的反马科斯示威游行活动中，中产阶级和商人是活动的主力军；在中国台湾地区，要求政治变革的主要行动者同样是新出现的中产阶级知识分子，他们伴随着台湾地区的经济起飞而成长起来；在韩国，20 世纪 80 年代的民主化运动中数量庞大的城市中产阶级起到了决定性作用，他们与学生一起为结束韩国的威权统治而努力。

    其次，经济逐渐过渡到中等收入的国家，会在社会结构、信念和文化方面出现变化，这些变化有助于民主的出现，极高的经济增长率也产生了

---

    ① 这一解释最早由查默斯·约翰逊（Chalmers Johnson，1982）提出，禹贞恩在《发展型国家》中对其进行了更进一步的发展。

    ② ［日］青木昌彦、吴敬琏主编：《从威权到民主——可持续发展的政治经济学》，中信出版社 2008 年版，第 76 页。

对现行威权政府的不满。经济增长尤其是快速的经济增长往往涉及生产方式的深刻变化。这种变化必将带来不同产业部门重要性的升降、市场上不同类型劳动力需求的演进以及生产的地理分布的改变，人们的生活和工作方式因此而受到影响并随之改变。经济增长本身还会引起国内不同利益集团的收入分配格局的巨大变迁，进而引起社会秩序的变革。原本处于均衡状态的利益集团之间的制约关系被打破，"新贵"崛起，"新贫"对现状极为不满，由此，在新的经济实力格局与旧的社会和政治权力格局之间产生了"矛盾"。① 这在东亚就表现为原本存在的威权发展模式下的利益均衡被打破，要求民主的呼声此起彼伏。

在一系列内外部因素的共同作用下，东亚的威权发展模式终于从20世纪80年代开始逐步瓦解。从韩国到中国台湾，从菲律宾到印度尼西亚，东亚各国或地区纷纷开启通往民主化的道路。尽管各国和地区之间实现民主化的途径相去甚远（有和平进行，也有充满暴力和流血），但是这一历史潮流已经不可阻挡。

2.2 赶超战略的悖论

对于后进国家而言，实施经济赶超战略是一个伟大的壮举，然而这往往也并非一帆风顺，一些国家可能会陷入长期的停滞，甚至出现经济倒退。迄今为止东亚是全世界经济赶超最为成功的案例，世界银行在1993年称之为东亚奇迹。不过，实施经济赶超战略必定包含着特定的制度安排，而这种特定的制度安排也许为未来的危机埋下了种子。

2.2.1 市场的矛盾

2.2.1.1 市场的魅力

二战结束初期，苏联和其他社会主义国家经济的快速增长使人们对于自由市场不再那么的信心满满，国家对经济的干预开始成为一种新的潮

---

① ［美］曼库尔·奥尔森：《快速经济增长的不稳定作用》，《比较》（第四十三辑），中信出版社2009年版，第104页。

流。即便是西欧地区的老牌资本主义国家，也开始对一些产业实行国有化，发展中国家争相利用政府计划和指导经济。

20 世纪 80 年代，美国和英国自由主义重新兴起，政策制定者们开始重新审视国家干预政策。一波私有化的浪潮随之兴起，在工业化国家里，以前国有化的产业开始重新私有化，较少政府对经济的控制，让市场重新发挥对资源配置的基础性作用。而苏联的社会主义计划经济与欧美等国家在经济发展和社会生活等各方面的差距也开始逐渐地拉开，这更坚定了各国对市场的信任。在全球范围内，各国开始抛弃政府计划和国家干预，转而拥抱自由市场。这种转变无疑代表了自由市场信条的胜利。它使得人们更是对此深信不疑：人类社会中，市场作为一种制度或制度组合才是最为有效的组织生产和分配的手段。市场的魅力究竟根植于哪里？为何它如此令人着迷？

自由市场的持久的生命力来自于它与人性或者约翰·洛克提出的"自然权利"高度吻合。在自由市场建立在尊重和保护私有产权的基础之上，允许个人自由地追逐自身的利益，充分发挥自身的潜力进行生产性活动。亚当·斯密很早之前就观察到消费者、生产者以及经济中的所有参与者都是由其自利的本质所驱动，而非公共利益或善心。然而当所有人都尽最大努力获取私利的时候，通过自由竞争和价格机制，整个社会也达到了最优状态。正是由于自由市场中"看不见的手"能够将个人的自利行为转化为社会整体的最优状态，才使得市场机制看起来是如此的有吸引力。总的来说，自由市场能带来两种类型的收益：一方面，个人或企业等市场参与者之间的相互交换。当拥有不同商品和服务的市场参与者之间出于自利的目的进行相互交互时，交易双方都会从中改善自身的福利。另一方面，则是来自于劳动力分工和生产的专业化。分工和生产的专业化将会极大地促进效率的改进和生产规模的扩大，促进技术的深化，进而带来整体社会的福利水平。如果我们从动态的角度来观察，在这两种类型的收益中，第二种更为重要，它是第一种收益来源的基础。只有在分工高度精细和生产专业化的基础上，才会有更多的来自专业化和交换的收益。同时，它也是现代经济的典型特征。

市场机制的完美运行依赖的就是亚当·斯密所说的"看不见的手"：市场中个体在自利的人性驱使下对利润的不停追求。尽管经济体从古到今不停地演化发展，但是它对于经济活动中人类的动机假设却从来没有改变过，而仅仅是向不同的方面进行延伸和扩展。因此，自由市场经济体制的基本特征就是承认、尊重和保护个人追求自身私利的权利。这种基本特征的背后支撑就是私有产权制度，即为确保每个人都有获得商品、服务和资源的法定权利，并可以依据自己的意愿去利用和处置。私有产权是市场经济的支柱，推动着市场的繁荣和不断演化。只有当个人和企业的私有产权得以广泛保护的前提下，他们潜在的企业家精神、创造力、积极性才能够完全调动起来，经济才能够繁荣。200 多年来，市场体系经过许多的变化，但是私有产权制度始终处于核心地位。市场体系的另一个重要组成部分即为价格机制。在自由市场经济中，价格在为市场参与者提供指导信息、协调其决策过程中发挥着重要作用。由购买者和消费者经过相互讨价还价形成的市场价格为相关的消费者、生产者以及资源拥有者发送信号，并以此来做出最优决策。通过这种方式，市场价格为市场参与者赋予了游戏规则，最终将个人自利行为转变为社会最优。价格回答了市场中存在的基本问题，即生产什么、如何生产、为谁生产。

哈耶克在 20 世纪 40 年代就论述了类似苏联的中央计划经济体制的弊端。在产品市场和要素市场中应该买卖什么产品、数量多少等问题本质上是分散的，只有通过个体生产者和消费者来处理。也只有价格机制能够动态地跟踪交易双方的各种行为，并向相关交易参与者迅速传递信号，为其决策作信息支持。对于中央计划者而言，想要获得和处理这些只有交易当事人才知道的分散的信息简直是无法完成的任务，各种商品的供给与需求始终处于动态的变化之中，中央计划无疑无法做到对社会而言最优。正是自由市场体系才使得人类社会达到了如此专业化的分工状态，极大地促进了生产率的发展。迄今为止，尚未有哪种经济体制能够做得比市场更好。

2.2.1.2　利用市场的局限性

（1）交易成本。市场能够带来数不清的好处，作为一种资源的配置手段，它有着无可比拟的优越性。然而，市场这些好处的取得并非是完全无成本的。在某种意义上，市场就是从事不同经济活动的参与人之间的交换活动，然而这些交换活动并非完全没有成本，事实上，市场中存在着各式各样的交易成本，如果我们不利用市场，那么这些成本是不会发生的。[①]

交易成本这一概念最早由科斯提出，他注意到如果我们利用价格机

---

① 奥尔森于 2000 年在 *Power and Prosperity：Outgrowing Communist and Capitalist Dictatorships* 一书中表达了这一观点。

制，会存在着一种成本。公司的发明可以看做在一定程度上对价格机制的替代，以此来降低成本，如果交易成本在公司内部能够大大降低的话，那组建公司就是有利可图的。[①] 道格拉斯·诺思在 1990 年进一步阐述了交易成本的组成，即包括了衡量所要交易产品的价值成本、保护私有产权的成本以及确保契约执行的成本等。为使交易发生，交易双方需要明确知晓所要交易的商品，同时确信他们的私有产权受到保障以及合同将会被执行，为满足这些条件需要引入第三方，因此交易成本产生。在经济中，交易成本究竟有多大？约翰·威尔斯和道格拉斯·诺思（1986）对此进行了开创性研究，他们利用衡量交易服务部门[②]的市场交易来替代抽象的交易成本，通过对美国 1870～1970 年的考察，其得出的结论是令人震惊的：1970 年美国由私人和公共部门所提供的交易服务价值几乎占 GNP 的一半，达到 46.7%，而 1870 年时只有 26%。[③] 尽管这种替代方式存在着一定的局限性，但是它仍然是一个比较不同经济系统中交易成本大小的重要参考。从中我们可以看出交易成本在整个经济活动中所占的巨大规模，在一个高度发达和复杂的现代经济体中利用市场和保证市场功能正常发挥的成本是高昂的。但是如果缺少了交易服务部门，那么交易过程就会变得不确定，发生次数大为减少。同时我们可以预见，市场越是发达的经济体，交易成本越高，因为这意味着专业化和分工更为深化，从而也就需要更高水平的交易服务部门对此进行支持；但是由此带来的经济繁荣和更高的效率完全可以抵消交易成本的增加。总之，利用市场作为经济活动协调的手段并不是免费的午餐，交易成本可以看做利用市场获得专业化和分工好处所不得不付出的一种代价。

（2）政府存在的必要性。自由市场不仅仅促进了经济的繁荣，改善了人们的生活水平，同时也在塑造着人类社会，即通过不停的促进制度的建设以处理随着市场而产生的各种交易成本，其中，最为重要的制度发展就是现代政府作为保证规则和契约被强制执行、私有产权得到保障等方面的中立第三方的出现。现代政府的存在对于保证市场的正常运转至关重要，它对植根于市场的扭曲性倾向做出了有利修正。

---

①　Coase，R. H.（1937）. The Nature of the Firm. Economica，4，Novermber，pp. 386 – 405.

②　对于交易服务部门的总价值，诺思等人将其解释为经济中为交易提供服务的所有活动所消耗的总资源，其中包括服务部门的工资、公共部门（与政府相区别）的支出等。

③　John J. Wallis，Douglass C. North. Measuring the Transaction Sector in the American Economy，1870 – 1970. University of Chicago Press，1986，pp. 95 – 162.

自由市场经济体系中，如果允许经济参与人不加限制、自由地追逐自身的利益最大化，自私自利的经济人不单单会带来财富的增长、物质的极大繁荣，还会导致贪婪、欺诈、偷窃等行为的产生。"看不见的手"的消极影响如果未能被加以限制，则来自于市场分工和专业化的收益所带来的技术进步的成果必将受到毁灭性的打击。纵观资本主义的历史，与技术的飞速进步以及经济的强劲发展相伴随的，便是由于人心的贪婪和自私所带来的永不休止的商业丑闻、金融欺诈以及经济危机。20 世纪 30 年代的大萧条以及最近一次席卷整个世界至今仍让人心有余悸的 2008 年全球金融危机，给全球带来了深重的灾难。但是自由市场并未因此而走向灭亡，在过去的数百年中，它不断地演化、适应和改进，并发展出各式各样的制度性安排来保护个人的权利，对违反规则的行为进行惩罚，在这一系列的制度中，政府作为中立性的第三方处于中心的地位。现代型的政府作为一种公正的力量来加强对经济参与人的私有产权的保护，为交易提供法律系统，确保社会正义，作为游戏的裁判员而存在，保证公平的自由竞争。政府的存在有效地解决了市场自身的严重矛盾。

作为交易第三方的政府同交易服务部门相似，为维持其正常运转也消耗了大量的资源，同时政府同样也不是完美的，其公正的立场经常会受到考验。但是无论如何，我们从利用市场中所获得巨大的回报已经足以弥补这些代价。市场会不断向前发展，交易服务部门的规模会不断扩张，政府所提供的法律制度和游戏规则也会不断的改进以限制新式的欺诈行为和丑闻。在古典经济学家的眼中，市场是完美无瑕的，而利用市场的成本在很大程度上被忽略了。然而在现代经济中如果没有交易服务部门的存在，自由市场的魅力则难以显现；没有"看得见的手"的存在，"看不见的手"永远不会导致社会整体最优的出现。恰恰是利用自由市场所存在的高额成本，才有了东亚政府主导型的赶超战略的出现。

2.2.2 经济赶超战略与东亚奇迹

正如第 1 章所分析的，东亚经济发展具有典型的赶超性质。东亚所实施的赶超战略中，采取的是政府导向型的发展模式。即政府在经济发展过程中起着重要的作用，但是如果与苏联的中央计划体制相比，它又没有那么极端。从本质上讲，赶超过程中的东亚经济体仍然属于由私有产权所支撑的广义的市场体系，尽管它们的国内市场和对产权的保护与西方工业化国家相比还处于较低的水平。如果一个社会在原则上是尊重私有产权和允许市场发挥功能，那它就满足了经济持续发展的最基本的要求。

在东亚经济赶超过程中，政府在经济生产活动中承担起协调的功能。而在西方发达国家的工业化过程中，政府功能仅仅局限于新古典主义所限定的范围，如加强法律的执行、提供公共物品、为社会弱势群体提供社会保障以及通过税收政策进行财富的再分配等。东亚各经济体的政府职能却远不止如此，它们直接对生产领域、资源分配进行干预，也因此经常被人们称为"发展型政府"。二战后日本是国家主导型发展模式的先驱，日本政府在组织国家工业发展过程中一直扮演着引导者的角色，无论是日本成为强有力的出口国家还是成长为全球第二大经济体，都离不开日本政府的推动。通商产业省（MITI）以及其他的政府机构促进了其在汽车、半导体、计算机以及电子行业的领导者地位，也培育了大量具有国际竞争力的跨国企业在国际市场上"攻城略地"。韩国是日本最优秀的学习者，前面对此已有所论述，这里不再一一重复。

在新加坡，李光耀政府更是对经济实行严格的管理，并以其高素质的官僚而闻名于世。在实现现代化的过程中，政府对每一步骤都进行了指导；同时，作为小型经济体它所采取的策略与日本、韩国不尽相同，20世纪60年代新加坡主要着力吸引外国直接投资作为国家出口导向型工业化模式的核心战略，鼓励外国企业在新加坡设立分公司以加快对技术、人才的引进；但与此同时，也对进入新加坡的跨国企业所属的行业和所带来的影响进行严格挑选和评估。20世纪80年代之后，新加坡政府逐渐将劳动密集型产业向周边国家转移，而重点发展化学、精密仪器、高端电子产品和生活技术等高科技行业。除此之外，还加大了对教育和基础设施的投入，采取税收优惠措施，改善宏观经济环境，以吸引外资。通过这种有计划有选择的接受外国资本和技术，新加坡建立起了现代化的经济体系。

与其他经济体相比，中国台湾地区的经济发展呈现出更多的市场导向型倾向，其市场上是数量众多的中小企业，台湾当局并未像韩国、日本政府一样追求规模庞大的企业集团，但是这并不意味着政府真的只作为中立的第三方存在，事实上在台湾经济起飞的过程中蒋介石政府所发挥的作用与其他经济体的政府相比并不逊色。20世纪50年代台湾地区就建立了产业发展与投资委员会，通过制定投资、外贸和税收政策来指导台湾经济的发展；20世纪60年代，政府将战略重点放在出口加工行业上，建立出口加工区和工业园区以及利用低息贷款对出口企业给予支持，对中间产品实行低关税甚至零关税。20 世纪 80 年代政府提出产业升级的要求，希望在半导体、计算机等高技术行业有所作为。台湾之所以取得如此成绩，与其政府的作用是密不可分的。

发展型政府保证了东亚国家快速的工业化，在 1966～1991 年期间，中国台湾地区和韩国的非农产出年均增长率分别达到 9.6% 和 10.4%；新加坡的总产出增长率每年平均达到 8.5%，中国香港地区也达到了7.3%。[1] 尽管许多学者认为东亚的高增长来自于劳动和资本的投入，但是我们不能忽略东亚经济体所取得的巨大成就，东亚在政府主导下对西方发达国家的持续赶超大大缩小了其与西方国家的差距。在政府指导下，东亚完成了从传统农业向现代化工业社会的过渡，并在"信息革命"的第四次科技浪潮中紧紧跟随西方。关于东亚经济赶超战略成功的原因，学者从不同方面给出了解释，我们沿着第 1 章的逻辑，重点从东亚发展型政府的角度来进行讨论，政府作为一种协调机制在利用从发达国家获取的经济信息方面具有以下三种收益，它们保证了东亚经济体能够获取持续的经济增长的动力。

首先，政府在经济中的主导者地位保证了东亚各国在赶超过程中对信息的鉴别能力，即根据外部经济信息来确定目标产业。后发国家的政府在整体经济的视角下搜集和处理发达国家的经济信息与单纯依赖市场参与人或企业相比明显处于有利的地位，同时政府还能够采取相应的发展促进政策。因此，它能够挑选出在特定的阶段能够最大化国家产出的行业作为发展的中心。如果单纯依赖市场，个人或企业更可能会选择生产能够使自己获得最大收益的产品、从事对个人有利的行业；而个人的选择很可能与"对的产业目标"相违背，不能够使本国经济迅速增长或快速实现工业化。毕竟对于个人而言，从事自己原本所熟悉的农产品出口或加工会产生更为稳定的利润率，而新型的高科技产业未来收益可能会较大，但是风险更高，甚至可能血本无归。因此，东亚发展型政府在经济赶超过程中，利用自身对经济信息的更好理解在一定程度上限制了市场参与人的短视、自利行为，使得个人利益更好地与国家利益、长远收益相结合。

其次，国家经济实现了方向性的扩张。在确定了明确的发展目标之后，政府可以诉诸整体的计划或采取歧视性的政策来确保目标的实现，而

① Young, Alwyn (1995). The Tyranny of Numbers: Confronting the Statistical Realities of the East Asian Growth Experience. The Quarterly Journal of Economics, Vol. 110, No. 3, Aug., pp. 641–680.

不是任由市场自由发展。政府利用自身的权威去协调资源在各部门的流向，这种带有方向性的扩张在短期内能够产生对增长的强烈推动作用，单纯依靠个体经济参与人是无法实现这种效应的。在资源供给层面，政府主导型发展可以将社会资源集中起来为目标产业中的大型项目提供融资，在产业发展的最初阶段，政府利用行政手段将利润用于再生产，保证了资金的快速积累。在资源消耗层面，政府计划可以将资源集中于对国民经济整体发展而言最优的产业，减少国内的竞争，这样就减少了在市场优胜劣汰过程中的"资源浪费"，降低"竞争成本"。因此，政府主导型的赶超模式能够产生较高的资本投入增长率，导致本国经济的更高的产出增长率。根据杨（Young）的实证研究发现，20世纪60～90年代，中国香港地区的资本积累年均增长率高达8%，中国台湾地区为12%，新加坡为11%，韩国则达到了13%的水平。相比之下，美国的固定资产增长率仅为3%～5%。与此同时，与居民消费相比，政府对于生产的巨大热情也造成了东亚地区的普遍高储蓄，大多数东亚经济体的储蓄率都在30%左右，这种高储蓄也为经济的发展奠定了基础。

最后，政府主导型的赶超模式降低了市场的交易成本。如前所述，市场本身存在巨大的交易成本，东亚经济体在赶超的过程中利用政府在一定程度上对市场进行替代，与完全利用市场相比会降低交易成本。大多数情况下，当政府在经济发展过程中起到主要的协调作用而市场处于相对从属地位时，经济中由于大量的交易是通过指令或指导完成交易服务部门规模就会相对较小；维持交易服务部门所需的资源也大为减少转而投入到生产领域或是目标行业（如出口部门）。随着这些行业的快速增长和生产率的提高，整个国民经济的产出水平也随之增加。在东亚还存在一个为大家所观察到的普遍现象：大多数经济体的金融业相对制造业的发展要滞后得多。这一现象背后的主要原因是在赶超过程中，政府为促进选定的行业快速发展，利用行政命令的手段迫使银行向这些行业投入巨额资金进行支持，而不是金融机构根据风险收益的评估进行理性的选择。但是不发达的金融业恰恰为制造业节约了资源，因为在金融市场的发展过程中需要有大量的监管制度、监管机构以及信息的处理等，这一系列的活动成本是高昂的。虽然东亚金融危机后许多学者对东亚的裙带资本主义或金融财阀进行了批判，但必须承认，这种模式在一定程度上通过降低交易成本而造就了东亚奇迹。

由于以上三个方面的因素，东亚的赶超战略获得了成功，这种成功根源于政府主导下对发达国家先进技术的利用和专业化方式的模仿，并因此获得了巨大收益。这与通过市场中以自利为目的的自由交换和自由竞争而获得收益的方式是不同的，毫无疑问，这种对市场机制的压制会产生效率的损失，但我们必须注意到，这些国家的经济是从一个很低的基础起飞，赶超战略为各国带来的整体效益要远大于损失。

2.2.3 从历史的角度看东亚赶超战略的局限性

2.2.3.1 来自历史的经验

东亚赶超战略缩小了东亚与西方发达国家的差距，整个地区的贫困人口大为减少，福利水平大大提高，促进了东亚地区的繁荣。但是东亚赶超模式所创造的令人惊叹的经济增长速度能否持续？能否超越它们所跟随和学习的对象欧美并最终成为世界经济的领跑者和发动机呢？东亚的赶超战略和制度安排由于自身的局限性恐怕尚不足以完成这项使命。

全球经济领跑者意味着这一国家或地区在高收入的工业化国家中处于核心地位，其经济增长的辐射效应遍及整个高收入国家以及发展中国家，国家政策对于全球都具有举足轻重的影响，这就要求与竞争对手相比，它能创造更高的生产率和更快的 GDP 增长率。生产率的产生主要是由剧烈的技术创新和制度创新决定的，纵观历史，技术进步从来都不是一个持续的过程，呈现不连续或不平衡的特点，许多国家在某一时期经历一波快速的技术革命，而后可能会逐渐地慢下来。爆炸性的技术创新会带来一系列的具有突破意义的新技术，刺激生产率在未来一段时间里快速提高，对经济产生革命性的影响。之后，这些新技术将在国内的各个行业之间推广，并打破国家的界限向周边国家扩散，带动周边国家的发展，但是技术革命的发源地国家将始终处于发展的中心，其从技术创新中获得最大的收益，这是其他跟随者所无法比拟的。

在过去的 200 多年中，历史证明只有产生了爆炸性技术创新的国家才能成为全球经济的领跑者。18 世纪晚期，英国国内发生了第一波技术革命，在纺织工业、煤炭开采技术和钢铁制造领域新技术纷纷出现，原有的生产模式发生了深刻的变化；19 世纪中期，英国以及欧洲大陆的其他国家蒸汽动力开始应用于船舶运输，铁路建设如火如荼。英国成为了这一时期世界经济的领导者。20 世纪早期，美国和德国引领了第二次科技进步的浪潮，在电力的利用领域新技术出现，钢铁制造和重型机械获得长足发展，这使得美国开始取代英国的领导者地位。在 20 世纪中期的第三波技术进步浪潮中，美国仍然保持了在汽车、飞机以及核电技术等领域的技术领先，在之后几十年的信息革命中，在个人电脑、无线设备和生物技术领域，美国的技术突破层出不穷，突破性的技术创新产生了巨大的生产力，带来了生产效率的快速增长，这一切最终确立了美国在世界经济中他国所无法比拟的角色，对于其他国家的发展产生了重要的外部效应。

究竟是哪些制度安排造就了这种使一国成为领导者的突破性技术创新呢？对这一问题答案的寻找对于我们判断东亚赶超战略未来的前景至关重要。通过对历史的观察我们发现，利用市场作为经济活动中的协调机制对于技术创新的出现是最重要的。无论是英国还是美国，它们最重要的共同点就是依赖自身的国内市场作为资源配置的主要手段，利用市场中的价格机制作为国内生产决策的出发点，市场成为了创新的主要来源。究其原因，也许是因为这种具有深远影响的技术创新对于人的创造力和聪明才智有着顶级的要求，而市场的最大特点就是它能够实现与人性的完美融合，最大限度地调动人的积极性，通过自由的生产和交换，让人的潜能得到充分的发挥。在一个社会中对市场的依赖程度越高，个人就越能够自由地追逐自身的利益，企业家们也更容易将自己的创新应用于生产，各个领域的创新型企业家出现、生存下去并最终成功的机会就会大大增加。

虽然自由市场理论已经广为接受，但是世界上还有很多国家对市场的利用并不深入。利用市场的主要障碍就是过高的成本以及创造出相应的制度去解决市场中存在的交易成本问题。要想对市场的利用达到更深的程度，与此相配套的交易服务部门就需要同步发展，以使市场中的交易更为便利，减少交易中的风险，加强契约的执行。因此，只有当与市场交易相关的服务部门和制度达到相当成熟的时候，市场才能发挥更大的作用，而当其不发达时，政府倾向于限制市场发挥作用，以避免"看不见的手"所带来的成本。

2.2.3.2 东亚赶超战略的悖论

东亚的发展型政府在东亚赶超过程中发挥了巨大的作用，政府作为整体经济的协调者充分利用了后发国家的"信息优势"，并将资源集中于具有较高生产率的制造业部门，培育出了大量具有竞争力的出口商。然而与此同时，也造成了本国经济对政府指令的依赖，交易服务业发展滞后；政府对企业日常经营活动的直接干预，也限制了本国经济活动对市场的利用。因此，当东亚各国度过了经济赶超的发展阶段之后，这种以强有力的政府控制和受限制的国内市场为特征的制度体系将会逐渐对本国经济的发展变得不利。

首先，政府在经济中占据主导地位，这对于后发国家进行技术的学习和引进会具有显著的效果，然而对于前面所提到的剧烈的技术变革，政府的智慧与市场处理分散化信息的能力相比明显就处于劣势地位。例如，所有的政府都会支持本国的技术研发活动，但是政府主导型的研发活动更多地是依赖政府部门中官僚的智慧。由于资源的有限性，他们会首先选择目标产业，然后重点对其技术研发进行支持，这些被选出的企业被认为是未来可能的优胜者。但是官员受到自身知识水平的限制，他们的选择可能是正确的，未来研发的成品适销对路并产生巨大的经济效益，但是他们不会在任何时候都能做出正确的决定，如果他们犯了错误，那么不单单造成损失形成沉淀成本，更为致命的是他们已经抹杀了另外的企业成为"优胜者"的可能。在自由竞争的市场中，各个企业都可以推出自己的产品，在"看不见的手"的作用下优胜劣汰，最终无论谁胜出对整个经济而言都是有益的，并从创新中获利。

政府的智慧在后发国家与发达国家发展差距较大的时候才能体现出来，它能够集中获得来自发达经济体的有益的集中的宏观经济信息。因此二者差距越大，其所获得信息的准确性和指导作用就越强，在对国内经济进行命令式指导时风险也就越小，国内生产的产品才能够与外部市场的需求相吻合。但是在二者的差距越来越小的时候，这种信息也就变得越来越模糊，后发国家的信息优势逐渐消失，当与发达经济体在最新的技术领域进行竞争的时候，东亚经济体的政府的指导就变得毫无意义。日本就是最好的例证。在二战以后，日本政府主导的赶超模式通过引进西方的技术获得快速的提高，并迈入发达国家的领域；但是进入 20 世纪 90 年代，随着它与欧美差距的消失，日本政府做出了一系列错误的决定：忽视了个人电脑发展的重要性，错过了软件行业的发展机会，无线网络技术也被美国甩在身后。政府的智慧使得日本迈入发达国家行列，但是却未能让日本成为全球经济的领导者。

其次，东亚赶超过程中所形成的政商关系对于东亚经济的赶超做出了重要贡献，但是其负面效应同样不能被忽视。最重要的负面效应就是这种紧密关系在国内市场上造成了不公平的竞争规则，导致企业家精神和个人积极性严重受挫，技术创新和新技术的应用受到阻碍。东亚地区的政府通过控制商业集团，让商业集团与政府进行互动的方式来限制寻租；政府、商业集团和其他代表组成的"协商委员会"辨明了政府的政策方向，强调了政策可信性，建立了信任，与此同时，保证了一定程度的透明度，限制了私下交易的机会。由此，一方面提高了政府政策制定的质量；另一方面也向私人行为者传达着政府的政策目标，避免了"要么强调私人利益，要么强调国家对财富的社会化"。① 但是，政府在利用行政手段去推动某一行业或特定商业集团发展的时候，对于国内其他企业而言必定是不公平的。政府挑选的企业集团毕竟只能是少数，不是所有的国内生产都能获得政策支持。当政府绕过市场为特定生产者采取税收优惠、金融支持、出口补贴或出口许可证时，无论是出于什么目的，这种方式都不可避免地带有歧视性，对于竞争规则破坏所产生的影响往往是深远的和难以短期内消除的。

在东亚各国的赶超阶段，政商关系的积极效应超过了其消极影响，但是当各国度过赶超阶段之后，其负面影响将会持续增加，而积极作用逐渐减少。在赶超阶段，这些受到政府特别眷顾的商业集团，只要允许采用发达国家的先进技术，在政府的全力支持和低成本劳动力作用下，它们不需要太多的技术创新和创造力就能大幅度增加产出，对整个经济产生收益。但是赶超阶段过去之后，这种制度将对技术创新产生毁灭性打击。一方面，企业已经与政府形成紧密的合作关系，其生产以及技术的应用均来自政府的指令，它们不愿意主动寻求创新和突破，因为这样所带来的风险是它们所不愿承受的。另一方面，未受到政府特殊待遇的企业却因不公平的游戏规则和相关制度的缺失而对技术创新缺乏激励。

紧密的政商关系还经常成为腐败的温床，官员手中所掌握的进出口许可证的派发、银行资金的可获得性等，经常成为被寻租的对象，这也是对东亚发展模式批判最多的地方。与此同时，伴随着东亚经济体的快速增长，在政府支持下出现了产业结构的日益集中，以及由此带来了商业集团影响政策，甚至敲诈政府的可能性。大银行和大企业利用它们的规模进行着一场"大而不倒"的敲诈游戏。许多失去竞争力的企业在政府的支持下仍然存活，公司间的兼并和重组难以发生。在这方面，市场明显能够做得更好，按照"优胜劣汰"的自然规律促进效率的提高。同时，市场中的交

---

① ［美］斯蒂芬·哈格德著，刘丰译：《亚洲金融危机的政治经济学》，吉林出版集团有限责任公司 2009 年版，第 20～21 页。

易服务部门伴随着市场的重组和深化不断发展，与市场的作用形成良性循环。

最后，政府主导下的赶超模式限制了国内消费市场的发展，这也是东亚地区的一大显著特点。国内消费市场的不发达可以通过该地区过高的储蓄率表现出来。高储蓄率同样是把"双刃剑"，在后发国家的赶超阶段，一直以来都认为过低的储蓄率是阻碍低收入国家经济起飞的主要因素；东亚各国的高储蓄为其经济赶超提供了大量廉价资本，形成了较高的资本积累，与大量的农村向城市转移的劳动力一起促成了它们工业化过程中产出的飞速增长。然而，东亚地区赶超阶段的高储蓄率并非居民的自由、理性选择，各国政府投资优先、生产优先的国家战略造成国内消费部门发展严重滞后，因此潜在消费需求被压制，在某种意义上该地区的高储蓄带有强迫性。

一国的潜在消费需求并非仅仅由本国居民的收入水平所决定，它根源于一国的制度结构，尤其是与消费相关的服务部门（如消费信息的可获得性和数量、消费的信贷支持、家庭举债的成本、物流的效率等）；在赶超阶段，东亚各国的政府几乎一致忽视了消费部门的发展，而专注于出口制造业，本国消费市场迟迟未能繁荣起来。尤其是东亚各国缺乏前面所说的交易服务部门，不能有效地将本国消费者的偏好传递给生产者，缺乏发达的广告业、消费者权益保护以及中介机构以解决消费者与商家之间的纠纷等，这一切都造成了本国的消费需求的惨淡。这种情况下，东亚各国赶超过程完成之后向更高的发展阶段迈进时，经济的发展必将受到制约。第一，由于没有国内发达的消费市场作为支撑，东亚各国过度依赖欧美市场；当欧美市场的需求产生波动时，东亚各国的经济必将受到干扰。出口导向型的战略一旦形成，想要将外部需求转变为内部需求是一个艰难的过程，日本至今仍然未能完成这一转变。传统的宏观经济政策在这种情况下作用也会大打折扣，财政政策和货币政策不能起到良好的调节作用，因为潜在的需求不在国内。同样，这些国家也缺乏与消费者相关的金融服务业和组织机构以便将宏观经济刺激传递给消费者。第二，不发达的国内市场也不利于东亚各国的技术创新。前面有所论述，国内市场才是爆炸性创新的来源，西方国家早期经济起飞的根源都是依赖本国市场的技术进步和技术突破，而东亚的经济扩张在很大程度是与国内市场脱节的。因此在进入更高级的发展阶段之后，东亚发展模式的生命力将逐渐地衰退，最终无法在国际市场上与欧美展开高新技术领域的竞争。

　　总之，战后东亚各国政府主导型的赶超模式取得的巨大成功，主要根源在于自身处于后发国家的位置，政府主导能够充分利用相对于发达国家的"信息优势"，从发达国家获取经济信息指导其国内的生产，以自身作为经济活动的主要协调者，压制市场作用的发挥以降低交易成本，从而使政府成为各国经济发展最主要的幕后推手。但是，随着本国经济发展阶段的提升，这种赶超模式的负面效应逐渐显现，政府智慧逐渐受到考验，发展差距的缩小导致信息优势的消失，本国不发达的国内市场和发展滞后的交易服务部门，都制约着东亚的进一步发展。在其收入水平进入发达国家俱乐部之后，想要向世界经济引领者的地位冲击，这种赶超战略显然已经力不从心，东亚必须走上转型之路。

2.3　东亚转型的方向与维度

　　克莱门特·朱格拉尔（Clement Juglar）如是说："萧条的唯一原因就是繁荣。"1996 年，当东亚还处在经济高涨之时，危机也已悄悄光临。亚洲人在世界经济发展史上写下辉煌的篇章，对经济发展形成了一套自己的独特见解，而恰恰是自身的成功与对成功经验的自信满满，妨碍了他们看清自己在通往全球化道路上存在的隐患。① 1997 年 7 月 2 日以泰铢实行浮动汇率为标志危机正式爆发，菲律宾紧随其后，在接下来的几个月中东亚所有货币都对盯住汇率感到无能为力，最终实行浮动汇率并大幅度贬值。泰国和印尼急切向 IMF 以及其他多边机构求援以获得支持。马来西亚采取有悖常理的选择，于 1998 年 9 月 1 日实行严格的资本管制。但是这并未能够让人们恢复信心，危机持续蔓延，韩国大企业集团纷纷破产，国内出现严重的流动性危机，虽然韩国以有限制性条款为代价获得了 IMF 的巨额援助项，可是这项计划同样显得力不从心。东亚多年的发展成果毁于一旦，几十年来依靠经济奇迹树立起来的自豪和信心遭受到前所未有的打击。在屈辱和痛苦中，东亚需要重新思考自身发展道路所存在的种种弊端和不利，纵然对于危机爆发的根源仁者见仁智者见智，但是在前面所论述的内外部挑战越来越严峻的情况下，几乎所有人都承认这场危机也许是一场不可避免的悲剧。

---

① 沈联涛：《十年轮回：从亚洲到全球的金融危机》，上海远东出版社 2009 年版，第82 页。

全球化进程中，贸易自由化使得东亚得以参与到全球贸易体系中去，成功发挥了本国勤劳而丰富的劳动力资源，促进了经济的繁荣。但是，草率与鲁莽的金融自由化却将东亚拖入了痛苦的深渊。在缺乏健全的监管机制前提下，巨额短期资本孕育着引发恐慌行为的种子，因为公众对于短期借款到底有多少并没有确切的认识，恐惧的蔓延所诱发的资本的迅速外逃正是东亚金融危机的直接原因。盲目推崇华盛顿共识，金融监管法规的缺失，使得东亚地区在没有足够安全保障的情况下将短期贷款以长期贷款形式借出，并最终导致大范围的银行危机。威权模式发展到20世纪90年代，在实现高速积累的同时也逐渐将东亚拉出健康发展的轨道。在政府及其控制的银行隐形担保下因道德风险而产生的脆弱的风险管理，东亚各国普遍存在着较高的银行不良贷款率和企业资产负债率，这导致经济运行风险逐步增长。

与此同时，威权发展模式下长期以来被压制的国内民众的民主诉求也由于本国人均收入水平的提高而提高，对于国内腐败现象越来越感到不满，对于社会公平与正义要求越来越强烈，这一切使得威权发展模式逐渐难以为继，政府对经济的掌控能力不断下降。并且，东亚在威权主义模式的指导下，其发展也逐渐失去了目标，阿玛蒂亚·森曾明确提出"自由是发展的首要目的，发展可以看做扩展人们享有的真实自由的一个过程"，他认为"东亚金融危机的前导性因素是缺少一个有效的民主论坛。可以由民主过程所提供的、向那些特选的家庭和集团的控制地位进行挑战的机会，本来是可以导致非常不同的结果的……不受挑战的治理权利，轻而易举地转化为对无责任核实、无透明性状况的不加质询的认可，而政府和金融头目之间的家族联系经常进一步强化这种局面，政府的非民主性质，对经济危机的产生起到了重大作用"。①

再者，正当区域主义兴起之时，东亚却由于历史原因和各国之间的巨大差异，未能抓住机遇，进一步加强东亚各成员国之间的合作，尤其是金融和货币合作，各国之间在国际市场激烈竞争，经济的高速增长使得该地区的国家领导人多少都带有民族主义情结，更加看重开展与欧美的外交与合作。在危机爆发之后，各国之间的相互支持极为有限（例如，缺少亚洲货币基金），这在一定程度上放大了危机的破坏力，事实也证明美国并没

---

①　［印］阿玛蒂亚·森著，任赜、于真译：《以自由看待发展》，中国人民大学出版社2002年版，序言第12页。

有意愿为一个主要使用美元的地区提供帮助，美联储也断然拒绝扮演最终的美元贷款人的角色。东亚各国忽视了区域主义兴起过程中为其带来的巨大历史机遇，并最终为自身的短视行为付出了高昂代价。

战后东亚各国内部所实行的政府主导的赶超模式作为一种临时性的制度安排至 20 世纪 90 年代已经在很大程度上完成了其历史使命，各国的人均收入水平与 OECD 国家相比差距大为缩小，经济增长速度远远领先于发达国家，人民生活水平极大改善。因此，政府已经到了应该从经济领域逐步退出的阶段。继续保持对经济的主导作用已经难以取得历史性的突破，各国的收入差距缩小之后其"信息优势"正在逐渐消失，政府对于特定行业的支持越来越难以做到最优，政府官僚的知识水平不足以继续引领本国经济的高速增长，并最终使得东亚成为世界的领跑者；"政商关系"饱受诟病，无数经济学者认为这种官商勾结就是东亚金融危机的根源，东亚地区由此所产生的腐败问题已经严重到令人瞠目结舌的地步，丑闻不断出现，商业环境不断恶化，公平的游戏规则迟迟未能建立。同时，国内交易服务部门的发展滞后也造成了国内市场发展的滞后，出口导向型的发展模式将自身紧紧绑在欧美经济的车轮之上，经济呈现出不可持续和创新能力低下的特点。这一切都制约着东亚地区的发展。1997 年发生的金融危机是东亚多年以来所积累的矛盾的总爆发，东亚在创造奇迹的岁月里被忘却的弱点在东亚金融危机中昭然若揭，从前极其有效的发展模式只有经历全面的转型，东亚才有希望涅槃重生。

东亚经济治理模式转型

从 20 世纪 80 年代开始，东亚各国的经济治理模式经历了两次比较大的调整，第一次是新自由主义思潮影响下的以私有化、自由化和放松管制为核心的治理模式转变，这种转变在充分释放市场活力，推动经济高速增长的同时，也不知不觉中累积着经济泡沫，直到危机爆发；此后，东亚各国的经济治理模式不得不再次做出重大调整，而这次变化的方向则是加强监管。不过，加强监管并不意味着东亚经济治理模式重回政府威权管制时代，而是在市场与政府两者之间寻找到一种更加合理的边界。

3.1 新自由主义的兴起

东亚经济治理模式的转型具有深刻的国际大背景，即 20 世纪 70 年代以来兴起的新自由主义浪潮及其对发展中国家的巨大影响。虽说各国经济治理的变化是一个复杂的过程，包含了多重决定因素，但忽视新自由主义的外部因素的影响，则很难准确理解东亚各国经济治理变化的方向、机制与演变过程。

3.1.1 新自由主义革命[①]

新自由主义作为一项化解资本主义社会秩序危机的潜在方案，以及一

---

① 在西方学界,也有许多学者将其称为"新自由主义反革命"（Neoliberal Counter – Revolution）。参见 James Crotty. Trading State – Led Prosperity for Market – Led Stagnation:From the Golden Age to Global Neoliberalism. In Gary Dymski and Dorene Isenberg edited,*Housing Finance Futures. Housing Policies*,*Gender Inequality*,*and Financial Globalization on the Pacific Rim*. M. E. Sharpe,Inc. ,2000.

项治疗资本主义疾病的方案，长期以来就潜伏于公共政策中。① 1944 年，奥地利政治哲学家与经济学家弗雷德里希·冯·哈耶克发表了《通往奴役之路》一书，对国家干预主义和福利国家政策展开了猛烈的抨击。这部著作可被认为是新自由主义的宪章。三年后，1947 年 4 月，冯·哈耶克在瑞士沃州朝圣山度假村的公园旅馆召集了一次会议，与会学者都是哈耶克的志同道合者，他们不但反对欧洲推行的福利国家政策，而且也反对美国推行的罗斯福新政。其中最著名的有：莫里斯·阿莱、米尔顿·弗里德曼、瓦尔特·李普曼、L. 冯·米塞斯、M. 波拉尼、K. 波普尔、L. 罗宾斯等人。会议结束后便成立了朝圣山学社（Mont Pelerin Society），其宗旨一是要反对凯恩斯学说及二战后占统治地位的社会福利政策；二是为创建一种强硬的和不受任何约束的资本主义模式奠定理论基础。正如其宣言所指出：

文明的核心价值岌岌可危。在地球上广大地区，维系人性尊严和自由的核心条件已告阙如。在其他地区，这些条件正受到来自政策发展趋势的不断威胁。个体和自发性团体的位置正逐步被专制权力的扩张所瓦解。甚至最值得珍视的西方人的财富——思想和言论自由——也受到了一些信条的威胁（这些信条处在非主流位置时，要求宽容的特权），它们试图建立起一个权力立场，借以压制和抹去所有与己不合的观点。

本学社认为，上述发展过程受到两方面推动，一方面是一种否认一切绝对道德标准的历史观的发展；另一方面是那些质疑法律规则之可取性的理论的发展。本学社进一步认为，上述发展过程的助长，也源于人民丧失了对私有权和竞争市场的信念，因为，没有这些制度所带来的权力分散和创新精神，就很难设想一个社会能够有效地保障自由。②

不过，直到 20 世纪 70 年代，新自由主义经济理论一直处于"边缘性发展"阶段。二战后，凯恩斯主义的赤字财政政策和货币政策得到广泛运用，成为各国政府制定经济战略与政策的主要依据，并由此登上官方经济学的宝座。美国的"罗斯福新政"更以政策实践的形式表明了凯恩斯主义的有效性，并使凯恩斯主义取代新古典经济理论成为西方世界的主流经济学，长期主导资本主义国家的宏观经济运行。在凯恩斯主义财政和货币政

① ［美］大卫·哈维著，王钦译：《新自由主义简史》，上海世纪出版集团、译文出版社2010 年版，第 23 页。

② 见网址 http://www.montpelerin.org/aboutmps.html。转引自［美］大卫·哈维著，王钦译：《新自由主义简史》，上海世纪出版集团、译文出版社 2010 年版，第 21~22 页。

策的激励下，发达资本主义国家在 20 世纪 50～60 年代，整整维持了 20 年的高经济增长率，这一时期也被称为现代资本主义的"黄金年代"（Golden Age）。

尽管备受冷落，这一时期的新自由主义仍然持续地发起对各种形式国家主义的论战。正如哈耶克颇有先见之明地指出，为理念而进行的斗争至关重要，这场不仅针对马克思主义而且针对社会主义、国家计划和凯恩斯干预主义的斗争，可能要花一代人甚至更久的时间才能获胜。① 然而，哈耶克显然是有些悲观了，因为时机很快即到。随着阿拉伯—以色列战争及欧佩克（OPEC）1973 年石油禁令的冲击，由于实施凯恩斯主义而积蓄已久的各种问题迅速发酵，发达资本主义国家出现了战后最为严重的经济危机，并首次出现以低增长和高通胀为特征的"滞胀"现象。

面对滞胀局面，凯恩斯经济学束手无策。在 20 世纪 60 年代，凯恩斯通货膨胀理论的主要依据是所谓的菲利浦斯曲线（以英国经济学家 A. W. 菲利浦斯命名），即长期上通货膨胀和失业之间存在着一种相当稳定的反比例关系，通货膨胀越高，失业率就越低，反之亦然。其政策含义是：政策制定者必须在失业和通货膨胀之间进行选择。这种选择虽然并不令人愉快（可能是太高的通货膨胀，或是太高的失业），但政策的制定者只能在这二者之间选择其一。

20 世纪 70 年代的"滞胀"宣告了稳定的菲利浦斯曲线的失效。失业和通货膨胀同时加速，这就对把通货膨胀视为过度需求现象的传统的凯恩斯观点提出了挑战。批评者们问道，人们怎么能在这样高的失业率情况下指责通货膨胀为过度需求呢？

在这种情况下，新自由主义的观点开始受到人们的重视。冯·哈耶克等人断言，危机的深层次根源在于工会力量过大和工人运动的破坏性。在他们看来，一方面，工会力量过大使私人投资者的资本积累得不到保障；另一方面，由于劳动者的权利要求，国家在工人运动的压力下不得不扩大寄生性的福利开支。两种因素汇合在一起，打压了企业的利润，刺激了物价上涨，从而导致世界市场和各国经济出现全面危机。根据这个推理，医治危机的药方只能是：一方面，维护强大的国家，削弱工会运动和严格控制货币总量；另一方面，节省财政开支压缩福利支出，减少国家对经济活

---

① ［美］大卫·哈维著，王钦译：《新自由主义简史》，上海世纪出版集团、译文出版社 2010 年版，第 25 页。

动的干预。新自由主义者极力主张必须保持足够的自然失业率，使劳动力市场始终存在一支"雇佣劳动后备军"，用以削弱工会的力量。此外，还应该推行税制改革，增强"经济主体"的投资偏好和储蓄倾向。总之，新自由主义的纲领是要减少对高收入者征收的所得税和维护大公司的利润。

新自由主义理论由于哈耶克和弗里德曼分别于 1974 年和 1976 年获得诺贝尔经济学奖而影响力大增，并开始在许多政策领域发挥实际影响。例如，在卡特总统任期内，经济松绑就成为解决整个 20 世纪 70 年代美国周期性滞胀的方案之一。不过，新自由主义作为一种在发达资本主义国家层面调节公共政策的新经济正统，其地位的巩固始于 1979 年的美国和英国。

该年 5 月，玛格丽特·撒切尔夫人以主张大刀阔斧的经济改革政策而当选英国首相。受到基思·约瑟夫（Keith Joseph）——一位非常活跃、崇尚新自由主义的政论家——的影响，撒切尔夫人认为必须抛弃凯恩斯主义，并且同意货币主义的"供给学说"方案对于解决 20 世纪 70 年代困扰英国经济的滞胀非常关键。她认识到这几乎意味着财政和社会政策方面的革命，并立即签署了一项决议，对 1945 年后在英国巩固起来的社会民主国家的机构和政治道路进行改革。① 这些变革意味着要对抗工会力量，攻击一切阻碍竞争性活力的社团组织，撤销或免去福利国家的义务，将国有企业私有化（包括社会住房），降低税收，鼓励创业积极性，创造良好的商业氛围以吸引更多外资流入等。她的著名宣言是，"没有社会，只有个体的男人或女人"，再加上一句"以及他们的家庭"。②

而在太平洋彼岸的美国，一个相对陌生的人物（现在是众所周知了）——保罗·沃尔克（Paul Volcker）——于 1979 年 8 月被卡特总统任命为美联储主席。上任伊始，沃尔克就对美国货币政策实施了后被称为"沃尔克休克疗法"的大幅度改革。长期以来在美国奉行的以充分就业为根本目标，广泛采用凯恩斯主义财政和货币政策的"新政"原则被放弃

① 事实上，二战后欧洲出现了多种社会民主制国家、基督教民主国家以及统制国家（dirigiste state）。尽管形式不同，但这些国家之间有一些重要的共同点，主要包括：它们都同意，国家应该关注充分就业、经济增长、国民福利，而为了实现这些目的，国家力量应该按照市场过程进行自由配置，或在必要时介入甚或取代市场过程以进行干预。这种政治经济形式如今通常被称为"镶嵌型自由主义"（embedded liberalism），以表明市场进程和企业公司活动处于社会和政治约束的网络之中，处于监管的环境之中。
② ［美］大卫·哈维著，王钦译：《新自由主义简史》，上海世纪出版集团、译文出版社 2010 年版，第 26～27 页。

了，取而代之的是一项旨在不惜以带来就业问题为代价而遏制通胀的政策。1980 年，罗纳德·里根在卡特的竞争中胜出当选美国总统，这一胜利非常关键。虽然卡特已经谨慎地向（航空和运输业）松绑方向迈出，以作为对滞胀危机的部分方案，但里根仍然嫌其不够，他的参谋们相信沃尔克的货币主义"药方"才是医治美国经济的唯一正确道路。沃尔克得到支持并再次被任命为美联储主席。里根政府接着便凭借进一步松绑、税收减免、攻击工会与员工势力，提供必要的政治支持。在 1981 年一次漫长而激烈的罢工中，里根彻底压制了航空管理组织（PATCO）。同时，里根还在诸如环境管理、工作安全、卫生医疗等事务上对权力部门的任命，将对抗大政府的战役提升到了前所未有的高度。从航空、电信到金融，一切领域的松绑为强大的企业利润打开了不受管束的市场自由新天地。投资赋税的减免有效帮助资本从具有工会组织的东北部和中西部地区向未形成工会且不受管制的南部和西部地区转移。金融资本愈加向海外进发，寻找高额收益率。在国内进行去工业化而把生产移到国外，这一现象变得越来越普遍。意识形态上被描绘为促进竞争与创新的市场，成为巩固垄断权力的基础。企业税收得到大幅裁减，而最高个人税率在被称为"史上最大规模的税收减免"中由 70% 降至 28%。①

政策层面的实践进一步助推新自由主义学说攻占各个领域的堡垒，成为 20 世纪 80 年代英美国家主流的正统理念。在学术界，除了以弗里德曼为代表的货币主义，新自由主义还包括这样一些经济学流派：以卢卡斯等人为代表的新古典主义宏观经济学（在 20 世纪 70、80 年代称做理性预期学派），以拉弗等人为代表的供给学派，以布坎南、塔洛克等人为代表的公共选择理论，以科斯等人为代表的产权经济学，以诺斯、威廉姆森和德姆塞茨等人为代表的新制度经济学等。这些理论各有侧重，但具有一个共同的核心思想，即鼓吹经济自由。具体来看，他们的政策主张主要包括：一是市场统治。将"自由"企业或私有企业从政府或国家的任何束缚下解放出来，不论这将造成多少社会损失；对国际贸易和投资更加开放；放弃对物价的控制。总之，要实现资本、货物和服务的自由流动。二是削减教育、医疗等社会服务的公共开支。削弱穷人的"安全网"，甚至以弱化政府作用为名放弃对道路、桥梁、供水系统的维护。三是放松管制。减少任

---

① ［美］大卫·哈维著，王钦译：《新自由主义简史》，上海世纪出版集团、译文出版社 2010 年版，第 30 页。

何可能影响利润的政府管制，包括放松对工作环境安全的规定。四是私有化。将国有企业出售给私人投资者。这包括银行、主要产业、铁路、征税公路、电力、学校、医院甚至供水。五是抛弃"公共物品"或"共同体"的概念，代之以"个人责任"。这意味着向社会中最贫困的人群施加压力，迫使他们自己找到医疗保健、教育机会和社会保障的解决办法。一旦这些人无计可施，新自由主义者就将之归咎于他们的"懒惰"。①

美国和英国的新自由主义转变不仅对本国的经济治理和发展模式产生了颠覆性的革命，而且其震源也在全球范围内产生了革命性的推动力。通过各种形式的传播，新自由主义开始助推整个世界发生翻天覆地的变化，而这些变化又与所谓的"华盛顿共识"联结在一起。

3.1.2　华盛顿共识

新自由主义在发展中国家的兴起既是各国国内经济因 20 世纪 70 年代两次石油危机而遭受重创后不得已的选择，也是美英等国极力推行的结果。

二战结束后，在政治上取得了独立的发展中国家，由于深受西方发达国家自 20 世纪 30 年代就已开始流行的"国家干预主义"思潮的影响，以及苏联社会主义建设中高度集中的计划经济体制所产生的工业化高速发展事实的感召，再加上经济上的长期封闭落后和殖民统治的压抑以及当时较为险恶的国际经济环境的威胁，为了充分调动各种资源，迅速发展经济，强化了国家对经济的干预，逐步形成了"命令经济制度"。② 主要经济政策包括实行国有化，加强政府对经济的有力干预，对外经济关系上采取保护主义措施，实施进口替代战略等。

"命令经济制度"在充分调动和利用国内有限的资源、建立国有基础设施、保护民族工业、监督外资活动、制定和实施社会发展计划、迅速发展经济等方面，起到了重要的推动作用。在 20 世纪 60～80 年代的 20 年间，实行这一制度的国家国内生产总值年平均增长率为 6%，同一时期，发达资本主义国家的年平均增长率仅为 3.7%。③ 但是，"命令经济制度"

---

① 伊丽莎白·马丁内斯和阿诺尔多·加西亚：《什么是新自由主义》，转引自王宏伟摘译：《关于新自由主义的三篇短论》，载《国外理论动态》2002 年第 11 期。
②③ 张雷声：《发展中国家的新自由主义经济改革及其理论反思》，载《高校理论战线》2003 年第 5 期。

的实行，大大削弱了原本就不发达的市场经济和原本就不成熟的市场机制，阻隔了发展中国家国内市场与世界市场的联系，带来国内经济发展中的许多难以克服的矛盾和弊端。尤其是，进口替代战略的实施，使得这些国家外汇极为短缺，发展中国家不得已而大举向发达国家举借外债。而1973年后石油输出国组织从石油涨价获得的盈余通过国际大银行贷款形式再循环到发展中国家恰恰满足了后者的资金需求。但是，油价高企有利于石油输出国的同时，也造成发展中国家严重的国际收支逆差。而1979年秋天美联储把放松银根的政策改变为紧缩银根的政策以便战胜超速通货膨胀的决定，大大减少了资金向发展中国家的流入，与此同时，面对全球经济衰退，这些国家却无力通过增加出口维持足够的贸易顺差，以此化解债务问题。至20世纪80年代初，包括墨西哥、阿根廷、巴西在内的许多发展中国家无力偿还外债。1982年8月20日，墨西哥政府宣布无力偿还其到期的外债本息，要求推迟90天，由此正式引发了全球性的发展中国家的债务危机。

　　面对发展中国家的困境，新自由主义乘虚而入。债务危机最为严重的拉美国家首先感受到了这种思潮的巨大影响。事实上，新自由主义理论早在20世纪70年代初就传入拉美，但当时的传播范围仅限于智利。1973年皮诺切特将军在智利通过政变上台后，立即将一大批从美国芝加哥大学等欧美高等院校学成回国的经济学家安排在政府部门，并委以重任。这些被称为"芝加哥小子"的"海归"通晓市场经济理论和西方经济学，认为只有新自由主义理论才能使智利和其他拉美国家的经济走出困境。因此，在他们的影响下，皮诺切特将军实施了以开放市场和减少国家干预为主要内容的经济改革。

　　20世纪80年代，新自由主义通过多种方式在拉美国家得到传播。除了面对债务危机，各国政府需要另辟蹊径寻找解决问题的新途径，新自由主义还通过两种方式进入拉美地区：一是强大的意识形态传播。在新自由主义进入拉美国家的过程中，大学、企业和媒体扮演了主要载体的角色，在它们的极力宣传下，一大批来自拉美的知识分子被招致新自由主义的麾下，充当了新自由主义进入拉美的急先锋。比如著名的秘鲁学者埃尔南多·德·索托于20世纪80年代后期出版了《另一条道路》一书。他在书中提出了政府应该减少对经济生活的干预和大力发展市场经济的主张。该书出版后立即在许多拉美国家成为畅销书。宣传新自由主义理论的著作经拉美媒体和学术界的炒作，在拉美的影响不断扩大。正如美国学者

S. 乔治在《新自由主义简史》一文中所指出的那样，新自由主义理论之所以能从一个"小小的胚胎"发展为后来几乎要统治整个世界的理论，完全是因为哈耶克及其学生弗里德曼等人坚信这样一个信条："如果你能占领人们的头脑，那么他们的心和手就会听从头脑的指挥。"

意识形态的传播活动随后通过政治党派以及最终通过国家力量而巩固起来，在这一进程中，许多具有这种新自由主义理念的优秀人物进入政府或当选本国的新一代领导人，从而为新自由主义理论的传播提供了必不可少的"土壤"。以 1988 年上台的墨西哥萨利纳斯政府为例，不仅萨利纳斯总统本人在美国获得了硕士和博士学位，而且在他的内阁中，59% 的部长或副部长也都拥有美国大学的经济学博士学位。而在 20 年前，这一比例仅为 25%。①

新自由主义思想在拉美传播的第二种方式，与美国政府及其控制的世界银行和国际货币基金组织对拉美国家施加的压力有密切关系。里根政府上任后，曾严肃考虑过撤销对国际货币基金组织的支持，但墨西哥债务危机爆发后，里根政府突然发现，通过联合美国国库和国际货币基金组织的力量对墨西哥债务进行期限结构调整是一种很好的危机解决方式，当然条件就是墨西哥进行自由主义改革。此后，在联邦储备委员会安排贷款、阻止墨西哥拖欠利息的同时，国际货币基金组织负责制定解决危机的长远计划，对付墨西哥债务危机成为其他发展中债务国仿效的模式。尽管这些债务国试图结成统一战线，反对债权国把严厉的条件强加给它们，但是后者控制严密，它们反对不了。1985 年，美国财政部长詹姆斯·贝克（James Baker）对这种债务危机性质的重新估计作出反应，率先提出了结构调整政策。② 为回报债务偿还期限的调整举措，债务国被要求施行结构与制度改革，包括削减福利开支、更灵活的劳动市场法律、私有化、放松对外资的限制、放松金融监管、转向出口导向型增长等。这些新自由主义的改革措施最后被所谓的"华盛顿共识"所概括。

华盛顿共识是由约翰·威廉姆森（John Williamson）提出的，并且有一个逐渐形成的过程。1989 年春天威廉姆森出席美国国会一个委员会作证

---

① David E. Hojman. The Political Econmyof Recent Conversitons to Market Economics in Latin America. Journal of Latin America Studies, Number 1, 1994, p. 198.

② ［美］罗伯特·吉尔平著，杨宁光等译：《全球政治经济学：解读国际经济秩序》，上海世纪出版集团 2006 年版，第 283 页。

支持布雷迪计划（Brady Plan），① 认为拉美国家的经济政策和态度已经出现重大改变，正变得越来越好。两三周后他在英国参加发展研究学会苏塞克斯研讨会时，阐述了其在国会委员会提出的支持布雷迪计划的观点，并命名为"华盛顿共识"。② 1989 年 11 月，在美国国际经济研究所于华盛顿召开的一个讨论 20 世纪 80 年代后期以来拉美经济调整和改革的研讨会上，约翰·威廉姆森正式提出了"华盛顿共识"的十项政策内容。会后，威廉姆森将会议论文汇编成册，并于同年出版。在这本题为《拉美调整的成效》的论文集中，威廉姆森更加明确地阐述了拉美国家在经济调整和改革过程中应该采纳的十项"处方"，包括：加强财政纪律，压缩财政赤字，降低通货膨胀率，稳定宏观经济形势；把政府开支的重点转向经济效益高的领域以及有利于改善收入分配的领域（如文教卫生和基础设施）；开展税制改革，降低边际税率，扩大税基；实施利率市场化；采用一种具有竞争力的汇率制度；实施贸易自由化，开放市场；放松对外资的限制；对国有企业实施私有化；放松政府的管制；保护私人财产权。

尽管威廉姆森在提出华盛顿共识时只提及了拉丁美洲和一些非转型国家，但他认为，上述政策工具不仅适用于拉美，而且还适用于其他有意开展经济改革的发展中国家。按照罗德里克（Rodrik，2003）的表述，就是华盛顿共识的支持者倾向于忽视特殊的国别背景，并且整齐划一地将方案运用到所有的发展中国家。③ 事实上，虽然后来内容有些变化，强调市场自由、贸易自由化和国家大大减少在经济中的作用的华盛顿共识在此后就

① 20 世纪 80 年代发展中国家债务危机爆发后，为防止债务危机冲击国际金融市场和维护在第三世界的经济和战略利益，西方发达国家和一些国际金融机构先后采取和实施了一系列所谓"救援发展中国家债务危机"的政策，相继抛出了"宫泽计划"、"密特朗计划"、"贝克计划"，但皆以失败而告终。1989 年 3 月，美国财政部长布雷迪公布了"布雷迪计划"，其中心内容是：鼓励商业银行取消债务国部分债务；要求国际金融机构继续向债务国提供新贷款，以促进债务国经济发展；提高还债能力。同以往方案相比，"布雷迪计划"把解决外债的重点放在债务本息的减免上，而不是放在借新债还旧债的方式上。这一计划改变了美国过去坚持逼债的僵硬立场，意味着美国的债务政策出现了一个重大转折，严峻的现实迫使美国政府开始承认减免债务是解决债务问题必由之路。尽管这一计划有可能导致民间银行削减贷款，而且究竟能在何种程度上实现尚属疑问，但比过去向前走了一步，给缓解债务危机提供了一个突破口。

② 约翰·威廉姆森所指的华盛顿，包括两类：国会、政府高级官员所代表的政治型华盛顿；国际金融机构、美国政府经济部门、联邦储备局和智囊团所代表的专家型华盛顿。参见［美］约翰·威廉姆森：《华盛顿共识简史》，载于黄平、崔之元主编：《中国与全球化：华盛顿共识还是北京共识》，社会科学文献出版社 2005 年版，第 65 页。

③ 刘攀：《发展与减贫经济学——超越华盛顿共识的战略》，西南财经大学出版社 2006 年版，第 233 页。

一直成为了发达国家和国际金融机构中的官员处理发展中国家金融危机的标准办法。1990 年底东欧剧变后"休克疗法"的提出，1997 年东亚金融危机后国际货币基金组织对东亚国家的贷款约束条件，都深刻反映了"华盛顿的一致意见"。新自由主义也借此在全球范围内成为主导性思潮。尽管有些发展中国家谴责结构调整的要求是新形式的资本帝国主义，但这些国家如果想要获得财政援助的话，它们别无选择。

这场债务危机也深刻改变了国际货币基金组织和世界银行的作用性质，从此以后，它们就成了传播和执行"自由市场原教旨主义"和新自由主义的中心。① 国际货币基金组织原本是作为管理布雷顿森林体系固定汇率的货币制度，例如它提供短期贷款以解国际收支逆差的燃眉之急。为了获得这种贷款，受贷国必须符合某些宏观经济政策方面的条件（即有条件的贷款），那些条件迫使受贷国恢复国际收支平衡。在美国的主导下，为了对债务危机作出回应，国际货币基金组织的作用发生了激烈的变化，它开始提供中期贷款，但需要受贷国进行结构与制度调整。这种执行调整结构的主张，意味着有条件贷款从必须改变宏观经济政策扩大到微观经济政策和整个经济也必须彻底改变，从而使得国际货币基金组织成了对发展中国家经济有相当影响力的经济发展机构。②

3.1.3　新自由主义与东亚

新自由主义的产生，对世界经济以及各国的经济政策产生了巨大的影响。东亚也不例外。日本、韩国和中国台湾等国家和地区最先打开经济自由化的大门，至 20 世纪 80 年代末期和 20 世纪 90 年代早期，新自由主义在几乎所有东亚新兴市场经济国家和地区都得到推行。

总体上，各国（地区）的政策转型都体现了新自由主义的放松管制、私有化和自由化的核心思想。比如，20 世纪 80 年代初日本中曾根政府紧随撒切尔和里根政府对经济实行的新自由主义改革就主张废除大政府、标榜小政府；放松管制；促进竞争；减少福利教育的预算；削减公务员；抑

---

① ［美］大卫·哈维著，王钦译：《新自由主义简史》，上海世纪出版集团、译文出版社 2010 年版，第 33 页。
② ［美］罗伯特·吉尔平著，杨宁光等译：《全球政治经济学：解读国际经济秩序》，上海世纪出版集团 2006 年版，第 284 页。

制工资以及大企业民营化等（李月、万鲁建，2008）①。韩国从全斗焕政府开始的新自由主义调整则包括大大降低人为高估的汇率，使其回到"正确的轨道"；对进口和外国直接投资实行自由化以促进国内市场的竞争；取消指向性优惠贷款，促进资源的合理与公平分配；实行金融自由化，包括商业银行私有化、允许成立非银行金融机构（NBFI）和地方银行等。1984 年中国台湾地区开始的新自由主义转型则被概括为自由化、国际化和制度化。②

在各种改革当中，金融市场的自由化是最为引人注目的，它直接开启了对发达国家短期资本进入的大门，从而也为 1997 年金融危机的爆发埋下了种子。

20 世纪 80 年代之前，东亚国家的金融体系基本上是一个受到严格控制的体系，虽然各国控制的情况并不一样，但却有许多相似的特征：第一，大多数国家都实行严格的利率限制，一些国家商业银行的存贷款实际利率多为负值，导致银行业务扭曲。第二，大多数国家政府直接干预、控制信贷的总供给和产业配置，信贷限额被作为货币政策工具而广泛使用，使得贷款收益率低下，妨碍了银行业的发展。第三，大多数国家设置了高水平的法定储备金率，大大增加了银行的运营成本，迫使银行设法规避金融管制。第四，大多数国家的金融体系高度分割，每一类型的金融机构都限制在明确规定的领域内开展业务，混业经营无法展开，新机构进入特定领域要受到很多限制甚至遭到禁止，阻碍了金融体系内的竞争和金融市场的发展。第五，大多数国家的货币和资本市场落后，许多企业的长期融资困难，往往很难从正规渠道得到满足。第六，大多数国家的国际资本流动受到限制，并采用严格的固定汇率安排。③ 东亚这种以政府严格管制为主要特征的金融体制，能够确保本国有限资金的集中配置，也有助于防止金融的过度投机。不过，随着经济的迅速发展，各国政府逐渐意识到，传统的金融体制不利于金融机构的自主发展，也不利于对国际资本的充分利用。在发达国家极力推动和各国政府因本国经济高速增长而变得愈加自信两个方面因素的共同作用下，东亚各国和地区最终打开了金融市场的大门。我们以韩国、泰国和印度尼西亚为例来分析东亚金融市场的自由化转型。

---

① 李月、万鲁建：《新自由主义在日本的发展与影响》，载《开放导报》2008 年第 6 期。
② 孙震：《台湾经济自由化的经验与检讨》，载《经济观察报》，2006 年 7 月 31 日。
③ 程昆：《发展中国家的金融深化与中国金融市场发展研究》，中国经济出版社 2004 年版，第 59 页。

3.1.3.1　韩国

韩国的金融自由化转型始于全斗焕时期。除了来自发达国家新自由主义的压力，国内形势的变化是更为重要的原因。20 世纪 70 年代末是韩国经济发展的一个转折点。20 世纪 70 年代重化工业战略的成功将韩国带入了一个国家经济实力巨幅攀升、国内经济结构日益复杂的新阶段。与此同时，完全依靠政府导向的发展模式的弊端也日渐积累，如产业结构失调、经济过于集中、重化工业部门过度投资引起的生产能力过剩等。在 1979 年第二次石油危机的冲击下，各种问题终于集中爆发，引发了韩国 1980 年的经济危机。

全斗焕政府上台后，各种因素的结合最终使其选择了新自由主义。除了上述国内外经济因素，全斗焕的政治考虑也非常重要。由于不是通过民选上台，全斗焕清楚地意识到自己非常缺乏民众的支持，在这种情况下，提高其权威和"合法性"的最佳途径就是稳定当时混乱的经济局面，并通过恢复经济增长取得民众的支持。为了做到这一点，听顺民意，选择新自由主义无疑是最好的方式。从金融自由化的层面看，主要包括商业银行私有化、允许成立非银行金融机构（NBFI）和地方银行等。不过，全斗焕政府的金融改革主要陷入进入管制的放松，对本国金融机构的对外经营管制依然存在。1989 年卢泰愚政府上台执政后，加速了金融自由化的进程。与全斗焕政府主要是解除国内金融制度的管制不同，卢泰愚政府的金融自由化政策集中于开放对国际资本的管制，包括全面开放国内金融机构从事国外企业的短期贷款，开放投资信托公司从事证券业务，允许其发行国内外混合型投信证券，开放外国银行到国内设立分行，以及外汇管制进一步放宽至 0.4% 等。

金泳三政府上台后，实施了更为全面的金融自由化，涉及利率自由化、银行业务管制自由化、外汇自由化以及资本自由化等四个方面。[①]

首先，在利率自由化政策方面，金泳三延续了卢泰愚时期的四阶段利率自由化政策，打算到 1997 年全面解除对国内利率的管制，这项政策让韩国银行可以自由决定其存贷款利率，而不再像过去银行利率由韩国财政部统一决定，这也使得韩国政府对银行机构的控制能力大幅减弱，此外，

[①]　蔡增家：《政党轮替与政经体制的转变：1993 - 2003》，巨流图书公司 2005 年版，第 113 ~ 114 页。

利率自由化更让银行之间自由决定利率高低，增强彼此之间市场的竞争力。

其次，在银行业务管制自由化方面，金泳三不仅开放外资到国内经营证券业务，同时，也全面开放外国银行到国内开设分行。这项政策让国内银行及证券公司无法在政府的保护伞下经营，而必须要面临外国银行的强劲竞争力，从而使得韩国银行体系的不良债务大幅提高，而利润率却大幅降低。

再次，在外汇自由化政策方面，金泳三政府发表《外汇自由化宣言》，预计在1999年之前全面解除对外汇的管制，这些政策让外国资金更容易进入国内，而国内资金也可以轻易地流向国外，这让韩国政府对国内资金流向管制的能力大为减弱，金融市场体系更为脆弱。

最后，在资本自由化政策方面，金泳三在1993年发表《三阶段金融自由化宣言》，并接着在1994年进一步扩大外国人投资国内债券市场（法人上限为30%，个人上限为5%），1996年韩国债券基金设立，并在伦敦金融市场上市，同时将中小企业对国外贷款全面自由化，并允许外国人购买国内受益型证券，之后，1997年开放外国人投资韩国店头（场外）市场（法人上限为15%，个人上限为5%），并打算到1998年完全废除外国人直接投资国内股票市场的限制。这项政策让外国投资者可以自由投资韩国的股票市场，同时也允许国内企业投资国外的资本市场，这让企业资金来源更加多元化，同时也让政府管制企业的能力大为降低。

从以上金泳三政府所实施的金融自由化政策我们可以发现，其最大的特性便是让国际资本可以自由进入国内证券市场，同时允许企业投资国内及国外的资本市场。这种自由化政策所产生的效应，便是韩国政府控制企业及资金流向的能力大为减弱，使得韩国政经体制在自由化之后，从过去的政府主导转变为企业主导。

3.1.3.2 泰国

20世纪80年代之前，泰国经济稳步发展，这与当时政府的务实作风是密不可分的。泰国政府在经济发展过程中重视宏观经济稳定，根据本国国情，将农业和以资源为基础的制造业作为发展的重点，实现了工农业同步发展。

进入20世纪80年代，受经济全球化浪潮的冲击，加之国内的利益集团和工商业协会的施压与游说活动，泰国政府改变了既定的经济稳健发展战略，开始"快步走"战略，追求经济增长的高速度。同时进行经济结构的调整，大力扶植面向出口的高科技企业和金融业的发展，以迅速提升泰国经济的国际竞争力。泰国的经济调整，以金融领域的改革最为激进，这主要表现在五个方面：①

第一，快速实现了利率自由化。1989 年 6 月，泰国政府解除了对银行长期存款最高利率的限制；1992 年 1 月，取消了储蓄和短期存款的最高利率限制；1992 年 6 月，又取消了对贷款利率的限制。

第二，解除对经常项目和资本项目的外汇管制。1990 年 5 月，泰国接受了国际货币基金组织的第 8 条款规定，解除了对经常项目所有的外汇交易管制；1991 年 4 月，又取消了对资本项目交易的大部分管制。

第三，放宽对国内商业银行开设分行的条件限制以及对农村贷款的管制。1992 年解除了商业银行必须拥有一定数额的泰国政府债券才能开设分行的限制条件；同时，通过扩大"农村"的内涵，使得商业银行的贷款覆盖到更多的边远地区以及与农业生产活动无关的其他行业，拓宽了私人融资渠道。

第四，进一步提升金融自由化的速度。1992 年，泰国政府开始允许本国的商业银行、金融公司和证券公司从事与其主要业务没有直接联系的商业活动，使得金融公司和证券公司有机会发行普通股票，带动了国内资本市场的繁荣。

第五，1993 年，开始加紧建立曼谷国际金融中心，1994 年 2 月取消了对外直接投资和旅行支出等外汇的流出限制，目的是加强对外资的吸引力，保持泰国在东南亚地区吸引外资的优势。曼谷国际银行成立后，泰国国内的银行得以从事离岸交易。

迅速开放的资本市场导致外国资本在 20 世纪 90 年代大举涌入泰国（详见表 3 - 1）。1990 年泰国的资本净流入是 97 亿美元，占 GDP 的 11.3%，到 1995 年，资本净流入增长了 126%，达到 219 亿美元，占 GDP 的 13%。在这 219 亿美元中，约 95% 是私人资本流入，51% 以银行信贷的形式，19% 以证券投资的形式，5% 以外国直接投资的形式。1990 ~ 1995 年，泰国国际银行债务的 60% 是以外币为主的短期贷款。② 资本大量流入加上政府监管的放松，为日后的金融危机埋下了危险的隐患。

---

① 沈红芳：《经济全球化与经济安全：东亚的经验与教训》，中国经济出版社 2008 年版，第 164 页。

② 沈联涛：《十年轮回：从亚洲到全球的金融危机》，上海远东出版社 2009 年版，第 125 页。

表 3 - 1   泰国：部分外国资本指标

	年份	1990	1991	1992	1993	1994	1995	1996	1997	1998	1999	2000
资本流动（亿美元）	净 FDI 流入	24	14	15	16	9	12	14	33	74	57	34
	净证券投资流入	5	0	5	55	22	42	37	46	3	-1	-7
	其他净流入（包括银行信贷）	69	99	76	35	91	166	144	-122	-174	-135	-129
	净资本流入总值	97	113	97	105	122	219	195	-43	-97	-79	-103
	私人资本净流入	110	103	80	103	120	208	182	-76	-155	-135	-98
	银行信贷净流入	—	-3	19	36	139	112	50	-57	-127	-106	-66
其他指标	外国银行贷款总额（亿美元）	162	223	262	344	496	683	776	735	581	469	432
	短期国际银行贷款（亿美元）	88	130	158	214	310	436	457	385	240	142	103
	日本对外国的贷款（亿美元）	89	125	145	187	297	390	395	351	240	155	128
	来自日本的直接投资（亿美元）	12	8	7	6	7	12	14	19	14	8	9
	净对外负债头寸（占 GDP%）	31.1	35.8	36.8	50.1	46.0	56.4	55.9	63.6	87.5	75.5	53.8

资料来源：沈联涛：《十年轮回：从亚洲到全球的金融危机》，上海远东出版社 2009 年版，第 125 页。

3.1.3.3 印度尼西亚

1968～1996 年，印度尼西亚在苏哈托总统的领导下年均经济增长率高达 7%，稳定的政治和宏观经济环境也为印度尼西亚人生活水平的提高创造了条件，人均 GDP 从 1968 年的 70 美元增加到 1996 年的 1 264 美元，同期贫困率也从 60% 下降到了 18%。世界银行称赞印度尼西亚的成就是"世界经济发展史上最照顾穷人的增长"。[①]

也就是这种环境中，以 1988 年帕克多（Pakto）银行改革为标志，印度尼西亚开始了其金融自由化和去监管化的经济改革。具体内容包括四个方面：第一，利率自由化。取消中央银行对信贷市场存款利率的管制，并允许银行自定储蓄和贷款利率，这一举措大大促进了各金融机构之间的竞争。第二，削弱国营银行的垄断地位，放宽对国内私人银行的限制，允许

---

① 沈联涛：《十年轮回：从亚洲到全球的金融危机》，上海远东出版社 2009 年版，第 191 页。

私人银行的设立和扩大其活动范围,引进银行业竞争机制。第三,减少对国外金融机构的限制,允许外资银行在国内发展,增强了国内金融体系的活力。第四,积极推动国内资本市场和货币市场的发展,为印度尼西亚企业筹集资金开辟新的渠道①。

　　金融自由化改革同样也为印度尼西亚带来了大量的短期资本流入,并导致国内银行和企业部门的债务比重大幅攀升(详见表3-2)。然而,这里一个潜在的问题是,银行持有短期外债的同时,其投资期限结构通常却以长期为主,于是出现货币错配问题②,从而大大提高了银行和金融体系的风险程度。

表3-2　　　　　东亚代表性国家银行和公司领域主要指标(1996年)　　　单位:%

国家	印度尼西亚	韩国	马来西亚	菲律宾	泰国
银行的债务总资产比率	9.60	4.26	6.40	13.10	9.00
短期外债占总外债比率	23.56	53.20	39.38	25.44	47.31
短期外债占外汇储备比率(1997)	174	211	63	86	148
企业的总资产负债率	187.80	354.50	117.60	128.50	222.40

　　资料来源:夸克(Kwack,2000)③;谢世清(2009)。

3.2　东亚金融危机

　　1997年夏天,当严重的金融危机和后来甚为广泛的经济危机迫使东亚奇迹戛然而止的时候,东亚各经济体遭到了沉重的冲击。直到2000年夏,遭受冲击的国家和地区才逐渐从危机中恢复过来。对于依靠威权体制持续增长几十年的东亚地区来说,东亚金融危机的爆发是一个分水岭,它引爆了关于东亚经济治理模式的争论。危机十多年后回过头看,尽管有关经济治理和政府角色的争论依然没有平息,但危机对东亚各经济体的影响是巨

---

　　①　吴崇伯:《印度尼西亚金融自由化试析》,载《世界经济》1996年第9期。
　　②　20世纪90年代东亚的资本市场其实表现为一种双重错配,既有"短期借入,长期投资"的期限错配,也有"借入外汇(美元或日元),投资本国货币"的结构错配。
　　③　Kwack,Sung Yeung(2000).An empirical analysis of the factors determining the financial crisis in Asia. Journal of Asian Economics 11, pp. 195-206;谢世清:《东亚金融危机的根源与启示》,中国金融出版社2009年版。

大而深远的。

3.2.1　危机的起源和特点

　　东亚金融危机于 1997 年 7 月在泰国爆发，随后迅速波及菲律宾、马来西亚、印度尼西亚、中国台湾和中国香港、新加坡、韩国、日本等几乎所有东南亚、东北亚部分国家和地区，通过连锁反应成为一场空前严重的区域性金融危机，同时还波及拉美、俄罗斯等，对全球金融市场也形成一定的冲击。东亚金融危机的爆发和演变过程可以划分为三个阶段。①

　　危机的第一阶段是从 1997 年 7 月 2 日泰国宣布泰铢实行浮动汇率制开始，引发其他东盟国家的货币——菲律宾比索、马来西亚林吉特和印尼盾，纷纷贬值。菲律宾比索是泰铢垮台之后第一个受到严重攻击的东盟国家的货币。菲律宾中央银行在 7 月的头 10 天里就花去了外汇储备的 1/8，并把隔夜拆借利率提高 32%。7 月 11 日，距泰国让其汇率自由浮动仅 9 天，菲律宾中央银行就放弃捍卫菲律宾比索，允许其货币贬值。

　　仅仅在菲律宾比索贬值 3 天之后，马来西亚中央银行也宣布放弃维持马来西亚林吉特固定汇率的努力。为了保卫其货币，马来西亚政府花去了大约 30 亿美元，并把拆借利率提高到 50%，但还是招架不住潮水般涌来的努力。一个月后，在 8 月 14 日，印度尼西亚也放弃了干预性的努力，让印尼盾汇率自由浮动。这样，在继泰铢贬值之后，菲律宾比索、马来西亚林吉特和印尼盾像多米诺骨牌一样纷纷倒下，接连贬值。

　　危机的第二阶段是地处东亚北部的中国台湾和韩国的货币受到严重攻击。到 1997 年 9 月底，在花费了 50 亿美元救市资金之后，中国台湾也放弃干预。10 月 18 日，中国台湾对外宣布将不再捍卫其固定汇率。当天，新台币贬值 3.3%。步中国台湾后尘，韩元也被迫贬值。1997 年 11 月 1 日，韩国中央银行还信誓旦旦地表示绝不让韩元跌至 1 000 韩元兑 1 美元以下。但就在 11 月 17 日，韩国政府放弃努力，韩元汇率立刻崩溃。旋即，韩国请求国际货币基金组织给予泰国式的援助。

　　危机的第三阶段主要是围绕港元的固定汇率而展开的国际资本炒家与中国香港政府之间的攻防战。东南亚各国的货币固定汇率体制如秋风扫落

---

　　①　谢世清：《东亚金融危机的根源与启示》，中国金融出版社 2009 年版，第 19～25 页。

叶般被纷纷打垮后，国际投机资本炒家自然盯住港元，开始对其大肆攻击。1997 年 10 月 23 日，港元受到了前所未有的压力，当天香港恒生指数下降 23.34%。但这一波攻击没有能冲垮港元汇率。1998 年 8 月中旬，第二波旨在冲垮港元汇率的国际投机攻击达到顶峰状态。由于中国香港金融管理局果断地直接操盘干预托市，加上拥有充裕的外汇储备，中国香港成功地捍卫了港元兑美元的固定汇率。但是，中国香港股市仍受到极大的冲击和影响。

与以往的金融危机相比，东亚金融危机具有三个显著特点：

首先，从奇迹到危机转化的戏剧性和突然性。直到东亚金融危机爆发，该地区大多数经济体已经保持了数十年的持续经济增长，这一现象被广泛地称为"东亚奇迹"。特别是 1993 年世界银行出版的《东亚奇迹：经济增长与公共政策》，更是加深了人们对东亚经济高绩效表现的印象。东亚模式也一直被许多后发国家视为学习的榜样。

在这种氛围下，甚至少数几个对东亚奇迹持怀疑态度的经济学家，如麻省理工学院的保罗·克鲁格曼也没有料到东亚会出现这种"如此复杂如此戏剧化的事件"。[①] 克鲁格曼在 1994 年年底的《外交事务》杂志中发表了《亚洲奇迹的神话》，认为亚洲经济奇迹被普遍夸大了，并预言亚洲注定要落入不断减小的投资收益率中去。但即使如此，他也承认没有人料到亚洲会出现金融危机。因此，东亚金融危机的主要特点之一就是从奇迹到危机的戏剧性和突然性。

其次，金融危机与经济危机和政治危机交织在一起。与以往几十年单纯的货币危机不同，东亚金融危机的影响更加广泛，不但从金融危机演化为经济危机，而且在许多国家引起了巨大的政治和社会风暴。在泰国，金融危机爆发后，由中产阶级成员所主导的大规模游行抗议最终迫使被认为是治理腐败不力、缺乏金融监管能力的总理差瓦利于 1997 年 11 月辞职。在菲律宾，大选拒绝了总统菲德尔·拉莫斯所挑选的继承人，而是选择了反对前政府的候选人约瑟夫·埃斯特拉达。在韩国，作为第一位在野党候选人竞选获胜的新总统金大中，利用金融危机猛烈抨击了韩国长期以来很有实力的大型财阀，并誓言要对他们进行大刀阔斧的改革。在马来西亚，国内紧张的政治局势迫使总理马哈蒂尔解职、逮捕并起诉了他的财政部长安华·易卜拉欣，这一行为激起了大规模的街头抗议，其支持者要求政府

---

① Krugman, Paul (1997). What Ever Happened to the Asian Miracle? *Fortune*, August 18.

进行彻底的政治经济改革。

最大的政治和社会风暴出现在印度尼西亚。金融危机爆发后，印尼盾大幅贬值，通货膨胀迅速攀升，经济陷入停滞状态，由此导致的失业激增以及人民生活水平的急剧下降激起了大规模的学生游行、示威和抗议，在此过程中，出现了严重的针对印度尼西亚籍华裔的城市骚乱。1998 年 5 月 12 日，四名抗议学生被枪杀，震惊了印度尼西亚和全世界，并引发了更大规模的针对苏哈托政权的抗议和暴力活动。最终，在军方的压力下，苏哈托总统黯然下台，结束了长达 32 年之久的极权统治。

最后，金融危机具有极强的传染效应和自我加强效应。东亚金融危机的传播迅速而广泛，表现出极强的溢出和传染效应。泰国金融危机爆发以后，迅速扩展到东南亚五国、中国香港、中国台湾及韩国和日本，导致新加坡、马来西亚、菲律宾及泰国股市剧烈下跌。这表明整个东亚地区的经济相互依赖，其关联程度是以前没有被充分认识到的。危机传染同时导致资产价格暴跌和大量资本外逃。仅 1997 年下半年，印度尼西亚、韩国、泰国、马来西亚和菲律宾这五个东亚国家的私人资本净流出就达到 1 090 亿美元，占这些国家 GDP 总和的 10%。结果，金融危机迅速演化为整个亚洲的大萧条，甚至巴西、俄罗斯及东欧地区也受到了东亚金融危机的传染。

此外，这次金融危机还具有明显的自我加强效应——由金融最为脆弱的市场震荡开始，扩散到与之相关或相像的主要市场中并导致其动荡；这些动荡又从这些市场反馈回来，引发新一轮动荡，从而使金融危机呈现出交互和自我加强态势。在东亚金融危机中，第一波冲击从泰铢贬值开始，迅速蔓延东南亚各国，引发这些国家的金融动荡。随后，印度尼西亚危机又反过来引发东南亚新一轮动荡，并对全球股市产生较大的冲击。

3.2.2 货币危机抑或制度危机

如同对受灾国经济的巨大冲击，1997 年夏爆发的东亚金融危机给学术界也带来了前所未有的震撼。危机的爆发向世人表明了这样一个严酷事实：即使东亚在经历数十年艰苦创业创造的持续高速增长的"奇迹"，也能在几个月甚至几天之内发生结构性崩溃。危机之后，学者们围绕危机的生成根源、国际机构的拯救措施与受灾国的应对政策各执一词，理论纷争与观点碰撞持续多年。

以萨克斯（Sachs，1998）、雷德莱特和萨克斯（1998）以及刘遵义（2007）[①] 为代表的一些主流经济学家认为，东亚金融危机是一场典型的由金融恐慌而诱发的货币危机，[②] 符合明斯基 - 金德尔博格的金融危机模型，即危机通常都要经历替代[③]、货币扩张、过度交易、资金抽回及信用丧失等五个阶段。这类观点坚持认为东亚金融危机是一次流动性危机而非清偿性危机，危机的直接原因是大量外资在短时间内迅速逆转（大量流入和迅速撤出——1997 年下半年外资流出比例占 GDP 的 11%）。逆转以及危机发展和传染的根本原因则是金融恐慌，亦即市场参与者对市场的预期和信心的突然改变。当金融恐慌发生时，每个债权人的决策不是建立在对债务人基本经济变量分析判断的基础上，而是依据其他债权人的行为来决定自己的行动，因而造成了"羊群效应"（Herding）现象，结果导致了外资大量恐慌性的流出和银行挤兑行为，从而引发金融危机。在金融危机发生前，东亚国家的宏观经济基础总体来看还比较健全，只是 1997 年年初一些不利事件发生，如房地产和股票市场价格暴跌、金融机构倒闭、企业破产和政府在解救过程中耗去了大量的基金等，引起了轻度的金融恐慌，从而动摇了市场信心，导致了一个自我强化的恐慌链，最终造成了严重的金融危机。在这个恐慌链中，下列环节最为重要：一是外资撤离导致汇率贬值，汇率贬值导致外资进一步撤离，从而导致汇率进一步贬值。二是看到某些企业出现问题，债权人便不分青红皂白地认定所有企业都存在问题，于是撤资形成风潮。三是汇率贬值导致债务人债务负担变重。外国债权人担心债务人违约，不愿对债务人的贷款展期，更不愿提供再贷款。四是债务人购买外汇还债，增加了汇率贬值的压力。五是货币贬值导致银行债务恶化，银行不得不紧缩信用，提高利率。紧缩信用又导致企业状况更加恶化，甚至原来经营良好的企业也因为利率高和缺乏流动性而陷于破

---

① S. Radelet, J. Sachs（1998）. The Onset of East Asian Financial Crisis. Mimeo, Harvard Institute for International Development, p. 30；[美] 斯蒂文·雷德莱特、杰弗里·萨克斯：《亚洲金融危机：诊断、处方及展望》，载《战略与管理》1998 年第 4 期。刘遵义：《十年回眸：东亚金融危机》，载《国际金融研究》2007 年第 8 期。

② 货币危机是一种狭义的金融危机，是指对货币的冲击导致该货币大幅度贬值或国际储备大幅下降的情况，它既包括对某种货币的成功冲击（即导致该货币的大幅贬值）也包括对某种货币的未成功冲击（即只导致该国国际储备大幅下降而未导致该货币大幅贬值）。对于每个国家而言，货币危机的程度可以用外汇市场压力指标来衡量，该指标是汇率（按直接标价法计算）月变动率与国际储备月变动率相反数的加权平均数。当该指标超过其平均值的幅度达均方差的三倍时，就将其视为货币危机。

③ 经济替代指的是对宏观经济的外部冲击。

产。六是主要国际评级机构（如穆迪和标准普尔）降低了对亚洲国家的信用等级，进一步打击了投资者信心，金融恐慌进一步蔓延。七是亚洲五国政府和国际金融社会（特别是 IMF）的强烈紧缩，导致进一步的金融恐慌。①

与金融恐慌论不同，更多的主流学者强调，② 东亚金融危机不只是一种货币危机，同时还是一种严重的银行危机和制度性危机。正如克鲁格曼（1998）指出的，任何关于亚洲危机的分析"都必须关注金融中介的角色（极其糟糕的管理可能引发的道德风险）"。这类观点将危机的爆发主要归咎于有关新兴国家向不稳定的短期性国际流动资本开放，因而突发了由恐慌诱导的自我形成危机。换句话说，东亚金融危机是东亚各国在其全球化道路上金融机构、企业和政府都没有为金融和资本账户自由化的风险做好充分准备的情况下由于货币市场的流动性崩溃而引发的银行危机。

在东亚，各国的金融体系一直被视为实体经济的辅助性制度，其典型特征是政府控制下的银行主导。有些学者甚至将这种体制下的政府、银行和企业之间的关系形容为"魔鬼三角"。在经济赶超阶段，这种银行体制保证了有限资金的集中配置，但其一个最大的问题是政府隐形担保下因道德风险而产生的脆弱的风险管理。金融危机前东亚各国普遍存在的较高的银行不良贷款率和企业资产负债率可以说明这一问题（详见表 3 - 1），其所带来的风险则由于 20 世纪 90 年代初各国普遍实施的以开放资本市场和放松金融监管为主的金融自由化改革而急剧放大。以受危机打击最大的泰国、印度尼西亚、马来西亚和韩国为例，自 1990 年开始，这几个国家先后放松或解除经常账户中的外汇管制，提高资本账户的自由兑换性，③结果导致国际资本大量涌入，各国短期外债激增。比如 1990 ~ 1996 年期间韩国的短期外债从 294 亿美元增加到了 759 亿美元，增加了 158%。到 1997 年 7 月，韩国外债总额达到 1997 亿美元，其中 805 亿美元为短

---

① 窦祥胜：《国际资本流动与东亚金融危机：原因及启示》，载《广西经济管理干部学院学报》2003 年第 4 期。

② 比如 Stiglitz, J. , Boats（1998）. Planes and Capital Flows. Financial Times, 25 March; Bhagwati, J.（1998）. The Capital Myth: the Difference between Trade in Widgets and Dollars. Foreign Affairs, Vol. 77, No. 3; Rodrik, D.（1998）. Who Needs Capital Account Convertibility? Harvard University, February.

③ 比如，1990 年泰国政府接受了国际货币基金组织的八条规定的义务，解除了经常账户中所有的外汇管制（沈联涛，2009）；当年，马来西亚也放松外汇管制，大大提高资本账户的兑换性。更为奇怪的是，韩国在 1993 年竟然在控制长期外国直接投资的情况下，率先开放了短期资本市场。

期债务，占 45%；在这些短期债务中，又以银行借款为主，持有量超过 80%。① 而且，银行在持有短期外债的同时，其投资期限结构通常却以长期为主，于是出现货币错配问题②，从而大大提高了银行和金融体系的风险程度。

在这种情况下，能否避免或抵御金融危机的爆发就取决于两个关键因素，一是企业和银行部门必须具有健康的财务，这会增强国际投资者的信心，降低恐慌性资金逆转的几率。二是国家拥有充足的外汇储备，即使危机爆发，政府也有足够的能力进行化解。当时的东亚显然不具备这些条件。从 20 世纪 90 年代中期开始，由于中国和拉美因素而导致的国际竞争加剧，东亚各国国际收支普遍由盈余变为赤字且规模不断扩大，企业财务状况也迅速恶化。以韩国为例，1995～1997 年期间前 30 大财阀的平均资产负债率从 347.5% 上升至 519.0%，有些甚至超过 2 000%。③ 当然，如果财阀能够获得足够的盈利来偿付很高的利息率，④ 那么上述融资结构也不是一个问题。但是在过去 20 年的大部分年份里，财阀的投资盈利率已经低于其借贷资本的机会成本，⑤ 或者说，韩国的财阀随时都存在破产的可能。但令人惊奇的是，金融机构仍然持续地通过吸收国际短期资本向这些财阀提供长期信贷。从国际投资者的角度看，面对如此巨大风险依然敢于进入东亚，其理由正如上面分析，是由于他们相信东亚普遍存在政府的隐性担保。但问题是，当国际投资者最终认识到这种投资的危险而突然选择放弃东亚市场时，东亚各国靠什么应对呢？前美联储主席格林斯潘形象地将东亚的这一问题概括为"东亚没有备用轮胎"。⑥ 换句话说，东亚金

———————————

① 沈联涛：《十年轮回：从亚洲到全球的金融危机》，上海远东出版社 2009 年版，第 154 页。
② 20 世纪 90 年代东亚的资本市场其实表现为一种双重错配，既有"短期借入，长期投资"的期限错配，也有"借入外汇（美元或日元），投资本国货币"的结构错配。
③ 1997 年，韩国生产领域作为一个整体，平均资产负债率是 396%，作为对比，美国、日本和中国台湾地区的相应比率分别是 154%、193% 和 86%。
④ 我们需要记住的是，自 20 世纪 80 年代的金融自由化改革以来，财阀对利息率更高的非银行金融机构（NBFIs）的依赖是不断加强的。
⑤ 实际上，在 1997 年经济危机之前，韩国制造业只在两个时期出现资本利润率大大超过资本机会成本的情况：（1）1972～1978 年，原因是公司领域的债务负担由于 1972 年的紧急状态法的实施而人为降低了，以及随后的重化工业产业战略时期低利息率政策的实施；（2）1986～1988 年，韩国经济从所谓的"三低"即低油价、低国际利息及 1985 年广场协议后日元升值所导致的韩元低币值享受了极大的好处。
⑥ 格林斯潘在一次题为《全球危机的教训》的讲演中发表此评论，并被提交给 1999 年 9 月召开的国际货币基金年会。他的意思是东亚经济尽管多年强劲增长，但银行制度很薄弱，没有足够的外汇储备和强大的资本市场来承受冲击（沈联涛，2009）。

融危机表面上只是一场流动性危机，但本质上深刻反映的是全球化对东亚国家低效率金融监管体制以及糟糕的银行和公司治理制度的惩罚。即使各国有足够的国际储备避免危机的爆发，它们迟早还要面对无效率贷款的严重冲击。

3.3   危机治理与制度重建

1997 年的金融危机给东亚各国的经济治理模式变革带来了深刻的影响。无论是出于外部（尤其是 IMF）的压力，还是基于内部的变革动力，东亚各国在危机之后都对本国的经济治理制度进行了大刀阔斧的变革。从 2008 年全球金融危机时东亚各国相对从容的应对回头看去，早期的变革具有长远的意义。

3.3.1   IMF 与危机治理

在危机爆发初期，在当年 9 月的香港世界银行和国际货币基金年会上，当时的日本大藏省大臣曾提出建立亚洲货币基金（AMF）的设想，倡议组成一个由日本、中国、韩国和东盟国家参加的组织，筹集 1 000 亿美元的资金，为遭受货币危机的国家提供援助。但这个建议遭到了美国的坚决反对，并迫使方案未获通过。美国坚持一切危机的援助必须由 IMF 出面进行。

这样，受危机冲击最严重的泰国、印度尼西亚和韩国不得不向国际货币基金组织请求援助。就泰国而言，IMF 的贷款条件十分苛刻，要求泰国减少财政支出，增加增值税并禁止向有问题的财务及地产公司提供财政援助。泰国犹豫，但就在 IMF 与泰国政府达成贷款协议时，外国银行拒绝延缓泰国贷款人的短期贷款，并冻结贷款上限，以免发生货币或坏账危机。在这种情况下，泰国只有全部答应 IMF 提出的条件。印度尼西亚和韩国的情况也大致如此。也就是说，泰国、印度尼西亚和韩国在接受 IMF 援助时，是毫无讨价还价余地的。在满足了一系列十分苛刻的条件后，IMF 实施了基金成立以来最大的一次援救行动，先后向泰国、印度尼西亚和韩国投入了 1 000 亿美元贷款，以此恢复市场信心和外汇市场稳定。菲律宾在 1994 年因受到墨西哥金融危机的影响，在危机前就已经接受 IMF 的备用信用并执行其制定的稳定性经济政策方案，金融危机后基金组织又增加了10亿美元的援助。只有马来西亚以经济主权独立为由拒绝了IMF的援助而独立地制定和实施自己的危机应对政策，其方法是在实行外汇管制、重返固定汇率制的同时，进行银行金融部门的改革。

如同以往对遭受金融危机冲击的国家的救援方式，IMF对东亚受灾国的经济援助继续维持了其"华盛顿共识"框架下的惯常做法。其基本思路为，短期目标是通过财政与货币紧缩政策恢复投资者对金融市场的信心，长期目标则是通过实施包括金融机构、公司以及政府治理在内的各种结构性改革，建立市场机制能正常发挥其调控作用的经济制度。

IMF制定的经济稳定化计划所采取的措施主要包括：采用弹性汇率；提高银行利率，控制货币发行量和约束信贷总额，抵御国际收支上的压力；削减政府开支，特别是基础设施等资本性开支，减少补贴；立刻采取措施，弥补金融体系中的明显缺陷；冻结工资水平，对僵化的劳动力市场进行改革；进行结构改革，消除经济增长中的障碍，如垄断、贸易壁垒等；提高金融媒介的工作效率，健全未来的金融体系。由于危机的主要原因在于金融部门，所以IMF方案的一个主要特征就是对金融体系实行全面的改革，虽然要顾及这些国家各自的特殊需要，但方案仍以整顿金融部门为目标，并主张采取下列措施：关闭不能独立生存发展的金融机构；为资金不足的机构提供新的资金；密切监督薄弱的机构；在国内金融体系中增加外资参与。

此外，IMF还认为，虽说危机是由私营部门的支出与融资决策所致，但政府对私营部门的深度介入被认为是后者道德风险不断提高的幕后推手。特别令人担忧的一个问题是，企业与财政结算缺乏透明度，财务数据与经济资料的提供也缺乏透明度。这使人们怀疑政府和企业在联手实施欺诈行为。为解决导致危机产生的管理问题，IMF还拟定了以下目标和措施，包括切断企业与政府之间的密切联系；谨慎地开放资本市场；提高经济数据提供的透明度，尤其在国外储备与债务状况方面；同时提高企业与银行部门数据提供的透明度。

有关制度重构的部分将在下一部分进行阐述，现在我们重点探讨IMF框架下的"双紧"政策，这也是最遭人诟病的危机治理方案，同时也对华盛顿共识的未来变革产生了重要的影响。

IMF提出的"双紧"政策基于如下观点：把经济稳定目标置于经济发展之上；对成员国国际收支失衡原因的分析侧重于国内过度需求方面；要求

成员国实行的经济调节政策主要是经济紧缩。① 依据 $Y = C + I + G + (E - M)$ 的总需求公式，由于国际收支的不平衡是需求过度，经常项目存在很大的赤字即 $(E - M) < 0$，此时要维持总需求和总供给的平衡，就需要减少国内需求即使 $C + I + G$ 减少。因此，政府开支 G 要控制，国内投资 I 在提高国内利率（使外资流入）的情况下同样会减少，居民消费在收入减少和利率上升的双重因素影响下，必然也会减少。如此，国际收支就会很快恢复平衡。这也是 IMF 早期处理拉美和墨西哥债务或金融危机时一直采用的方法。但正如斯蒂格利茨（2003）所言，② IMF 好像对东亚金融危机的问题判断出现失误。与拉美和墨西哥在危机前深受巨大政府赤字或高通货膨胀的问题困扰不同，危机前东亚地区的政府普遍保持着财政盈余，且经济的通胀率很低，这些国家主要的问题是私营部门背负很高的债务。在这种情况下，IMF 不应该开出与解决拉美和墨西哥危机基本一样的"药方"。东亚的问题不是过度需求，而是需求不足，抑制需求只能会使问题变得更糟，而且对于债务负担本已严重的企业来说，提高利率无疑是雪上加霜。

IFM 对东亚金融危机的处理确实导致了这些国家的经济衰退，各国的失业率飞速上升，国内生产总值直线下降，银行和企业大批倒闭。韩国的失业率上升了 4 倍，泰国的失业率上升了 3 倍，印度尼西亚的失业率则上升了 10 倍。在印度尼西亚，1997 年还在工作的男性中几乎有 15% 在 1998 年 8 月失去了工作。韩国的城市贫民几乎增加了 3 倍，几乎有 1/4 的人口陷入贫困，印度尼西亚的贫困人口数则翻番。1998 年，印度尼西亚的国内生产总值下降了 13.1%，韩国下降 6.7%，泰国则下降了 10.8%。

对于 IMF 的"药方"，许多著名专家学者对其提出了严厉的批评。其中曾为东欧和俄罗斯设计经济改革方案"休克疗法"而闻名的哈佛大学教授杰费里·萨克斯，抨击 IMF 不适当地、毫不容情地紧缩这些经济体，不但没有恢复市场信心，反而把这些经济体推向更深的危机，甚至还认为，"亚洲金融危机是国际货币基金组织造成的"。当时担任世界银行首席经济学家的斯蒂格利茨不仅对 IMF 的危机治理方式提出了猛烈的批评，甚至还将其批评向前推至 20 世纪 90 年代早期华盛顿共识诱迫下东亚地区所实施的新自由主义改革，他说，"国际货币基金组织的政策不仅加剧了经济衰

---

① 赵春明、焦军普：《国际货币基金组织在亚洲金融危机中的负面作用分析》，载《杭州师范学院学报》（社会科学版）2002 年第 5 期。

② ［美］约瑟夫·E·斯蒂格利茨著，夏业良译：《全球化及其不满》，机械工业出版社 2010 年版，第 90 页。

退，而且对经济危机的发生负有部分责任：虽然部分国家的错误政策也扮演着重要的角色，但过快地推行金融市场自由化和资本市场自由化改革可能是这次危机唯一最重要的原因"。①

面对这种困境，国际货币基金组织在 1998 年 9 月发表的一份年度报告中也不得不承认："（国际货币基金组织）在未能掌握受援国金融状况的情况下，不恰当地要求他们实行过分的财政紧缩和金融改革，结果使这些国家的经济衰退加剧。"② 在 1999 年 1 月发表的一份报告中同样承认：在亚洲金融危机爆发后，基金组织在泰国、印度尼西亚和韩国推行经济调整规划没有达到制止私人资本外流这一首要目的。相反，三国的资本外流问题变得更加严重，加剧了经济危机。该报告还承认由于基金组织的调整规划对有关国家经济形势的严重性估计不足，规划没有起到恢复投资者信心的作用。

与此同时，东亚各国的宏观经济政策也开始发生变化，并最终把东亚带向复苏之路。比如，1998 年 8 月以后泰国相继推出了一系列旨在增加基础设施建设投资、促进消费的积极的财政政策措施。泰国当局将投资总额达 1 000 亿泰铢（约合 48 亿美元）的资金投资于交通、能源、水利和农业技术等重点领域。菲律宾政府则把全年的财政赤字增加到 850 亿 ~ 880 亿比索。印度尼西亚政府在危机后重新启动了 30 个总耗资达 162 亿美元的战略性发展工程。韩国也相继采取了赤字政策和低利率的货币政策，使得韩国 1999 年全年的财政赤字规模达到近 100 万亿韩元，占 GDP 的 20% 左右。

而未接受国际货币基金组织援助的马来西亚，更是实施扩大支出、刺激内需的扩张性财政政策最为成功的国家。这一政策在马来西亚甚至一直被沿用，并维持了它在 21 世纪的继续增长。继 1998 年通过设立 50 亿林吉特的基础建设发展基金以扩大政府的开支后，马来西亚当局又在 1998 ~ 2000 年先后追加 340 亿林吉特开展基础设施建设。与印度尼西亚、菲律宾和泰国相比，马来西亚的财政开支占 GDP 的比重更高。2000 年以后公共消费甚至占到总消费的 24%，政府投资更是高达总投资的 65%。③

在新的扩张性财政与货币政策的刺激下，东亚各国的经济终于走出低谷，重新走上复苏之路。从表 3 - 3 可以看出，所有东亚经济体在面对

---

① ［美］约瑟夫·E·斯蒂格利茨著，夏业良译：《全球化及其不满》，机械工业出版社 2010 年版，第 77 页。

② 转引自赵春明、焦军普：《国际货币基金组织在亚洲金融危机中的负面作用分析》，载《杭州师范学院学报》（社会科学版）2002 年第 5 期。

③ 谢世清：《东亚金融危机的根源与启示》，中国金融出版社 2009 年版，第 220 页。

1997～1998 年度国民经济全面衰退的困境下，自 1999 年起，GDP 都一路
走高。除了新加坡在 2000～2001 年度又出现小幅回落之外，其他各经济
体都一直保持着正的增长速度。其中，韩国的恢复速度最快。1999 年，其
GDP 增长率就已高达 9.5%。各经济体在 2000～2001 年的经济增幅放缓与
当时美国信息泡沫经济破灭引起的世界经济暂时性衰退有关，而不能归咎
于 1997 年的金融危机。2002 年以后，东亚经济彻底走出危机身影并基本
恢复到危机前的高速增长，直到 2008 年的世界经济危机爆发。

表 3-3　　　　　1997～2007 年东亚各经济体的 GDP 增长率　　　单位：%

年份 经济体	1997	1998	1999	2000	2001	2002	2003	2004	2005	2006	2007
韩国	4.7	-6.9	9.5	8.5	4.0	7.2	2.8	4.6	4.0	5.2	5.1
泰国	1.4	-10.5	4.4	4.8	2.2	5.3	7.1	6.3	4.6	5.1	4.9
印度尼西亚	4.7	-13.1	0.8	4.9	3.6	4.5	4.8	5.0	5.7	5.5	6.3
中国香港	5.1	-6.0	2.6	8.0	0.5	1.8	3.0	8.5	7.1	7.0	6.4
马来西亚	7.3	-7.4	6.1	8.9	0.5	5.4	5.8	6.8	5.3	5.8	6.5
菲律宾	5.2	-0.6	3.4	6.0	1.8	4.4	4.9	6.4	5.0	5.3	7.0
新加坡	8.3	-1.4	7.2	10.1	-2.4	4.2	3.5	9.6	13.3	8.6	8.5

资料来源：World Bank (2010). World Development Indicators.

3.3.2　经济治理制度的重建

　　根据与 IMF 达成的贷款协议，危机后受援国泰国、印度尼西亚、菲律
宾和韩国对经济治理制度进行了范围广泛的改革。其中，两个方面的改革
在各国得到了最广泛、最深刻的实施：一是金融体制改革；二是公司治理
制度改革。其他东亚国家尽管没有接受 IMF 的直接援助，但也纷纷以制度
改革作为走出危机的动力。正如世界银行在危机十年总结中所说的，1997
年金融危机至少给东亚各国带来以下几点启示，并促使其政策制定者决心
通过制度重构来建立一套抵御经济波动的保护机制：建立更可靠的机制来
控制外汇波动的风险，建立更有效的机制来给信贷风险定价，以及建立更
完善的公司治理来解决代理人问题（吉尔、卡拉斯等，2007）。①

---

　　① ［美］印德尔米特·吉尔、霍米·卡拉斯等著，黄志强等译：《东亚复兴：关于经济增长
的观点》，中信出版社 2008 年版，第 193 页。

3.3.2.1　金融体系改革

尽管存在一些差别，但各国金融体系改革的主要措施主要是围绕以下几个方面进行：通过政府注资对金融机构的不良贷款进行清理；以合并或兼并等方式重组银行体系；通过改革财会制度和公告制度提高金融机构的贷款审查能力和经营透明度；以及通过强化货币政策部门的独立性和统一性的方式加强金融监管体系建设等（World Bank，2007；谢世清，2009）。①

第一，清理银行的不良债权。为重整金融体系，金融部门改革的首要任务就是清理银行的不良债权以减轻金融系统的负担。为此，各国都成立了国家层面的资产管理公司来解决这一问题。比如，泰国政府于1997年10月专门成立金融重组局（FRA），负责监督被关闭公司的清算和拍卖不良资产。11月又成立资产管理公司（AMC），作为不良资产最后投标人。1997~2001年，泰国关闭的金融公司总资产达8 600亿铢，占当时金融部门总资产的10.7%。其资产拍卖于1998年2月至1999年11月间进行，资产回收率约为资产账面值的25%~30%，损失率为70%~75%。② 危机发生后，马来西亚也设立了国家资产管理公司、银行资本重置公司以及企业债务重组委员会三个机构，来具体实施不良资产的重组业务。国家资产管理公司被要求以30%~60%的折旧比率强制收购呆账率超过10%的金融机构的不良债权，并委托本国规模最大的银行马来西亚银行为代理银行进行管理出售。在政府的干预和引导下，这三家机构的合作使马来西亚商业银行的呆账率从1998年的最高峰18.9%逐步下降到2003年7月的6.7%。③ 在印度尼西亚，作为接受国际货币基金（IMF）援助的条件，1998年1月印度尼西亚设立了银行重组局（IBRA），下设具体负责不良资产管理业务的资产管理组（AMU），存续期间5年。在此期间，印度尼西亚将银行注资、银行整合、不良资产处理等职能全部集中在IBRA。截止到2002年8月，IBRA通过拍卖方式共处置了总面值约为81.6万亿印尼盾的不良债权。同样，在1997年11月，韩国也改制设立了韩国资产管理

---

① World Bank（2007）. 10 Years After the East Asian Crisis. East Asia & Pacific Update，April；谢世清：《东亚金融危机的根源与启示》，中国金融出版社2009年版，第233页。

② 李峰：《亚洲金融危机以来泰国的金融部门改革》，载《东南亚研究》2009年第3期，第11~16页。

③ 谢世清：《东亚金融危机的根源与启示》，中国金融出版社2009年版，第216~217页。

公司（KAMCO），具体负责不良债权处理。截止到 2005 年 11 月，KAMCO 共收购并处置了 363 163 亿韩元的不良债权。①

第二，通过合并或兼并等方式重组金融体系。在金融体系重组的过程中，东亚国家和地区表现出两个明显的特征，一是政府主导；二是跨国资本的大量进入与参与。

泰国政府于 1997 年 6 月 27 日和 8 月 5 日分别对濒临破产的 16 家和 42 家金融公司进行停业清查，在清理后于 12 月 8 日发布公告，仅允许曼谷投资公司（Bang－kok Investment）与丘细见金融证券公司（Kiatnakin Finance and Securities）重新经营，其他 56 家金融公司则被关闭。与此同时，1997～1999 年间，泰国政府还对陷入困境的银行实施干预，主要措施包括：曼谷商业银行（BBC）优质资产和负债并入国有泰京银行（KTB），不良资产转移到 AMC；曼谷联盟银行（UBB）、12 家金融公司与国有泰京金融公司（KTT）合并，更名为泰国银行（BT），由金融机构复兴基金（FIDF）负责私有化；第一曼谷城市银行（FBCB）业务人员全部并入泰京银行，金融机构复兴基金承担损失；金岛银行、黄利银行（NTB）75% 的股份最终分别出售给外资银行渣打银行和大华银行（UOB），金融机构复兴基金对两家外资收购者提供收益维持和损失分配方案。曼谷都市银行（BMB）、暹罗城市银行（SCIB）交由外部专业人士管理。

在金融机构重组过程中，为加快金融重组的步伐，在世界银行贷款条件的压力下，泰国放宽了对外资持有当地银行股份的限制。泰国银行宣布，在 10 年内取消对外资持有当地金融控股 25% 的限制，10 年后，外资虽然无权认购新发行股份，但仍可继续持有原有的股份。对外资政策的放宽，使得金融机构的重组获得了初步的进展。截至 1999 年 11 月，泰国金融重组局出售被干预的金融资产共计 1 860 亿铢（约合 49 亿美元），占未偿还价值6 650亿泰铢的 28%。早期主要是拍卖一些非核心资产，整个拍卖过程比较成功，53% 的资产价值得到兑现。后期的拍卖主要是核心资产，只有25.4%的账面价值得到兑现。泰国资产管理公司被迫以最后买主的身份，于 1999 年 3 月买进金融重组局余下的约占总额一半的商业银行的不良贷款，还有 1/6 的不良贷款交给法院处置。

在泰国政府金融重组安排和吸引外资收购本地银行的优惠措施激励

---

① 任红军：《韩国、印度尼西亚金融不良资产处置研究》，厦门大学 2006 年硕士学位论文，第 20～27 页。

下，泰国的银行业市场结构发生了较大的变化。一些泰国主要商业银行的股权被转移并控制在外资手里。根据 2000 年年初的统计资料，英资渣打银行已经拥有泰国纳功通银行（Nakornthon）75% 的股权，改名为渣打纳功通银行；新加坡联合海外银行（UOB）控制了泰国叻达纳信银行（Radanasin）75% 的股权，改名为 UOB 叻达纳信银行；荷兰银行（Amro）收购了泰国亚洲银行 75% 股份；新加坡发展银行（DBS）拥有泰国他努银行（Dhanu）51% 的股份；泰国的曼谷银行、泰华农民银行、汇商银行的外资持股比例均已达 49%，主要为日资和新加坡资本所有；泰国大城银行的外资股份占 40%。

在韩国，一直以来，针对非银行金融机构的监管标准较商业银行松弛，主管机关不一，衍生财阀控制非银行金融机构，高风险贷放盛行等现象危机后不久，韩国很快将金融监管机构进行统合，于 1998 年 3 月成立了统一的金融监管机构——金融监督委员会（FSC），从以前的分业监管模式转变到综合监管模式，负责全体金融机构的监理工作，使金融检查与监管标准一元化。在 FSC 的指导下，先对金融机构分类，然后采取破产、关闭、解散、购并、债务转移、鼓励外资参股等手段。先从财团金融公司下手，然后是银行和非银行金融机构。到 2004 年 4 月底，韩国政府为金融机构重组投入的公积金占 2003 年 GDP 的 22.8%。1997 年时韩国有 33 个银行，到 2002 年底就减少到 19 个，从业人员由 14.5 万人减少到 8.6 万人，减少了 38.9%，非银行金融机构也由 2068 个减少到 1 491 个，其中财团金融公司从 30 家减到了 3 家。①

与此同时，由于跨国资本的大量涌入，1998～2004 年短短几年时间里，外国投资者就已成为许多商业银行的主要股东，外资在韩国银行业的比重激增到 30%，韩国已成为世界工业化国家中利用外资程度最高的国家之一（如图 3 - 1 所示）。韩国银行业引进外资的形式，包括外资私人投资、外资银行独资、外资银行参股以及外资银行控股。

在菲律宾，危机之前，菲律宾政府大力推动银行业的多元化和市场化改革，政府和国有银行的资产在银行系统资产中所占的比重长期维持在 20% 以内。但是，金融危机的到来给银行业造成了负面影响，导致了少数小银行的破产，并促使菲律宾银行业再次走向集中和垄断。前五大商业银行资产规模占全国金融业资产总规模的比重从 1995 年的 50% 下降到 1997

①　赵瑛：《金融危机前后的韩国金融改革》，载《韩国研究论丛》2007 年第 1 期。

年的 37%，但在危机之后，该比重又迅速攀升至 50% 以上。这种情况迫使政府就新银行的设立和现有银行的扩大设立延缓期以减缓银行体系的急剧扩张。为加速银行业调整步伐，2000 年通过的《银行法》取消了外资银行 60% 持股比例上限的规定，旨在鼓励外资收购由于金融危机而境况不佳的国内银行。同时对于个人或非银行金融机构持有的外国资产，新《银行法》将外国资产在一国内银行中的投票股权比重上限从 30% 提高到40%。①

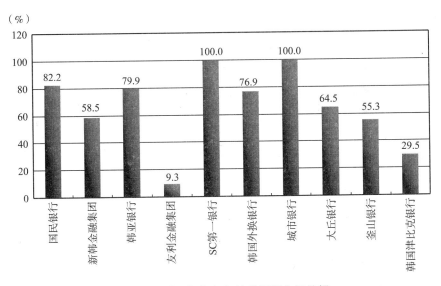

图 3-1 韩国银行部门的外国所有权份额

资料来源：Ten Years after the Asian Financial Crisis – The Case of Korea.

在印度尼西亚，在 IMF 的压力下，1998 年 1 月印尼政府开始推行银行改革措施，成立了印度尼西亚银行重组机构（IBRA），主要任务是对无流动资金和破产的银行进行重组，并为银行重组筹集所需的资产。1998 年2 月，IBRA 接管了 54 家资不抵债的银行。其中包括 4 家公有银行，31 家私人银行，11 家地区开发银行。4 月 8 日，印度尼西亚政府颁布了第 48号总统令，合并了两家国有银行——布米达雅（Bumi Daya）银行和印度尼西亚建设（Bapindo）银行，并将其问题资产移交给了 AMC。4 月初，

———————

① ［美］梅拉利·S·米罗：《金融危机后菲律宾银行业的整合、集中与竞争》，载《银行家》2007 年第 7 期。

IBRA 又接管了 7 家银行。5 月底，IBRA 接管了印度尼西亚一家最大的私人银行——中亚银行（Bank Central Asia）的管理权。1998 年 8 月，政府对被 IBRA 接管的 7 家大银行进行处置：中亚银行（BCA）和达那蒙（Danamon）国际银行由其原业主通过出让有形资产，将总行的现金以转股方式进行资产重组；公开出售两家较小的银行即印尼私营发展金融公司（PDFCI）和迪亚拉亚洲银行（Bank Tiara Asia）；其他三家银行即印度尼西亚国家商业（Dagan Negara）银行、国民大众（Umum Nasional）银行和现代银行（Bank Modern）被关闭。上述银行的不良贷款均被转移到资产管理单位（AMU）。此外，政府还将 4 家国有银行合并，成立一家新的银行，承担对另一家国有银行——印尼人民银行（Bank Rakyat Indonesia）的贷款任务。

1999 年 2 月，印尼政府在完成对本国 128 家私人银行的资产负债核审之后，于当年 3 月采取了一系列重大措施，以图按照资本充足率（CARs）标准，解决弱势银行的问题：（1）关闭 38 家私人银行。其中 21 家的资本充足率低于 B 级，17 家的资本充足率为 C 级，占银行系统债务总额的 5.2%。（2）政府接管 7 家私人 B 级银行，同时确认 9 家私人 B 级银行在可能的情况下，由政府发动公众资源，或提供资助，进行资本重组。这些银行的资产占银行系统资产总额的 11.5%。（3）在 74 家达到 A 级的私人银行中，52 家已在 1999 年 5 月通过了稽核，其余的 27 家已被确认需要更换银行行长或经理。

在银行重组机构的主导下，印度尼西亚共有 60 多家银行被关闭，12 家银行被实行了国有化。截至 2004 年 1 月，印度尼西亚的商业银行总数由原来的 220 家减少到 138 家。印度尼西亚总统于 2004 年 2 月签署命令，宣布印度尼西亚银行重组机构（IBRA）工作宣告结束。①

第三，加强金融监管措施。东亚金融危机后，东亚各国政府在金融监管方面进行了诸多改革以增强金融部门的安全。在泰国，政府根据 IMF 的贷款条件，借鉴巴塞尔协议对金融监管的要求，加强并扩大了泰国中央银行（Bank of Thailand，BOP）对金融业的监管权。政府授权泰国中央银行对陷入困境的金融机构进行干预，并修改了《商业银行法》和《金融交易、债券交易、房地产信贷交易担保法》。赋予中央银行干预和调整金融机构的经营管理权力，使中央银行有权筛选金融机构的经营管理班子，并

---

① 沈红芳：《东亚主要发展中经济体经济发展模式研究》，厦门大学 2005 年博士学位论文，第 79~82 页。

任命新的管理层。

泰国中央银行强化了谨慎原则标准，主要措施有：一是对呆坏账的定义与准备金要求更加严格。1998 年 7 月之前，泰国银行业的贷款在 12 个月未偿还本息之后才被定义为呆账。1998 年 4 月，泰国中央银行公布一项新的规定，从 1998 年 7 月开始分级处理呆账、新呆账与坏账问题，并对呆账和坏账赋予新的定义。规定凡拖欠 3~6 个月的贷款就被视为问题贷款，其准备金要求也由正常贷款的 1% 提高至 20%；拖欠 6~12 个月的贷款被视为可疑贷款，其准备金要求则为 50%；而拖欠一年或以上的贷款则被视为坏账，其准备金要求高达 100%。[①] 二是强化资产评级要求。将资产评级的时间间隔从 12 个月减少至 6 个月。考虑到准备金要求的增加、坏账造成的损失及将来的发展需要，泰国中央银行要求所有的商业银行和金融公司提交资本重组计划。三是提高泰国中央银行的效率和权力。为了加强泰国中央银行的地位和权力，根据有国际金融专家参加的专家小组所作的建议，泰国政府于 2000 年向国会提出了三项修改法案：《新金融机构法》、《泰国中央银行修改法》、《新货币流通法》。目的在于使泰国中央银行在进行金融重组时更加具有自主性和灵活性，不必事先征得泰国财政部的批准。建立审计与透明度强的规则，防范职务犯罪，并对主任或经理的贷款发放权力实行严格限制。要求泰国中央银行成立独立的稽核机构，对金融机构的问题进行举证，并有权对包括母公司与子公司的金融机构进行场外稽核。这些新的体制框架的实施，有助于增强泰国的金融基础，并加强泰国中央银行在金融管理方面的独立性。

在韩国，政府于 1998 年 4 月引进了以美国为标准的快速修正行为体系。在新引进的体系下，金融监督委员会被赋予权力干涉低于巴塞尔协议规定的资本充足比率的银行转变管理、降低资本、合并和业务转移。7 月，政府制定了与国际准则相比更为谨慎的贷款分类标准和制度规定，逾期 3 个月以上的贷款均被列为次级贷款，关注级贷款的损失准备金要求也由 1% 提高到 2%。

为防止韩国银行体系在货币危机过程中崩溃，政府还调整了至 2000 年为止的所有存款的本金和利息政策，同时修改了存款人保险法。新的存款保险体系把存款分为三种类型：受保护的、2000 年前暂时受保护的和不

① 沈红芳：《东亚主要发展中经济体经济发展模式研究》，厦门大学 2005 年博士学位论文，第 75 页。

受保护的。

韩国政府还加强了对短期外币债务的风险管理。通过运用风险管理技术揭示资产和负债之间时间配比的差距，要求银行和非银行金融机构按各类期限报告到期情况，来加强对外汇流动的谨慎监管。

印度尼西亚20世纪80年代末和20世纪90年代初就开始改进银行业的法规和监管。内容包括发布一套全面的审慎性管理规定；启用了一个由美国引进的骆驼信用评级指标系统（Camel Rating System）。但由于政府的干预，监管部门缺乏独立性，使得制度并没有在真正意义上得以实施。危机发生后，在IMF的督促下，印度尼西亚采取了强化审慎性法规和监管、银行内部管理和市场纪律等积极措施。内容包括：一是加强监管部门的自主权。印度尼西亚于1999年5月通过了一部新的中央银行法，以增强印度尼西亚中央银行的独立性。根据这部法律，监管的职责将于2002年年底从印度尼西亚中央银行转移到一个新的机构，该机构将统一对银行、非银行金融机构以及证券市场进行监管。二是发布更严格的有关关系人贷款、流动性管理、外币敞口和大额敞口的法规。三是强化贷款分类的规则，使有关贷款分类、呆账准备提取和收入确认的规定更加接近国际惯例。具体内容包括实行贷款5级分类制度、贷款逾期时停计利息的期限缩短到三个月、对规定的呆账准备免税、每季度向公众提交财务报表等。四是资本充足率。资本充足率标准在危机发生后最低曾达到4%，到2001年年底则提高到8%。在资本的构成当中，新的条例规定各家银行只能将一定数额的一般准备计算在附属资本（二级资本）中，其具体额度为不超过总的风险加权资产的1.25%。而旧的管理规定准许银行将一般和特别贷款损失准备均计入附属资本中。①

在菲律宾，政府所进行的金融监管改革主要包括：2001年菲律宾中央银行通过280号通告开始采用巴塞尔Ⅰ框架，使用资本充足率标准（根据本国实际有一些修改）。2002年菲律宾中央银行进一步要求银行测量并实施市场风险和信贷风险的资本冲销。在巴塞尔Ⅰ框架实施中，菲律宾央行考虑到目前有些风险没有计入（如操作风险等），要求内外资银行的最低资本充足率为10%，高于巴塞尔Ⅰ和巴塞尔Ⅱ推荐的8%的水平。2004年12月，菲律宾央行宣布实施巴塞尔Ⅱ计划，采用巴塞尔Ⅱ的三个主要内容即最低资本要求、监督程序和市场规范，希望借此使银行加强其风险管

---

① 任红军：《韩国、印度尼西亚金融不良资产处置研究》，厦门大学2006年硕士学位论文，第34~36页。

理体系。这些也要求建立良好的基础机构部门体系作为支撑,如更多的信用评级机构和征信机构等。按照这个计划,全能银行和商业银行 2007 年将达到信贷风险和操作风险方面的标准,2010 年将建立对信贷风险和操作风险的内部评级体系。存款银行、农村银行和合作银行 2007 年将达到巴塞尔 I 主要标准。此外,菲律宾央行还推进了一系列加强银行内部管理的措施:2001 年对银行和非银行金融机构的理事和高管实施一定的标准要求;2003 年发布银行外部审计员的委派指导;2004 年严格对银行理事、高管和职员等利益相关人的管理,对其贷款、融资、抵押等严格限制并对违规者严厉处罚;强调银行董事的过失职责,要求银行除董事会外另设审计委员会、公司治理委员会和风险管理委员会。[①]

3.3.2.2　公司治理制度改革

除了金融体系的深化变革,IMF 指导下的改革计划还对东亚各受援国的公司治理制度转变提出了一系列的要求。我们以韩国为例对此加以阐述。

在 IMF 规划的一揽子方案中,特别包括了完善韩国公司治理结构的一系列措施。韩国政府承诺要改善公司治理和公司结构。为此,政府和 IMF 达成一致,要严格落实会计标准,使其符合普遍接受的会计实践,这样将会提高公司财务报表的透明度。为了实现一个新的监管环境,以便建立有效的公司治理结构和积极的公司控制市场,在危机后的 4 年当中,《韩国商法典》(KCC)修改了 4 次,[②]《韩国证券交易法案》(KSEA)也做了许多修改。根据法案修订,董事和审计人员的权威增强了,股东权益提高到以往难以相信的水平,下面简要分析一下公司治理结构中的这些变化。

第一,加强股东监督公司经营的权利。主要包括四个方面的内容:

一是降低小股东行使权利的要求。按照早期的韩国商法典,行使股东权利有最低持股要求。1998 年《韩国商法典》修改之前是 5%,这一要求对于股东特别是小股东行使股权是难以克服的障碍,其结果导致股东监督公司经营的失败。1998 年《韩国商法典》修改后将股东行权的最低持股要求从 5% 降低至 3%。股东行使的权利主要包括:对董事违反法律或者公司章程的行为,请求禁止令救济;要求提供用于审查的财务记录;召集

---

① 何军明:《菲律宾金融体系改革的进展与趋势》,载《石家庄经济学院学报》2008 年第 6 期。

② 《韩国商法典》(KCC)是调整商业组织的主要法律。

特别股东会议；对于董事和审计人员从事违反法律或者公司章程行为的，请求法院解雇董事和审计人员；要求法院任命调查官对公司事务、公司记录和财务状况进行检查；要求法院解雇清算人员。与此同时，KSEA 经过修改也降低了小股东行权的门槛。

二是推行累积投票制。KCC 修正案除了降低持股底限要求外，还赋予股东新的权利，在选举董事时实行累积投票制便是其一。按照规定，持有不低于公司已发行股份3%的股东有权要求公司实行累积投票制，除公司章程规定采用其他方式外，公司必须接受这一请求。作为一种投票方式，累积投票制允许众多小股东在董事会中拥有代表。采用这种方式时，每位股东可以按照董事职位增补码量将持有的股份数目成倍放大，并将这些选票集中投给一个候选人或者分散投给两个或者多个候选人。

三是股东提议规则。KCC 修正案为股东创造了一项新权利，允许股东将提议事项提交股东会议事日程。持有不低于公司已发行股份3%的股东，有权在股东会议召开前 6 周将其提议提交给董事。股东可以要求提议附带其他材料，也可要求将提议送交给其他股东。除非提议违反法律或者公司章程，否则董事会必须接受。此外，提议股东有权要求在股东会议上阐释提议。

四是许可机构投资者行使投票权。1998 年 9 月 16 日，《证券投资信托业法案》经修订后许可机构投资者直接行使投票权。此前，机构投资者不能直接投票，而是通过从事保管或者存储服务的信托公司行使股东权利。其结果是，大的持股集团不能成为控股股东（即创办财阀的家庭）权力的平衡器。证券投资信托业法案修正归因于这一认识：在评判或者审核财阀经营时，机构投资者比个人投资者处于更为有利的地位。

第二，提高董事会的独立性和工作效率。监控功能是董事会的主要职责。但根据第 5 章的研究，韩国财阀的董事会显然没有履行有效的监督职能。基于这些事实，KCC 修正案专注于改革董事会，使其更加负责。主要内容包括：

一是必须采用外部董事。韩国政府首先修订了《证券登记条例》。条例要求上市公司的董事会中至少 1/4 董事应当是外部董事，这些董事应当具备确保独立于公司最大股东或者控股股东的条件，违反规定者将被剥夺在韩国证券交易所进行证券交易的特权。之后，韩国政府修订了《韩国证券交易法案》（即 KSEA），该法要求上市公司通过两种途径采用外部董事制度，所有上市公司的董事会都要求有不少于 1/4 的外部董事。对于大公司而言，该数目将是 3 个或者更多，但至少有一半的董事是外部董事。

二是必须建立董事委员会。在美国，在公众公司董事会内部设立委员会曾经是一股强烈的趋势。最普遍的三个委员会是：审计委员会、薪酬委员会和提名委员会。这些委员会主要或者完全是由不参与公司经营的外部董事组成。修订后的 KCC 规定，董事会可以按照公司章程的规定设立 1 个或者几个委员会，也可以将部分职能委托给董事小组委员会。外部董事组成的委员会应当独立于 CEO 考虑问题。比如，委员会可以对影响到 1 个或者多个董事个人利益的公司交易进行调查。这些委员会可以由 2 个或者多个董事组成，行使董事会委托的权力，但是不包括 KCC 第 393 条之 2 规定的情形，这些除外情形包括：对需要由股东大会批准的特别事项提出议案；任命和撤换代表董事；创设委员会，任命和撤换委员会成员；公司章程中规定的其他事项。

三是必须有董事会会议记录。为提高董事会的独立性，修订的 KCC 要求，董事会会议记录应当包括会议议程、反对议程的董事名称和理由等事项。任何股东均有权查阅或者复制董事会会议记录，公司可以通过书面形式拒绝这一要求并说明理由。在此种情况下，股东可以向法院提出查阅或者复制记录的请求。这一修订的目的在于澄清董事的个人责任。

四是必须实行重大损害报告义务。对于出现可能严重损害公司利益的情形时，董事负有立即向审计人员报告的义务。这一修订表明董事应当更加关注股东利益。

第三，董事义务和责任。包括董事的受托义务和事实董事的责任。关于前者，在美国，为了使股东免受因所有权和控制权分离造成的经营权滥用，普通法将董事视为"受委托人"（Fiduciaries），对公司拥有合法的执行义务。KCC 在修改前，公司立法有四方面规定涉及受托义务，但是并不明确董事是否负有受托义务。修改的 KCC 结束了董事是否负有受托义务（Fiduciary duty）的争论。以往，董事被要求以善良管理人的谨慎处理受托事务，这一义务出自韩国民法典中董事与公司之间的委托关系。该义务创设于民法法系国家，完全不同于英美法上的受托义务。按照该受托义务，董事基于善意管理人的勤勉职责，对公司负有义务。

关于事实董事的责任，1998 年修改的 KCC 规定了事实董事（de Facto director）或曰影子股东（Shadow director）的责任。这一修改旨在控制财阀会长、控股股东或者不是董事的职员。1998 年 KCC 修正案将董事责任赋予集团会长，尽管他并不是董事。当然，这一责任并不仅仅限于会长。

按照 KCC 的规定，以下三种人应当视同董事而承担董事责任：一是利用其在公司的影响力指挥董事经营公司业务的人，应当被视为董事而承担董事责任。影子董事的典型是控股股东。但是，控股股东在股东会议上行使选举权时不能当做影子董事，因为，此时的选举权行使是合法的。与控股股东相似，母公司或者控股公司只有在为谋取自身利益而利用权力控制子公司并损害其利益时才承担责任。除此之外，工会或者金融机构不承担影子董事的责任，因为它们对公司的影响是合法的，而且它们不参与公司的决策程序。二是非董事却以董事名义经营公司业务的人应当承担董事责任，比如，一个人持有并且使用其所控制的董事的图章，应认定为董事。三是非董事却以名誉会长、会长、董事长、CEO、副董事长、执行官、董事等，表面上拥有授权执行公司业务资格的头衔从事公司业务，应当承担董事责任。此人可以被称为事实董事。财阀会长就是一个很好的例子。财阀协调处的负责人也应当按此规定承担责任。在一定意义上讲，明确事实董事的责任是 KCC 修改最显著的一个特点。施于此类人以董事责任不仅有利于保障公正的公司环境，而且满足了人们对公司经营透明度的要求。

第四，审计系统。主要包括：

一是 KCC 规定的审计官。韩国对股份公司实行强制性的内部审计官制度，对一些公司还实行外部审计官制度。股份公司至少需有一名内部审计官。内部审计官不能同时兼任公司董事、经理或者公司其他职务，这一规定旨在确保审计官的独立和审计工作的公正。内部审计官由股东大会选举产生，持有超过公司发行股份总额 3% 的股东在选举内部审计官时，不得就超过 3% 的部分进行投票。这一规定在于防止控股股东按照他们的意图选择审计官，以更加充分地代表小股东的意愿。内部审计官受权审核公司事务和资产，要求公司董事提供经营报告，向董事会报告工作，参加股东会，阻止董事的不法行为，并可以就撤销合并等事项提起诉讼。内部审计官不履行义务致使公司遭受损害的，应当共同或者单独向公司承担责任。

按照《外部审计法》，资本金超过 5 亿韩元（大约相当于 50 万美元）和总资产超过 30 亿韩元的公司，其财务报告应当由一名外部审计官审核，该审计官应当是具有执业资格的公认会计师或者是一家会计师事务所。外部审计官应当审计公司财务报告，并向公司提交审计报告；报告董事履行义务时的不当行为，以及对立法或章程的实质性违反；应股东要求参加股东会议，陈述意见或者回答问题。

二是审计提名委员会。为保证外部审计的独立性,《外部审计法》在修改时要求创设一个"审计提名委员会"。按照外部审计法实施令,审计提名委员会由下列人员组成:内部审计官不超过2名;外部审计官不超过2名;拥有最大选举权的2名股东,但控股股东或者与其有特别关联的人除外;向公司放款最多的两家银行的总裁推荐的2名人员,但不得是控股股东或者与其有特别关联的人。这样,上市公司及其需要提交合并会计报表的附属公司应当根据审计提名委员会的推荐,在经股东大会的批准后任命外部审计官。

三是审计官和审计委员会。为了使审计官能够按照 KCC 的规划有效工作,有必要提高他们的地位,保证其法律权利的落实,并且独立于控股股东。KCC 修正案试图对审计官进行下列方式的改革:其一,审计人员不得遭受不正当的免除。此规定在于防止审计人员在履行职责时,为了股东或者公司最大利益而对抗公司经营招致报复。其二,审计官有权召集股东会议。KCC 修改前,只允许符合持股要求的股东和董事会召集股东会。KCC 修改后,审计官通过召集股东会,可以向股东报告有争议的观点。其三,审计官任期由2年延长至3年,旨在为其提供工作安全和独立权威。其四,推行"审计委员会"制度以取代(内部)审计官制度。KCC 规定,公司可以在章程中规定创设审计委员会以替代审计官制度。至于审计委员会的成员,KCC 规定应由3名以上的董事组成。在公司创设审计委员会的情况下,不要求设置审计官。

四是维持合并财务报告制度。会计体系的变化之一是:公平交易委员会确认的30家最大财阀,必须强制采用"合并财务报告"制度。修改的公司外部审计法案规定,自1999年1月1日起,30家最大财阀应当发布财政年度"合并"的会计报告。这一变化体现了韩国与 IMF 达成的备忘录的建议。为提高公司治理和公司结构,韩国政府和 IMF 一致认为:通过落实会计标准,使其符合普遍接受的会计实践(包括独立的外部审计、充分披露以及公司合并声明规定),包括损益报告在内的资产负债表的透明度将得到提高。这一规定旨在减少附属公司之间的交易,并要求披露集团内部交易,以使财阀事务能够完整呈现。

第五,赋予购并活力。主要包括:

一是取消对上市公司股份收购的限制。过去,KSEA 不愿意局外人通过取得公司控制权获利。KSEA 禁止个人持有上市公司10%以上的股份,发起人持有的股份和收购的股份除外。1998年 KCC 修正案试图进一步简化合并程序，以增加公司竞争，提高公司透明度和效率。其一，对需要特殊多数表决通过的特别事项（如兼并）的要求进行了修改。据此，参加股东会议的持有 2/3 表决权的股东即可以表决通过合并事宜。许多公众公司要符合特殊事项决议的量化要求是有困难的，因为通过这些事项至少要有半数以上有表决权的股东参加股东会。其二，对 1995 年确立的简易收购程序进行了修改。金融危机之后，重建垂危的公司和吸引资金成为当务之急。方法就是使公司重组的更加容易实施，修改后的 KCC 规定，收购公司只需要取得董事会许可即可，由此取代了股东会表决同意的强制要求。当收购公司购买目标公司 90% 以上的股份，或者目标公司的所有股东同意采用该程序时，可以采用这一程序。利用简易合并程序，公司无须单独召开股东会议获得股东批准。按照小规模合并程序的规定，大的收购公司不必召开股东会议获得股东的同意，这使得购并更加容易。大公司发行不超过公司全部股份 5% 的股票用于购买小公司时，也可以适用该程序。

二是取消对外商投资的限制。1998 年 5 月以前，外国个人持有上市公司的股份不得超过 3%，任何一家上市公司中的外资股份总和不得超过 10%。除了浦项钢铁、韩国国营电力公司等特殊公司适用特殊规定外，这一上限现在被取消了。此外，对于收购也曾有限制，如果外国收购者打算获得目标公司 10%（1997 年的规定）、33%（1998 年 2 月份的规定）或者更多的股份，需要取得目标公司董事会的批准。这些限制在 1998 年 5 月被取消了。

三是取消强制收购。KSEA 规定的"强制收购"从 1997 年 4 月 1 日起生效。按照法令，如果投资者打算购买目标公司 25% 以上的股份，那么它必须要购买目标公司 50% 的股份再加 1 股。这一要求也用于保护公司免遭敌意收购。但是，这一规定遭到批评，认为会妨碍国家鼓励外国在韩国公司公平投资的政策的落实，为此，1998 年废除强制收购 50% 的规则。

在公司立法多次修订后，韩国政府在 2000 年做了进一步努力来加强公司治理结构。韩国司法部 2000 年 5 月启动的《规划》断定，公司立法还将进行多次修订，并且适用新的系统。《规划》提出的要点可以分为 5 类：董事和董事会；加强对小股东的保护；强制实行累积投票制；强化优先权；监督自我交易。为了改善董事和董事会，《规划》建议：董事对公司商业记录和会计账簿拥有权利；需要董事会批准的事项应当详细列明；董事负有不得披露公司事务的义务；建立查找和任命外部董事的提名委员会，以及董事对股东负有忠实义务。为了加强对小股东的保护，《规划》

提议加强股东的派生诉讼，使其更加便利。为此，建议法庭判决补偿原告股东的开支，包括其胜诉时的律师费，以及潜在恢复的支出。《规划》还建议实行强制累积投票制，推行共同诉讼。关于强化优先权，《规划》建议不能拒绝股东购买公司新发行的普通股和可转换证券的权利。最后，《规划》还建议公司自我交易应当获得董事会的批准，而且董事会中的外部董事不得少于1/2。[①]

《规划》的许多建议都对韩国公司治理结构产生了相当大的冲击。尽管在实施的过程中遭到了财阀的强烈抵制，但从长远的角度看，这对韩国企业的健康发展是有益的，而且也是非常必要的。它不但有助于加强财阀的公司治理结构，而且也有助于韩国公司国际竞争力的恢复与提高。

---

① ［韩］李基秀：《韩国的公司治理》，载《安徽大学法律评论》2003年第2期。

东亚政治和社会制度转型

20 世纪的人类历史波澜壮阔，在经历了两次世界大战之后，整个世界的政治经济版图发生了巨大变化，旧的殖民体系土崩瓦解，新的世界政治经济秩序逐步建立。二战后，除了给人留下深刻印象的社会主义与资本主义的冷战与对抗之外，后发国家对发达国家的学习与追赶是 20 世纪后半期最为引人注目的事件。后发国家不仅学习与模仿具有普世价值的自由与人权观念，还学习与模仿宪政民主与市场经济等制度方面的社会组织模式。全球化与这种学习与模仿互相推动、演进，从而掀起了一场人类历史上少有的革命性变革。① 东亚各国正是在这样的背景下开启了向民主化国家的转型之路。

4.1　经济危机与东亚威权体制退出

一般认为，经济增长会加速威权体制国家的民主化进程，不过，更多的历史经验是，经济表现良好的时候，民主化契机却很少出现，而经济危机却常常是民主化开始的关键节点。国家构建和制度改革的成功实例绝大部分都发生在社会产生对制度强烈的国内需求的时期，当威权政府对社会危机束手无策的时候，社会转型的需要产生了，于是，制度便通过全面设计、照搬外国或因地制宜地借鉴外国模式这三种方式创造出来了。早期的现代欧洲、独立战争之后的美国、19 世纪的德国以及日本和土耳其、20

---

① ［美］斯蒂芬·海哥德、罗伯特·R·考夫曼著，张大军译：《民主化转型的政治经济学分析》，社会科学文献出版社 2008 年版，代译序。

世纪 60 年代的韩国以及中国的台湾地区和智利、20 世纪 70 年代的新西兰等均属此列。制度或制度改革的国内需求不足，是贫困国家制度发展的一个最大障碍，这种需求往往在经济增长中酝酿，在经济危机中产生。按照福山（2007）的说法，社会危机在一定程度上创造了通向新的社会秩序的一扇小窗。

4.1.1　经济增长与政治民主化的互动演进

一直以来，东亚经济体的高速增长给人们留下了深刻印象，同时，伴随经济增长而来的社会转型，即经济市场化与政治民主化同样引起了广泛关注。民主、市场与经济增长的关系究竟如何？在东亚各国政治经济转型过程中它们展现了怎样的互动？经济危机在转型中扮演了一个什么角色？东亚能建立起稳固持久的民主体制吗？东亚的经济增长在民主政体下能否继续？对这些问题的探索对于理解与展望东亚转型具有重要意义。

在东亚民主化进程中，日本是一个特例。一方面因为它是一个发达国家，另一方面也因为它是在美国占领后才逐渐开始民主化进程的。20 世纪 80 年代东亚三个主要的民主化国家和地区是 1986 年的菲律宾、1987 年的韩国和 1988 年的中国台湾。菲律宾曾因其发展水平的相对落后被预测民主化进程会相对较晚，然而，当费迪南·马科斯的独裁统治结束后，在国内外共同压力下，一场倾向于民主的群众运动迅速兴起。而在韩国和中国台湾，群众运动在经济高速增长的背景下也逐步兴起，社会出现了巨大变革，统治精英们也认识到了体制变革是不可逆转的历史潮流，这一切导致了 20 世纪 80 年代东亚威权主义的衰落和民主的兴起。1998 年，随着独裁者苏哈托被驱逐，印度尼西亚也加入了民主的阵营，但马来西亚和新加坡还继续着半威权主义的统治。[1]

民主化是指从一种非民主体制转化为一种民主体制的过程。[2] 其中，经济发展与民主化的关系始终是人们讨论的核心问题之一。早在公元前 4 世纪，亚里士多德就研究过财富分配与民主的关系，"18 世纪政治理论家认为，富裕的国家有可能实行君主制，而穷国则可能是共和国或民主国家"，"但是工业化颠倒了富裕程度和政府形式之间的关系，而且自 19 世

① ［美］霍华德·威亚尔达著，刘青、牛可译：《新兴国家的政治发展——第三世界还存在吗？》，北京大学出版社 2006 年版，第 102～103 页。
② 王绍光：《民主四讲》，上海三联书店 2008 年版，第 74 页。

纪起在民主与财富之间出现了一种正相关"。① 20 世纪 50 年代,美国著名政治学家李普塞特首次对经济发展和民主的关系进行了全面探讨,李普塞特曾指出,自亚里士多德以来,人们一直认为,只有在穷人较少的富裕社会,大批民众才能理智地参与政治,培养必要的自我约束以避免盲从。他假定一个国家越富裕,实现民主的可能性就越大。他从欧洲和美洲选取了48 个国家样本,为排除政治文化的影响,他把所有的国家分为两组,28个欧洲和说英语的国家以及 20 个拉丁美洲国家。在第一组中,李普塞特发现,13 个稳定的民主国家的人均收入超出 15 个不稳定民主国家和专制国家两倍还多。在拉丁美洲国家一组中,所有国家的人均收入均低于第一组国家,但是 7 个民主和不稳固独裁国家的人均收入要超过 13 个稳固独裁国家40%。同样的方法在分析工业化程度、教育水平以及城市化与民主化的关系后得出了同样的结论,证明了经济发展水平与民主之间的正相关关系。② 弗里德曼也得出了与李普塞特类似的结论,他相信政治与经济这两种自由是相互促进的。根据这种观点,扩大政治权利,给予更多民主,就能扩大经济权利,进而能够促进经济增长。③ 波伦和杰克曼同样认为:"20 世纪 60 年代经济发展水平对民主政治产生了显著的影响,考虑到其他非经济的因素……人均国民生产总值也是一个最主要的解释性变项。"④

　　但在二战结束后近 30 年的时间里,许多国家在威权体制下经济取得了长足进步,这使得越来越多的学者质疑经济发展水平与民主之间的必然联系。吉列尔莫·奥唐奈认为民主与经济发展呈曲线关系,在初始一段正相关以后继而出现的是长期的负相关。而 20 世纪 70 年代以来席卷全球的第三次民主化浪潮再度改变了众多学者的看法,西方学者开始以更加理性的态度来对待这一次民主化浪潮,美国学者塞缪尔·亨廷顿就是其中之一。亨廷顿引证了一些材料来说明经济发展水平与民主的联系,他指出,1989 年世界银行划为高收入的 24 个国家(人均收入 6 010 ~ 21 330 美元),其中 3 个石油输出国不是民主制度,其余的高收入国家中,除新加坡外都是民主国家。在另一端,世界银行列为贫穷的 42 个国家(人均收

　　① 〔美〕塞缪尔·P·亨廷顿著,刘军宁译:《第三波——20 世纪后期民主化浪潮》,上海三联书店 1998 年版,第 69 页。

　　② 〔美〕西摩·马丁·李普塞特著,张绍宗译:《政治人》,上海人民出版社 1997 年版。

　　③ 〔美〕米尔顿·弗里德曼著,张瑞玉译:《资本主义与自由》,商务印书馆 1986 年版。

　　④ 〔美〕塞缪尔·P·亨廷顿著,刘军宁译:《第三波——20 世纪后期民主化浪潮》,上海三联书店 1998 年版,第 69 页。

入 130～450 美元）中，只有两个国家（印度、斯里兰卡）有过像样的民主经历。在其余 53 个中等收入国家（人均收入 520～5 810 美元）中，有 23 个民主国家，25 个非民主国家，5 个在向民主制度转变。① 由此，亨廷顿确认了经济发展对政治民主化具有积极的作用。部分原因在于经济发展水平的不断提升使人们逐渐摆脱了基本物质需要的困扰，从而产生了更高层次的要求，这时"民主"便逐渐被提上日程。② 正如福山（Fukuyama）所说，整个社会在迈向经济增长目标的过程中，民主主义和市场这两个要素随着收入增加和经济发展自然而然地被提出来，最终只能走向多元化的民主主义政治体制，其实这是一个被预先设定的路径。③

实际上，财富的多寡并不必然是衡量一个国家是否可能向民主过渡的重要因素，具体的结果还取决于实现经济增长的方式。伊朗以及伊拉克都依靠石油获得了巨额的国家财富，但显然两国并没有因此增加民主化的可能。"与石油输出国的情况形成对照的是，涉及一些重大工业化的经济发展会导致新的、更加多样的、复杂的和相互依赖的经济，这种经济对威权政府来说越来越难驾驭。经济发展造就了新的财富和权力来源，这些来源独立于国家之外，而且会有新的功能性要求去分散决策权。更加直接的是，经济发展似乎促进了社会结构的变迁和鼓励民主化的价值观。"④ 村上泰亮认为："预定的关键产业开始高速增长时，身处这些产业和相关产业的人必将经历生活方式甚至生活态度的巨变……特别是后进国家，整个社会的结构，包括国民心态，都会受到这股'现代化'力量的影响，埋下社会紧张关系的种子。这类紧张通常来自城乡之间收入差距的拉大和生活方式的差异。同样值得注意的，还有拉美和亚洲常见的大都市及周边贫民区的同时蔓延。这种社会关系如果不能妥善处理，就可能导致政治冲突，最终颠覆经济发展自身。"⑤

经济发展的确从多个层面增加了民主实现的可能。首先，"一个社会

① ［美］塞缪尔·P·亨廷顿著，刘军宁译：《第三波——20 世纪后期民主化浪潮》，上海三联书店 1998 年版，第 69～70 页。
② ［韩］郑德龟著，金华林等译：《超越增长与分配——韩国经济的未来设计》，中国人民大学出版社 2008 年版，第 77 页。
③ Fukuyama（1995）. F. Confuciaism and democracy. Journal of Democracy, 6（2）.
④ ［美］塞缪尔·P·亨廷顿著，刘军宁译：《第三波——20 世纪后期民主化浪潮》，上海三联书店 1998 年版，第 75 页。
⑤ ［日］大野健一：《东亚的经济增长和政治发展——从 AD 模式到 DD 模式的平稳过渡》，载吴敬琏主编：《比较》（32），中信出版社 2007 年版，第 5 页。

内部经济富裕的程度决定了'其公民的价值观和态度',而且培育了人际间相互信任、生活满足感和凭能力竞争的性格,这些情感又反过来与民主制度的存在有高度相关性"。① 其中,伴随经济发展不断提高的社会教育水平无疑使人们更容易理解民主的意义,同时也增加了争取民主权利的能力。1960～1981年,在东亚国家,适龄学生的入学率有了很大提高。以韩国为例,1981～1991年,韩国高等院校在校生人数由60.2万增加到134万。由于韩国大学招生规模不断扩大,韩国适龄青年的大学入学率已经超过了50%,仅次于美国和日本居世界第3位,进入了高等教育的"大众化时代"。一个人所受的教育程度越高,越容易形成相互信任和注重个人能力的性格,也越倾向于自己掌握自己的命运,这不仅有利于公民参政意识的增强,而且大大提高了民众参政、议政的能力。这些都是与民主政治相伴随的公民素质。② 实际上,"无论是在亚洲还是拉丁美洲,认知变量——关于公民认知和评价政治环境的能力——与民主信念呈现正相关关系。那些受过良好教育、经常接触大众传媒并经常阅读报纸的公民呈现较高的民主信念。相反,那些没有政治观念的公民则较少信奉民主"。③

其次,经济发展促进了中产阶级的扩大。在早期阶段,中产阶级未必是赞同民主的力量。曾经在拉丁美洲、东亚和其他地方,中产阶级集团经常默许或积极支持策划推翻激进政府的军事政变,或是主张减少劳工和农民组织的政治影响。不过,随着现代化过程的持续,农村的激进运动对政治过程的影响已经不断下降,而且城市中产阶级在规模上的增加可以同工业无产阶级相匹敌。民主对中产阶级构成的潜在威胁因此也就下降了,而且这些集团也日益相信他们有能力通过选举政治来促进他们的利益。在菲律宾,中产阶级的专业人士和商人充斥了1984年反马科斯示威游行的行列。在随后的一年中,阿基诺运动的核心集团是中产阶级、无党派身份的医生和律师,他们自愿向反对派候选人或是向争取自由选举全国运动这样的公民监督团体提供支持,而不是支持任何一个政党。在中国台湾,政治变迁的主要行动者是新出现的中产阶级知识分子,他们在经济迅速成长的年代中长大成人。台湾地区的私有企业发展得较早,控制也较松,而且经

---

① 〔美〕塞缪尔·P·亨廷顿著,刘军宁译:《第三波——20世纪后期民主化浪潮》,上海三联书店1998年版,第75页。

② 陈炳旭:《经济发展与民主转型关系探究——以韩国为例》,载《法制与社会》2009年第11期。

③ 〔日〕恒川惠市:《东亚与拉美民主信念的比较》,载《复旦政治学评论》2010年第1期。

济水平较高，因此，它的中产阶级应该说比除日本以外的其他东亚国家或
地区更为成熟，发挥的作用更大。在韩国，要求民主的运动只是在 20 世
纪 80 年代出现了"一个庞大的城市中产阶级"之后才对威权政府构成了
严重威胁。①

　　再其次，经济发展使得社会集团之间拥有更多可供分配的资源，促进
了彼此之间的妥协与融合。经济增长从绝对意义上增加了社会财富，增加
了社会各个利益集团之间可供分配的资源。这不仅减少了利益集团之间为
争夺利益而产生冲突的可能，同时增加了各个利益集团彼此之间的竞争实
力，拥有更大的谈判砝码的各方更容易达成妥协。以韩国为例，经济的高
速增长快速增强了财阀的实力，也同时增强了大财阀们与政府讨价还价的
能力。韩国财阀的快速扩张开始于朴正熙政府 1973 年颁布的《重化工业
宣言》，随着宣言的颁布，韩国正式开始实施重化工业产业政策。政治体
系的精英——朴正熙政府自然而然地把发展重化工业的特权授予了与其联
系密切的商业精英——财阀。这些财阀不仅占据了全国 70% 以上的国民生
产总值，而且越来越多地控制了韩国经济中的主要产业。1974～1984 年十
年时间里，韩国前十大企业营业额占全国 GNP 比重从 15.1% 提升至
67.4%，增加幅度超过了三倍，其中排名第一的企业在 1974 年只占 GDP
的 4.9%，但到了 1984 年却高达 GDP 的 12%；另外，前五大企业资产总
和也从 1974 年占 GDP 的 11.6% 急速增加至 1984 年占 GDP 的 52.4%，短
短十年之间竟然增加近四倍，形成韩国垄断性的大财阀。② 随着财阀在整
个韩国国民经济中占有越来越重要的地位，自主的声音逐渐强烈，最终加
入到推进韩国民主化的力量当中。而随着财阀与威权政府渐行渐远，韩国
的民主化力量开始占据上风。

　　最后，外部因素也对东亚的民主化产生了重要影响，而这种影响在东
亚的经济增长过程中被不断加强。例如菲律宾，其民主制的最初框架是在
美国的直接影响下建立的。一定意义上可以认为，美国是菲律宾民主的
"助产婆"。菲律宾民主化的最强大的外来推动力来自美国，美国依靠其强
大实力影响菲律宾国内政治和社会，极力推行西方模式的民主。菲律宾开
放性的市场经济、贸易自由化、出口导向型的现代化发展以及市民社会的

---

　　① ［美］塞缪尔·P·亨廷顿著，刘军宁译：《第三波——20 世纪后期民主化浪潮》，上海
三联书店 1998 年版，第 75～79 页。
　　② 蔡增家：《政党轮替与政经体制的转变：1993-2003》，巨流图书公司 2005 年版，第
44 页。

成长，使得美国的影响力与日俱增，而日益密切的经济联系和文化交流又增强了菲律宾社会对民主的认可度。① 与菲律宾类似，1997 年东南亚金融危机爆发后，印度尼西亚政府在美国的压力下走上了民主化道路。1997 年东亚金融危机的爆发为美国提供了干预印度尼西亚民主化进程的机遇，美国认为，印度尼西亚民主化能否顺利发展直接关系美国推动穆斯林社会的民主化和全球范围内的反恐战争，同时也将影响东亚地区的整体形势。同时美国还认为印度尼西亚是接近失败的国家，要对印度尼西亚的民主化进行必要的干预，以防止印度尼西亚的失败。从 1998 年 5 月苏哈托下台，到 1999 年 6 月第一次多党选举，再到 2004 年 10 月印度尼西亚产生第一位直选总统苏西洛·尤多约诺，印度尼西亚的民主化速度相当快，也相对成功。这段时期，美国始终扮演者引导者身份，美国前总统卡特更是以选举观察员身份，监督了印度尼西亚这 6 年的民主化进程。②

4.1.2　经济危机与东亚民主化运动

正如前面所述，经济危机常常是民主化开始的关键节点。经济表现不佳意味着可供分配资源绝对数量上的减少，各个利益集团保护自身利益的行动会引发更多的斗争。同时，经济危机也意味着政治精英能够用来维持社会秩序的资源减少。稳定措施可能在政治上是最困难的，结构调整也有成本，因为政府通常无法对从以前享有特权的集团收回经济利益的做法进行补偿。③ 这时，政治与社会转型的需要就产生了。

经济危机有两个明显的特征，一是社会经济绩效的急剧恶化，这种恶化会使得整个社会的各个阶层同时蒙受损失；二是经济危机意味着现有的经济结构问题严重，整个经济体系已经无法自我矫正，政府的政策调整不可避免。④ 然而，政策的调整势必对现有的社会经济利益分配格局产生重大影响，在调整中可能遭受损失的既得利益团体会对改革进行激烈地抗议，阻挠改革的完成。此时的政府面临着两难的局面，调整政策推行的迟

---

① 邱昌情：《菲律宾民主化的内在机制与国际化压力相关性分析》，载《东南亚之窗》2009 年第 1 期。

② 翟崑：《1997 年东亚金融危机后美国对印尼民主进程的干预》，载《外交评论》2005 年第 8 期。

③ ［美］斯蒂芬·海哥德、罗伯特·R·考夫曼著，张大军译：《民主化转型的政治经济学分析》，社会科学文献出版社 2008 年版，第 27 页。

④ 同上，第 7 页。

缓会导致经济进一步恶化，使自己面临严重的合法性危机；而快速深入的经济结构调整会招致既得利益团体的反对，将会丧失自己统治盟友的支持。在这样的情况下，威权政府往往会选择对经济政策进行微调以达到经济复苏与维持统治联盟稳固的双重目标，但结果往往并不尽如人意，经济困境最终导致了政治变革。"经济衰退和政治分裂是紧密结合在一起的。因为大多数第三世界国家都有广泛的庇护关系网络。只要经济蛋糕还在继续做大，这块蛋糕就总会有更多的碎屑能够落到吵吵嚷嚷的各社会集团手中，就会有更多的'甜点'，其变现形式是工作机会、工程项目和各种肥缺。这些庇护关系网络从最高领导人到他们的助手再到地方领导人，一直向下延伸，直到下层的一般百姓。但是当经济处于停滞或倒退时，庇护关系网中就没有好处可以分配。这就破坏了从上到下的整个庇护关系网络。在一个严重依赖庇护关系的国家，这种情形是有巨大破坏性的，会导致整个政治体系的崩解。"[①] 以下三个方面展现了经济危机与民主化的密切联系。

首先，经济状况的恶化扰乱了统治者与私人部门达成的"威权式交易"。在所有混合经济的中等收入国家中，商业精英都是至关重要的角色，因为他们控制着对经济的继续增长非常重要的现有资产和投资流向。即使是在威权政府限制这些集团正式参与政治的国家，政治领袖仍然会寻求他们的合作和支持。在威权政府中，这种合作通过三种方式加以保障：许诺保护私有财产免受意外损害；采取有利于特定部门的发展战略；以及提供更有针对性的好处或经济利益。[②] 例如，在韩国的经济发展过程中，政府指定某个人或某个企业对某个项目投资，并分配给其指定数额的银行贷款和引进的外资。在税制方面，韩国政府给予了这些财阀很大的优惠。即便到了 20 世纪 70 年代韩国经济已实现快速增长，这些企业已经获取了丰厚的利润，但对这些财阀征收的税收中，直接税的比重反而从 1971 年的43.4% 下降到 1980 年的 36.7%，1979 年直接税的减免比率达到 34.3%，而直接税中重要的企业法人税比重也从 1970 年的 14.9% 下降到 1980 年的13.2%。在税制减免中最大的获益者是从事重化工业、出口产业和海外建筑业的诸多财阀，这些财阀的实际税负仅相当于中小企业的一半水平。[③]

---

① ［美］霍华德·威亚尔达著，刘青，牛可译：《新兴国家的政治发展——第三世界还存在吗?》，北京大学出版社 2006 年版，第 146 ~ 147 页。

② ［美］斯蒂芬·海哥德、罗伯特·R·考夫曼著，张大军译：《民主化转型的政治经济学分析》，社会科学文献出版社 2008 年版，第 28 页。

③ 刘洪钟：《韩国赶超经济中的财阀制度研究》，光明日报出版社 2009 年版，第 131 页。

但经济危机以及相应的政策调整压力降低了政府兑现承诺的能力，并由此引发私人部门对未来预期的改变。

面对经济危机，私人部门最初的反应一般是期待现存政策或者是部分政府官员的调整。但是，一旦威权政府无法迅速地扭转经济恶化的趋势，私人部门将逐渐对现有的威权统治失去信心，并可能重新估算维持现状与进行民主化的成本和收益。私人部门的这种背叛对威权政府的统治具有很大的威胁，因为威权政府正是间接通过这些私人部门达到了对经济部门的垄断控制，并从中获取用以维持威权统治的经济租金。私人部门的脱离控制乃至走向对立从根本上降低了威权政府维持统治秩序的能力，经济恢复政策也将因为私人部门的抵制无法完全奏效。在菲律宾，马科斯政府在处理经济问题的方法上与商业部门分歧逐渐扩大，并最终走向决裂。1983年8月马科斯长期的政治对手尼诺·阿基诺的暗杀事件彻底聚合了商业部门的反政府力量，因为阿基诺一直是该集团利益的忠实代表。早在阿基诺被暗杀以前，马卡提企业俱乐部就开始组织起来，引导舆论批评马科斯政府对经济的错误干预以及掠夺行为，把当时的经济困境与威权统治联系起来。阿基诺的遇害使其能够聚合更多的反对力量，教会、中产阶级以及学术研究人员都被吸引进了反马科斯的阵营当中，并最终推翻了马科斯的威权统治。

其次，经济危机降低了威权政府满足中低收入集团物质需要的能力。在中等收入国家中，中低收入群体自身对政治权力没有过多的关注，他们更在意物质生活的改善。经济危机降低了中低收入集团的生活水平，而威权政府又缺乏足够的经济资源来维持这部分群体原有的生活水准，这种情况又会因为私人部门的离弃而不断加剧。罢工和街头示威成为群众性组织和社会运动的主要武器，有的地方也通过开展公民投票和开展竞选运动来表达对威权政府的不满。这些抗议在最初仅仅是对经济困难的直接反应，但随着抗议进程的持续，往往逐渐具备了政治导向。1979年5月，在韩国正面临经济危机挑战的时候，在刚获释的反对派领袖金大中的支持下，金泳三以要求全面检讨维新体制的倡议获得了国家民主党的总裁职位。除了要求实施政治自由化和重返民主体制外，反对派还试图争取在维新体制、重工业计划及稳定措施下受到伤害的那些部门的支持。此时的韩国，学生为先导的示威活动此起彼伏，1980年的前5个月发生了900多次罢工，比整个维新时期发生的罢工还多。反对派利用民众的这种抗议浪潮，把威权政府的反对力量聚集到了一起，对威权统治形成极大冲击。类似的是，

1986 年 2 月，菲律宾在天主教会的支持下，针对选举舞弊的大规模"人民权力"运动给了马科斯政府致命一击。该示威运动抗议马科斯在与克拉松·阿基诺的选举战中通过不正当方式获取胜利，并阻止了军人集团发起的武装报复，直接导致了马科斯几天后被迫放弃权位。20 世纪 70 年代泰国的经济困境也导致了群众抗议的增加。1973 年，泰国学生发起了一场要求制定新宪法和举行国会选举的运动。当部分学生领袖被捕后，抗议活动逐渐从校园蔓延到了街头，成为泰国街头政治的源头。当年 10 月，有 40 多万人参加的大规模示威引发了激烈冲突，导致了 80 余名示威者的死亡。群众运动的蓬勃发展加速了社会转型进程。

最后，经济危机导致了政治——军事精英的分裂。面对经济危机以及由此导致的社会动荡局面，"强硬派"和"温和派"的出现反映了威权政府内部对经济危机不同的评估和对处理政策不同的偏好。那些预期较小概率遭到处罚的官员会倾向通过谈判的方式与反对派达成妥协，而曾经参与过镇压行动的政治——军事精英则更加倾向于采取"强硬"立场。[①] 随着经济危机程度的加深，群众抗议规模的扩大，这种统治精英之间的分裂会愈加明显。经济调整政策往往意味着预算的紧缩，开支的减少，这同样降低了精英群体对现存统治的忠诚度。在韩国，面对愈演愈烈的社会危机，威权政府在选择应对措施方面陷入分裂，朴正熙和总统安全卫队队长车智铁都赞同不惜一切代价进行镇压，而时任韩国中央情报局局长的金在奎则主张温和的让步，这种分歧最终的结局是 1979 年 10 月 26 日，金在奎刺杀了朴正熙。朴正熙的遇刺也直接导致了军队内部的分裂，全斗焕与军队总参谋长及戒严指挥郑乘华之间对立严重。在菲律宾，马科斯政府在 1984 年实施了一套极为严格的稳定措施，起到了降低通货膨胀和阻止比索下滑的效果。但由于政府内部的分裂，导致了政策出台的延误，也没有从根本上解决经济体系中存在的结构性问题。经济状况的恶化导致了处理政策的分歧，而分歧的加剧又导致了强有力的经济稳定政策迟迟无法出台，二者形成了恶性循环，军事—政治精英之间由分歧走向分裂，进而走向直接的对抗。在泰国，1973 年的"十月事件"发生时，政府和军队领导层的分歧也逐步扩大。1971 年，那容·基特乔恩领导的军事政变导致的权力集中化曾引起了军队内部的强烈不满，面对新的社会危机，军队内部出现了严

① ［美］斯蒂芬·海哥德、罗伯特·R·考夫曼著，张大军译：《民主化转型的政治经济学分析》，社会科学文献出版社 2008 年版，第 30 页。

重的分裂，镇压已变得并不可行。

　　从以上分析可知，经济危机创造了社会转型的重要契机。当然，这并不意味经济危机会立即导致威权政府的崩溃，社会危机可能以威权政体的重建结束，也可能是现有的威权政体通过政策的调整渡过难关。但危机的确引发了威权政府政治经济体系的一系列变化，并对威权统治产生无法弥合的创伤，直接或间接地推动了社会转型。

4.1.3　政治竞争体系建立与威权体制退出

　　"转型的主要特征是精英之间非人格化交易的发展，人格化交易包含了交易各方之间长期的私人关系，因此重复交易就成为交易实施的一个主要特征；非人格化交易的双方则没有长期的私人关系，他们之间的交易很可能是一次性的；自然政府在所有体系中建立了人格化的交易、人格化的关系以及人格化的约束机制。"① 社会政治体系转型展现的是政治体系的去人格化过程，以下三方面内容反映了东亚竞争性政治体系的初步建立。

　　首先，宪法的修改。新的社会秩序取决于那些规范新兴民主体制下政治竞争的非正式谅解和具体规则，转型初期确立的宪法框架往往允许并保护各个利益集团通过政治竞争来争取自身的利益，展现的是政治体系的去人格化进程，这对转型后经济政策的制定和民主体制的巩固产生了持续深远的影响。1987 年，迫于强大的民主压力，韩国修改了宪法，将总统改为人民直选，而且不得连任，并大幅增加了国会限制总统的权力。韩国宪法的修改一方面反映了制度为了应对现实需要的修正与完善，另一方面也反映了民主体制的制度化过程。1987 年卢泰愚的民主化宣言以及紧接着进行的宪法修改使得各个党派可以相对公平地参与总统的角逐，从制度上保证了政治体系的竞争性。20 世纪 80 年代末期，韩国的政党仍然把持在少部分社会精英手中，普通民众影响力有限，但在宪法修改后，不仅精英之间的竞争得到了法治保护，展现了精英之间非人格化交易秩序的形成，修宪后确定的总统直选也使得逐步兴起的市民社会有了用武之地，普通民众拥有了更大的话语权。在菲律宾，由阿基诺政府主导，改革派起草了一部新宪法，该宪法在 1987 年的全民公决中被通过。与韩国宪法制定的进程有

---

　　① ［美］诺思、沃利斯、温加斯特：《诠释人类历史的一个概念性框架》，载于吴敬琏主编：《比较》（30），中信出版社 2007 年版，第 45 页。

所区别，由于菲律宾威权统治的快速解体使得旧势力在宪法制定的过程中发挥的作用极为有限，新宪法增强了菲律宾政治体系的竞争性。在中国台湾，并没有出现重新制定的宪法，但原有宪法的权力得到了确认。在获取选举胜利后，蒋经国做出了三项关键性决策，而第一项即宣布其继任者将严格按照宪法规定的程序进行选择，从而恢复了宪法的效用。

　　其次，竞争性政治体系的建立。民主政体框架的一个重要部分是规范进入政治体系及参与政治活动的规则和做法。对此衡量的重要标准是政治体系向不同利益集团以及竞争性政党开放政治活动机会的多寡。在韩国，旧势力的代表卢泰愚在 1986 年的选举中获得了胜利，但优势非常微弱，仅仅是依靠两个反对党的内讧才艰难地保住了总统席位。面对强大的民主化压力，卢泰愚政府进行了广泛的政治改革。改革不仅极大地扩大了韩国的言论自由，组建政党的限制也被大大降低，不同的利益集团在新的政治体制框架下获得了更多参与竞争的机会。菲律宾的马科斯在 20 世纪 80 年代曾经通过各种非法手段获取了大量的民众选票，但等到 1987 年选举后，政治体制的变革导致与马科斯有密切联系的政党所获得的支持急剧下降，曾经被打压的政党迅速崛起，获得了平等参与政治竞争的权力。1983 ~ 1988 年，军队虽仍是泰国的核心政治力量，但政党的力量不断增强。新形成的政党体系具有高度分散性特征，许多小党参与了选举的竞争。但由于众多小党并没有实际执政的组织体系、支持力量和政策专长，泰国实际上仍然是由社会行动党、泰国公民党和民主党主导着选举局面。另外，泰国的政党普遍有存续时间较短、更迭频繁的特点，这反映了泰国政党体制并不成熟，但同时也折射出泰国政治体系竞争性的加强。

　　最后，军队的退出。民主化转型的一个核心问题是军队的退出。在危机中实现转型的国家，军队讨价还价的能力明显受到限制，而在非危机国家，军队往往实现了对其特权的部分保护。自 1932 年以来，泰国的政治发展史是一部军事政变和军人政权统治的历史。1973 年 10 月青年学生的抗议活动是泰国政治自由化与民主化的开端。"10·14 事件"，标志着泰国政治由军人专制统治向议会民主制转变的开始。1983 年以后，泰国的政治选举范围不断扩大，民主化进程不断深入。但是，泰国的军事集团始终是一支举足轻重的力量。甚至在 1991 年，军事集团以腐败为由，通过政变推翻了差猜政府。1992 年 5 月，"五月风暴事件"的爆发迫使素金达政府下台，反映了泰国人民反对军人干政、实行民主政治的强烈愿望，开启了泰国民主化的新阶段，使军事势力从此脱离政治，返回它传统的职能。

1992 年"五月风暴"后，泰国建立了新一届文人政权，其间更换了 5 届政府，但无一例外地遵循了民主选举的原则。但进入 21 世纪，军队又频频出手干预政治，给泰国民主体制的前途蒙上了一层阴影。① 在菲律宾，新任的阿基诺政府从军人集团中清洗了曾是马科斯密友的高级军官，并且在 1987 年新的宪法中禁止现役军官担任政府职位，同时维持较低的军费开支以制约军队。军队曾经是韩国政治体系中最强有力的势力，直接支撑着韩国威权政府的运行，在朴正熙时代的政府里，军队出身的官员数量占到内阁组成的 27.5%，而这一数字在金泳三的政府里只占到 4.5%。新的统治联盟不允许任何一方单独控制整个联盟的所有军事资源，对武装力量的政治控制意味着暴力机器的去人格化进程。

　　宪法的修改、政党的重建与军队的退出标志着东亚政治转型的开始，但这仅仅是打开了社会转型之门，并不意味着社会转型的最终成功。民主与市场在东亚仍面临着诸多挑战，裙带关系的普遍存在使得民主与市场作用的发挥受到限制，威权主义的残余仍然影响着东亚的转型进程。转型的最终成功将不仅取决于民主制度本身是否优越，更取决于在民主制度下经济增长是否可以持续，民众是否可以充分分享这种经济增长带来的经济福利以及与此相对应的政治权利。

4.2　东亚新兴民主制度的国家治理

　　在"第三波"民主化浪潮中，东亚部分国家实现了社会转型，民主体制初步建立，但人们对新生民主政体的巩固仍然心存疑虑。下面将对东亚新兴民主政体的运行现状以及未来的发展趋势进行比较分析。

4.2.1　市民社会的形成

　　"人们普遍承认，民主依赖于一个壮大的市民社会。"② 市民社会是介于政府与企业之间的按照共同利益和自愿原则组织起来的非营利团体，其

---

① 罗奕原：《21 世纪：军队在泰国政治中的地位与作用》，载《东南亚纵横》2004 年第 8 期。

② ［美］塞缪尔·P·亨廷顿著，刘军宁译：《第三波——20 世纪后期民主化浪潮》，上海三联书店 1998 年版，序第 11 页。

主要目的在于代表个人或者使单个人集合成一个整体以保护自己利益并对社会整体承担必要的责任，以便使整个社会能够平稳有序地运转。[①] 市民社会可以是国家、家庭以及市场组织以外的任何组织，其中部分是近年来为人们所熟知的"非政府组织"，如环保团体、人权团体等具有倡导性功能的组织；更多的是"非营利组织"，如非营利的学校、医院、养老院等社会服务组织，医师协会、律师协会等；还有一部分可称之为"草根组织"，如读书协会、足球俱乐部、气功协会、集邮协会等。[②] 一般认为，市民社会是现代社会结构中不可缺少的要素之一。所谓现代社会结构，主要就是指经济的市场化和政治的民主化。市民社会的主要作用在于维护公民的权利和监督政治的运作，而民主化的主要作用则在于建构和规范政治的运作体制，市民社会与民主化互为作用，对建立现代社会而言二者都是必不可少的。从二者的关系来说，市民社会促进了民主化的发展，同时民主化也给市民社会提供了保障。市民社会是从专制、威权主义向民主化社会过渡的必要条件。[③]

近几十年来，随着经济的持续高速增长，东亚各国的中产阶级规模也不断扩大，他们不仅成为国家经济发展的中坚力量，在政治领域也发挥着越来越大的影响力，一定程度上推动了东亚地区的民主化进程。1995年，年收入超过3万美元的家庭在东亚（日本除外）有800万个，2000年达到1 600万个；年收入1.8万美元的家庭在1995年有1 500万个，到2000年达到7 500万个。在新加坡，自20世纪60、70年代现代化起飞到20世纪90年代，以专业技术人员、企业管理人员和政府行政人员为代表的中产阶级人数有很大增长。在1957年他们在全部就业人口中所占比例为6.8%，1979年增至10.3%，1980年增加到了18.3%，1990年更增至24.2%，30年间增加了将近4倍。泰国的中产阶级由1960年占全国总人口的10%增加到1986年的21%。[④] 马来西亚的中产阶级1980年人数达到劳动人口的24%，1986年达到37.2%。20世纪90年代的中国香港和中国台湾也分别有24.4%和37.8%的工人认为自己已加入中产阶级行列。

随着自身实力的增强，中产阶级在国家变革的关键时期扮演了越来越重要的角色。如以前曾支持权威政治的商业阶层，在20世纪80年代促进

---

① 梁云祥：《东亚市民社会与国家的统治》，载《国际政治研究》2004年第3期。
② 王绍光：《民主四讲》，上海三联书店2008年版，第113页。
③ 梁云祥：《东亚市民社会与国家的统治》，载《国际政治研究》2004年第3期。
④ 李路曲：《东亚的中产阶级——市民社会与政治转型》，载《当代亚太》2000年第11期。

菲律宾向民主政体的过渡中扮演了关键的角色。20 世纪 90 年代以来，日益强大的中产阶级迫使东亚国家和地区的政府不断向地方和民间出让权力。一方面，人们认识到仅靠中央政府已越来越不能满足人们随经济增长而产生的多元化需求；另一方面，威权政府并没有动力去主动满足这种需求，争取权力的分享依赖中产阶级自身的发展和强大。从 20 世纪 80 年代开始，民营企业家、国际投资者和其他中产阶级正在成为亚洲社会的主宰。经济领域中有许多行业性和跨行业的商会组织，宗教领域中有许多教会和教会联合组织，知识界有许多独立的大学、报刊、电视和其他新闻媒体；政治领域中有大量的反对党存在，此外还有许多独立的慈善性团体和绿色和平组织等，这些都充分表明在东亚，市民社会正在逐渐形成。其中，东亚非政府组织的大量涌现和发展，是市民社会形成的重要标志。据世界银行报告统计，自 20 世纪 80 年代到 1997 年，亚洲部分地区的非政府组织的数量几乎翻了一番。20 世纪 90 年代中期，新加坡在政府有关部门登记的非政府组织迅猛增加，到 1994 年初，大约有 4 562 个新社团在新加坡登记造册。①

市民社会产生的标志，从最低限度来说是，只要存在不受国家权力支配的一定数量的社团组织，就可以说市民社会初步形成了。从较充分的意义上来说，只有当不受国家支配的社团能够构建自身并协调自身的行为，并当这些组织能够在相当程度上影响国家的决策时，才能说较成熟的市民社会形成了。按照这个标准，还不能说这些东亚国家或地区的市民社会目前已经成熟，发展不平衡的问题依然存在，但显然已有了很大的进步。② 市民社会通过多种群体与组织将自身同国家与政治机构相联系，而在威权主义体制下，国家仅受控于官僚集团或军人群体。日益蓬勃发展的社会民间力量凭借已经获得的结社自由等现代法律提供的自由空间，对原有的政治体制形成了强有力的冲击，逐渐形成的市民社会改变了东亚传统的社会与国家一体化的体制模式和决策模式，增强了政治与经济体系的活力与竞争性，是经济增长与民主巩固的关键因素之一。③ 在未来，东亚非政府组织发展的前景不仅取决于政府的态度，更取决于自身实力增减，随着东亚非政府组织自身实力的不断壮大、讨价还价能力的逐步增强，对东亚民主政体未来的运行将发挥越来越大的影响力。

---

① 杨鲁慧：《中产阶级的崛起与东亚政治转型》，载《当代亚太》2000 年第 1 期。
② 李路曲：《东亚的中产阶级——市民社会与政治转型》，载《当代亚太》2006 年第 11 期。
③ 唐静：《中产阶级的兴起与东亚社会转型》，载《长江论坛》2006 年第 4 期。

然而，我们仍要清楚地看到，东亚市民社会的形成与西方有着较大的区别。西方的市民社会先于民主出现，并促进了民主制度的建立和发展，而东亚的市民社会则是在民主制度初步建立之后才得到较快发展。东亚市民社会的形成虽然对东亚的威权统治模式构成了挑战，但力量仍然有限。由于东亚社会中的国家或政府的权力相对来说仍然很强大，因此东亚市民社会的独立性相对较弱。在目前的东亚社会，大部分国家已经开始了民主化的进程，因此，当前东亚市民社会的主要任务就在于如何协助和监督国家或政府更进一步加速这一进程和完善民主制度。① 不仅如此，探讨公民社会与东亚民主化进程的关系不应仅关注于公民社会的外部效应，即成为自己成员表达诉求的渠道并动员相应的力量对政府施压，从而迫使政府回应自己的诉求，以制衡政府，使之不滥用权力。公民社会的内部效应也应该得到足够的关注，即培育合作习惯和公共精神；培育互信、互惠、温和、妥协、谅解、宽容的品性；培育与人交往、共事的交流技能。这三方面的习惯和技巧都是民主社会必不可少的，正是这种非政治性的、非经济性的社团组织中，内部效应使得这些组织变成了培育成员的民主伦理的"学校"，帮助人们以民主的方法相互对待，以民主的方式共同生活。② 公民社会的这种内部效应，显然已经并将继续在东亚民主体制的巩固方面发挥重大作用。

4.2.2 政党重建及其政策影响

政党是现代民主国家的核心组织与制度，尽管它有这样那样的缺点，但目前仍然是最重要的具有政治凝聚和表达功能的组织和结构，通过这一组织和结构，人民的意愿、态度和观点能够被传输到国家的最高决策层中去。概括地说，作为民主过程的关键性代理组织，政党发挥着三项主要功能：为公民和政府之间提供持久的联系；提出政策，由选民进行选择，由政府进行贯彻；选择政治家担任公职的不可或缺的中介工具。③ 20世纪80年代中期以后，伴随着经济的高速增长，东亚开始了政治经济转型，其中一个明显的变化就是政党体制发生了重要的变化，发展的总体趋势是多元化和民主化。政党体系的演进是东亚各国社会转型的需

---

① 梁云祥：《东亚市民社会与国家的统治》，载《国际政治研究》2004年第3期。
② 王绍光：《民主四讲》，上海三联书店2008年版，第113～116页。
③ 李路曲：《东亚与欧美政党在民主化中的作用》，载《南洋问题研究》2008年第3期。

要，也推动和引领了东亚的转型进程。近期东亚政党体制转型的范式大体有以下两种类型。

第一类的国家曾经由军事独裁统治。自 1986 年菲律宾革命开始，菲律宾、泰国、韩国、印度尼西亚的政党政治和政党体制出现了多元化的趋势，各国纷纷开放党禁，实行公开和较为公平的竞争和选举。① 菲律宾反对党出现于马科斯政府执政后期，并引领了推翻马科斯政府的革命运动。民主体制确立后，菲律宾建立起了多党体制，竞争性的政治体系运转了起来。1992 年，菲律宾举行了 20 多年来第一次自由选举。步入 20 世纪 90 年代，随着军警出身的拉莫斯上台执政，菲律宾政治逐渐告别了频仍的军变，趋于稳定。同时，菲律宾的政党活动却十分活跃。民主力量党、民主战斗党、自由党、国民党人民联盟、摩洛民族解放阵线、菲律宾共产党、人民改革党、民众党等在全国影响较大的政党，轮番上阵，展开激烈的竞争。政党之间的竞争在菲律宾 20 世纪 90 年代的政治发展过程中，尤其是在 1992 年总统大选、1995 年中期选举和 1998 年总统大选中都留下了鲜明的印迹。这些变化使得菲律宾政党政治出现了不同以往的特点。② 在泰国，1992 年爆发的"五月流血事件"，使得泰国军人集团的统治被推翻，民主党上台执政。自此，政党开始在政治舞台上自主地发挥作用，标志着泰国政党体制和政治转型的初步完成。但在当时的泰国，政党发展的不成熟、中小政党间的权力纷争以及联合政府统一行为的困难导致了政府的低效率，引起了社会各界对多党纷争格局的普遍不满。1997 年，泰国国会颁布了第十六部宪法。该宪法从制度层面限制了小党在议会的活动，为大型政党的发展提供了支持与保障。在 2001 年大选中，泰爱泰党获得了众议院 500 个席位中的 248 席，成为泰国历史上首个在众议院拥有绝对多数席位的政党，改变了多党纷争的不良局面。然而，泰爱泰党过度倾向草根阶层的政策损害了中产阶层的利益，引起了他们的不满。在泰爱泰党成功赢得第二次众议院选举后，泰爱泰党因宪法法院判定其在大选中贿选而被取缔。目前，泰国政党似乎又回归到中小型政党纷争的局面。泰国政党体系仍不稳固，这反映了其民主制度并不成熟，但以政党而不是军队作为实现

① 李路曲：《当代东亚政党体制转型原因的比较分析》，载《马克思主义与现实》2004 年第 4 期。

② 朱仁显：《20 世纪 90 年代菲律宾政党的变化及其特点》，载《东南亚研究》1999 年第 5 期。

自身利益诉求的工具在泰国已经深入人心。① 实现民主化转型的韩国实行的是三权分立的政治体制，由国会行使立法权。1987 年修改后的宪法进一步削弱了总统的权力（特别是取消了总统解散国会的权力），赋予国会立法权、国政调查权等重要权力，使国会在韩国政治结构中扮演的角色日益重要，这也使国会选举成为各主要政党角逐的重要舞台。1987 年后，韩国的政党政治逐渐形成。② 与第一类国家不同，第二类国家曾经是一党为主的政党体制。新加坡在经历了十几年完全由人民行动党一党控制国会和政府的状况后，情况有所变化，第一名反对党议员于 1981 年进入了国会。此后，反对党逐步活跃起来，在 20 世纪 90 年代至 21 世纪初的历次大选中反对党的得票率均在 20% 以上，并不断有所增。类似的是，马来西亚的反对党自 20 世纪 90 年代以来发展很快，并在 20 世纪末和 21 世纪初的几次选举中与执政党进行了激烈的较量。③

　　塞缪尔·亨廷顿认为，在现代有着广泛动员与复杂经济体系的环境下，实现稳定政治统治（无论是威权统治还是民主统治）的效能最终决定于组织化的问责体系，而这种问责体系又取决于政党组织。当代东亚政党体制在社会转型中逐步建立起来，但其存续和完善仍然需要一个相当长的过程，仍要面临诸多挑战。首先要面对的是完成经济发展的历史任务，这与威权政府当初追求的目标并没有什么不同。但新生的多党政体将面临着守旧势力的干扰，威权政府残余势力的反击，不成熟的政党体制，也有可能把更多的精力用于争吵而不是拟定建设性的政策。不完善的政体体制同样对于民主政体的良好运行产生不利的影响，尤其是在民主政体建立初期，这些新生的民主政体存在相当多的制度真空地带，代表不同利益集团的政党会在规则制定方面发生严重分歧。这不仅对民主政体本身的完善产生不利的影响，更会阻碍经济的复苏，从根本上破坏民主政体的稳固。其次，不同的社会环境，不同的转型背景，对政党体系的形成也产生了重要的影响。在危机中实现转型的国家，范围更广的不同集团对政治游戏规则与经济政策的关键组成部分提出自己的看法，转型可能进行的更为彻底。而在经济繁荣时期进行转型的国家，转型将在威权政权主导下进行，演进

　　① 郑兴奎：《泰国政党政治分析——基于民主巩固和政党社会的角度》，载《菏泽学院学报》2011 年第 3 期。

　　② 董向荣：《韩国民主劳动党的崛起背景与前景》，载《当代亚太》2004 年第 10 期。

　　③ 李路曲：《当代东亚政党体制的转型：范式、原因和历史任务》，载《清华大学学报》（哲学社会科学版）2005 年第 1 期。

中的政党体系更有可能反映威权统治时期就已存在的政治运行模式。即使政治精英在新的政党旗号下重新组织起来，情况也是如此。这种情况反映出非危机转型国家的威权政府无法一劳永逸地改组威权统治时期的政治组织体系。因此，在此背景下建立的政治制度不会原封不动地延续下来，而是会在应对从旧政权继承下来的政策与迎接政治新挑战的过程中不断演化。①

东亚的政党体系尽管仍不完善，在运行中也存在着诸多的问题，是否能够巩固还需要观察。但毕竟迈出了第一步，并在新生的东亚民主政体中发挥了重要的作用，对于长期处于威权统治之下的东亚各国和地区而言，这显然已是一个巨大的进步。

4.2.3 经济增长、金融危机与民主体制的巩固

新生的民主体制能否重启或者保持经济的增长？经济增长对民主体制巩固的影响有多大？如果无法实现经济增长以及减轻贫困和收入不平等的状况，新生的民主政体是否会面临崩溃的危险？20 世纪 70 年代晚期起，在许多有关民主体制的崩溃与巩固的研究中，经济因素的重要性被降低了。例如，在胡安·林兹和阿尔弗雷德·斯特班所编辑的一系列有影响的有关两次世界大战之间欧洲和拉美宪政体制崩溃的研究文章普遍批评了社会经济的解释方法。与此类似，林兹和斯特班更近的有关巩固民主体制的文章强调了非经济因素的作用，例如种族、性别、领土边界以及政治制度。② 塞缪尔·亨廷顿在论及这一问题时，强调了以往的民主经验、国际环境、转型方式等对新生民主政权巩固的重要性，其中经济因素也被涉及，但关注点在于静态的社会经济发展水平，而不是未来的经济增长。③ 虽然非经济因素也对民主体制的前景有着重要的影响，但是仍有充分的理由相信，"经济表现特别是经济增长也可能对民主体制的长期稳定和巩固有重要作用。经济增长便于人们在政治支持力量的组织化方面达成妥协，这其中部分的原因是经济增长可以有更多的资源来弥补改革利益受损者。

① ［美］斯蒂芬·海哥德、罗伯特·R·考夫曼著，张大军译：《民主化转型的政治经济学分析》，社会科学文献出版社 2008 年版，第 419 页。
② 同上，第 364～365 页。
③ ［美］塞缪尔·P·亨廷顿著，刘军宁译：《第三波——20 世纪后期民主化浪潮》，上海三联书店 1998 年版，第 324～332 页。

而从更一般意义上看，经济增长可以减轻因不平等及其他形式的社会分裂所产生的挫折和冲突，并因而能缓和政治异化和出现导致不稳定的社会暴力的趋势"。①

表4-1说明经济表现特别是经济增长对新生民主政体存续的重要性。在经济绩效表现良好的情况下，民主体制存活的概率更高。当然，这并不能说明，经济表现不佳就一定会导致民主政体的崩溃。但是，经济的衰退的确削弱了民主政体的统治基础。在中等收入国家，公民对民主政体不仅有政治权力的期待，同样期望能够有更为优越的经济福利。无法实现经济的持续增长将使人们对民主政体的先进性产生怀疑，对曾经的威权政体更加怀念。

表4-1　　　　　　　　　　**民主体制的存活率**

	正增长的年份	出现负增长的第一个年份	出现负增长的连续第二个年份
1960~1982年			
存活	319	27	10
崩溃	13	5	4
存活的比例（%）	96	84	71
1982~1990年			
存活	130	22	16
崩溃	0	0	2
存活的比例（%）	100	100	88
1960~1990年			
存活	449	49	26
崩溃	13	5	6
存活的比例（%）	97	91	81

　　资料来源：GDP数据：国际货币基金组织《国际金融统计年鉴》，几期；国家数据以及民主体制崩溃的数据：斯蒂芬·海歌德、罗伯特·考夫曼、卡里姆·谢里夫和斯迪文·B·韦博：《中等收入国家的政治、通货膨胀和经济稳定》手稿，世界银行，1990。转引自［美］斯蒂芬·海哥德、罗伯特·R·考夫曼：《民主化转型的政治经济学分析》，社会科学文献出版社2008年版，第366页。

　　茹谢梅尔、约翰·斯蒂芬斯等曾经对20世纪20年代至70年代中期

　　① ［美］斯蒂芬·海哥德、罗伯特·R·考夫曼著，张大军译：《民主化转型的政治经济学分析》，社会科学文献出版社2008年版，第364~365页。

这一期间崩溃的所有民主政体进行分析，他们发现除了 1948 年的委内瑞拉和 1949 年的哥伦比亚这两个例外情况外，"严重的经济问题"都至少起到某种作用。尽管政治因素在其他地方民主体制的崩溃中也有着重要作用，所有其他国家都因出口危机和进口替代工业化战略的问题而出现严重的紧张局势。[①] 在东亚，二战后混乱的国内形势以及朝鲜战争的巨大破坏使得这段时期韩国的经济发展举步维艰，有限的经济增长也是依靠美国的援助获得的，李承晚政权本身没有起到多大作用。这意味着如果没有经济增长模式的调整，随着美国援助的减少，韩国的经济增长将陷入停滞。而且李承晚时期的经济增长处于非常低的发展水平上，经济增长的实际速度显然不高（详见表 4-2）。经济的不良表现显然是民主体制 1961 年在韩国崩溃的原因之一。同样，不好的经济表现也导致了泰国 1976 年的政治干预，在菲律宾，经济形势在 1982~1985 年的恶化引发了商界和大众的大规模抗议，这些抗议最终导致了马科斯政府的垮台。

表 4-2　　　　　　　　　　李承晚时期的经济增长　　　　　　　　单位：%

年份	GNP	第一产业	第二产业（制造业）	服务业
1954	5.5	6.7	20.0（18.7）	2.5
1955	5.4	2.7	17.1（22.8）	5.7
1956	0.4	-5.8	13.3（17.3）	4.0
1957	7.7	9.4	11.8（8.3）	5.8
1958	5.2	6.1	8.1（9.1）	3.5
1959	3.9	-0.9	11.3（9.2）	7.5
1960	1.9	-0.5	6.7（8.2）	2.8
平均每年	4.3	2.5	12.6（12.1）	4.5

注：计算是基于 1970 年的不变价格。农业数据包括林业与渔业，工业则包括采矿与制造，服务业包括社会经常开支。

资料来源：曹中屏、张琏瑰：《当代韩国史》，南开大学出版社 2006 年版，第 146~147 页。

在菲律宾转型过程中，危机中实现的转型导致了与旧势力联系紧密的政治人物被排除在新的民主政体之外。但在转型的第一年，改革措施的滞后导致了新的民主政体在经济上的表现并不良好，这引起了民众的普遍不满和担忧，改革措施也遭到了诸多抨击。这实际上反映了许多新生民主政

[①] ［美］斯蒂芬·海哥德、罗伯特·R·考夫曼著，张大军译：《民主化转型的政治经济学分析》，社会科学文献出版社 2008 年版，第 366~367 页。

体在施政初期面临政策选择的两难。一方面经济的振兴需要进行大刀阔斧的改革，另一方面，改革将触及许多利益团体的既得利益，而他们中相当多的一部分是民主政体的重要支持力量，而改革被延误的结果往往是经济衰退的加剧（详见表4－3）。但幸运的是，作为美国的"民主橱窗"，阿基诺政府从美国、国际货币基金组织以及世界银行获得了大量的资金支持，使得阿基诺政府可以首先搁置争议性的稳定物价和收支平衡议程，最终实现了平稳过渡。

表4－3　　　　　　　　东亚新兴民主体制的经济表现　　　　　　单位：%

	转型前五年平均值	转型之年	第一任民主政府时期平均值
韩国	1982～1986	1987	1988～1992
GDP 增长速度	9.6	11.8	8.3
通货膨胀率	3.6	3.0	7.5
财政赤字/GDP	－1.3	0.4	－0.1
投资/GDP	28.9	29.5	35.0
泰国	1980～1982	1983	1984～1987
GDP 增长速度	5.0	7.2	6.3
通货膨胀率	12.6	3.7	1.9
财政赤字/GDP	－5.0	－4.1	－4.0
投资/GDP	25.3	25.9	23.7
菲律宾	1981～1985	1986	1987～1991
GDP 增长速度	0.8	－7.8	4.8
通货膨胀率	23.4	0.8	11.5
财政赤字/GDP	－2.6	－5.0	－2.7
投资/GDP	24.7	16.3	20.2

资料来源：［美］斯蒂芬·海哥德、罗伯特·R·考夫曼著，张大军译：《民主化转型的政治经济学分析》，社会科学文献出版社2008年版，第91～193页。

经济表现不佳对新生民主政体的冲击有可能被一些因素抵消。这些因素包括强大的国际压力——西方国家可能会处于政治考虑而对新生民主体制给予强有力的支持，还有威权统治、军人统治给人们留下的灰暗回忆。东亚新兴民主政体显然获得了数量庞大的国际支持，同时，民众对民主未来的期待也给了新兴民主政体一个美妙的执政"蜜月期"。更为有利的是，包括韩国、中国台湾、泰国在内的许多东亚新兴民主政体在转型之后都取得了相对较好的经济绩效，例如，1992年，在菲律宾的调查结果显示，多

达 71% 的回复者认为他们个人的境遇"很好"或者"比较好";而在 20
世纪 80 年代经济表现更好的泰国,这一数字为 78%。良好的经济绩效增
加了民众对民主体制的认可,这对民主政体的巩固起到了重要的作用。

1997～1998 年的亚洲金融危机使新生的东亚民主政体经历了一次严峻
的考验。泰国、印度尼西亚、马来西亚和韩国经济增长的良好态势迅速瓦
解,接下来更面临崩溃的危险。对危机的主流解释是国际性的,即过度借
贷和过早的资本项目自由化是接踵而至的金融崩溃的必要条件,或许甚至
是充分条件。批评者们指出,国际货币基金组织提出了有欠妥当的短期措
施和长期改革,致使情况更为恶化,而不是帮助这些国家走出困境。[①] 那
么,亚洲的脆弱性是否与政体有关?这次严重的金融危机对民主的巩固会
产生什么样的影响?

经济危机会带来严重的政治后果,由于危机下几乎所有利益集团的利
益都遭受了损失,这会直接破坏对改革的支持,引发对民主与市场的怀
疑,甚至产生回到威权统治的愿望。经济危机与政治变革之间有一个明显
的联系,即严峻的经济灾难可能降低当权者的政治支持。在民主国家,这
种不满的结果反映在利益集团的诉求、抗议以及重要的选举结果当中。在
其他条件相同的情况下,如果在选举之前的一段时期经济形势越糟糕,那
么当权者的日子越难过。但是,民主制度在东亚展现了极强的生命力,虽
然危机深重,并没有多少人支持回到以往的威权统治,东亚新生的民主政
体反而得到了强化。在泰国,金融危机不仅直接导致了政府的更替,还直
接推动了宪法的改革。新的宪法草案在 1997 年 9 月 27 日获得通过。新宪
法确立了宪法至上的原则,通过改变选举体制、筛选政党数量以及强化这
些政党,新宪法解决了政党分裂的问题。宪法中首次要求参议院经过人民
选举产生,以及对政府实施分权、增加民众直接参与的计划。在金融危机
的推动下,泰国新生的民主体制意外地得到了强化,新通过的宪法对泰国
产生了深远的影响。在韩国,总统选举前不足一个月的时间,金融危机爆
发了,韩国民众和代表不同利益集团的政党选择了通过选举来表达自己的
不满和对未来的期待,长期以反对党身份出现的金大中当选为韩国的新一
届总统。金大中上台后大刀阔斧的改革对韩国产生了重要影响。其针对财
阀的改革,提高了经济体系中的竞争性,降低了财阀对政治体系的影响

---

① 〔美〕斯蒂芬·哈格德著,刘封译:《亚洲金融危机的政治经济学》,吉林出版集团有限
责任公司 2009 年版,第 1 页。

力；针对金融制度的改革，从根本上打破了韩国政商勾结的不正当关系。在经济改革之后，金大中的改革逐渐导向政治改革，尤其是如何减少腐败和地方主义问题。金大中的改革极大地提高了韩国政治、经济体系的竞争性，这无疑是民主体制得以巩固的重要因素，而其推动的改革同时完善了韩国的政治经济体制，制度的完善使韩国的民主体制具有了更强的生命力。中国台湾和菲律宾虽然也遭受了金融危机的冲击，但损失相对较小。菲律宾所遭受的外部冲击之所以没有同样扩展到国内经济领域，原因之一是之前其国内发生的金融危机导致了小心谨慎的外部自由化和审慎的改革。台湾地区则是因为货币主管当局从总体上成功地维持了一个强有力的监管架构。

　　总的来看，在金融危机中，东亚新生的民主政体大多顺利渡过了经济困难时期，民主体制也得到了一定程度的完善，没有出现人们担心的民主"回潮"。进入 21 世纪，东亚的民主政体同样展现了健康的发展态势，政治、经济体系不断完善和发展。以韩国为例，2000 ~ 2005 年韩国 GDP 年均增长率为 5.03%，2005 年、2006 年、2007 年 GDP 增长率分别为 4.0%、5.2% 以及 5.1%。① 2007 年，韩国人均国民收入达到 20 000 美元，已成为世界第 13 大经济体。亚洲金融危机后经济的快速恢复与稳步增长标志着经济改革的成功。IMF（2003）的调查报告显示，经济危机发生后，韩国在金融与企业部门的改革均取得了巨大进步：首先，监督管理体制得到明显加强，各种规范已经与国际标准接轨；其次，不良资产以及金融机构破产问题已经大部分得到解决，金融机构逐渐开始稳定发展，银行已经以利润、削减成本、平滑管理作为自己运营、管理员工以及设立分支机构的依据，2001 年金融部门开始盈利；最后，公司治理也得到了改善，虽然仍然有近 25% 的企业处于亏损状态，但相对于金融危机前后的表现，已经取得了相当大的成绩。② 同时，尽管存在着许多的不足，但韩国的民主化进程仍然取得了明显的进步并日益巩固，在李明博获得 2007 年选举胜利之后，已是自 1987 年民主化以来第二次由反对党完成政权交接，在

---

　　① IMF：IMF Executive Board Concludes 2009 Aricle IV. Consulation with the Republic of Korea［R/OL］. http：//www. imf. org/external/np/sec/pr/2009/pr09255. htm.

　　② IMF Country Report. Republic of Korea：Financial system stability Assessment. Including reports on the observance of standards and codes on the following topics. Monetary and financial policy transparency, banking supervision, securities regulation, insurance regulation, corporate governance, and Payment Regulaion. No. 03/81, 2003［R/OL］, http：//www. imf. org.

连续两届改革派主导政府之后，保守势力再度掌权。这不是一次简单的权力移交，而是意味着韩国政治中所有具有影响力的利益集团均有机会执掌政权，这其中包括金大中、金泳三以及 386 阶层①。韩国的政治竞争性逐渐加强，任何单独的政治力量都无法垄断政治权力，在高速经济增长之后，广泛的政治参与显示了韩国市民社会的成熟，保守势力代表李明博的顺利上台更显示出了韩国政治制度化的进步。当然，东亚民主化的进程并非一帆风顺，例如泰国近几年出现的社会动荡便提醒我们民主体制的巩固不能一蹴而就，就东亚的各国具体国情来看，种族、宗教、历史、文化各个方面也都存在着较大的差异，虽然就整体而言，民主制度在东亚已得到了稳固，但在部分国家，民主制度未来还将面临着艰难的挑战。

_____

① 出生于 20 世纪 60 年代，20 世纪 80 年代在大学读书，是推动民主化的激进力量。

东亚区域合作与国际
分工模式转型

东亚的区域合作经历了从自发的市场化推动到自为的政府主导的过程。1997 年金融危机爆发之前，东亚各国政府并不热衷于推进地区合作，区域经济一体化主要是以各个国家相似但独立的发展战略为基础，依靠市场推动而逐渐融合起来的。在此格局下东亚经济呈现出一种雁阵的发展态势，各经济体之间形成了主要依靠投资和贸易带动的，以内部网络生产结构为循环机制，以雁行提升为发展机制，以发展水平和结构调整能力两头依赖为约束机制的紧密的经济联系。然而，随着后发国家经济的不断赶超并趋同于先行国，这种区域分工模式就会逐渐失去其存在的基础。对政府主导功能性合作以及区域分工调整的要求于是随之到来。

5.1 雁阵发展与东亚区域化合作

雁阵发展长期被视为东亚地区成功实现经济赶超的一个重要因素。本节简要概述东亚这种雁行模式的形成历史和特点，以及在此结构下东亚区域合作的性质。这是我们理解 1997 年以后东亚区域合作性质变化的必要基础。

5.1.1 市场推动下的雁阵模式

"雁行模式"理论是由日本著名经济学家赤松要（Kaname Akamatsu）在 20 世纪 30 年代提出的产业发展理论。按照赤松要的观点，后进国的产业发展遵循"进口—国内生产—出口"的模式相继交替发展这一进展过程，它在图形上像 3 只雁在飞翔，故称为"雁行产业发展理论"（如图5-1所示）。第 1 只雁是表示进口的浪潮，第 2 只雁表示进口所引发的国内生产浪潮，第 3 只雁则是表示国内生产发展所促成的出口浪潮。这是雁行产业模式的基本形态。在图中的 t_1 点，某一新消费产业的所有产品都来自进口，当国内需求大到足以支持本土生产的时候，本国就会从先进国进口技术进行生产，于是进口替代就会从 t_2 点开始发生。随着时间的推移，当国内生产效益开始降低时，对进口的需求会逐渐减少。与此同时，生产继续扩张，在 t_3 点，出口成为可能。图中下半部分的出口曲线与进口曲线在 t^* 点相交，此后，本国对该类消费品的出口开始超越进口，其差额不断扩大，直至 t^{***} 点时，进口完全停止。另外，当后进国沿着"产品梯子"不断上行提升其产业结构时，国内从 t_2 点开始生产的消费品产业将会催生对生产该消费品的资本品的进口需求，从而引发对后一类资本品产业的具有同样特征的发展周期循环，该循环体现在图中上半部分。最后，当国内顺着"产品梯子"不断提升产业结构并进入先进国家行列的同时，本国的消费品产业会逐渐萎缩并开始向外转移，从而在另一个后进国开始形成新的产业循环。

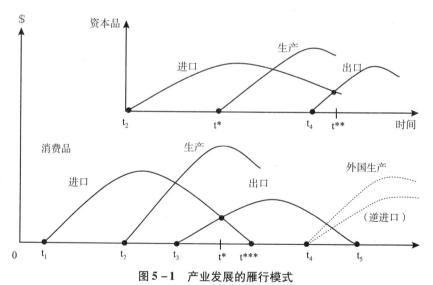

图 5-1 产业发展的雁行模式

注：t^* 代表消费品进口与出口相等的时间点；t^{**} 代表资本品进口与出口相等的时间点，t^{***} 代表消费品停止进口的时间点。

资料来源：An-Chi Tung（2003）. Beyond Flying Geese：The Expansion of East Asia's Electronics Trade. *German Economic Review*，4（1），pp. 35-51。

　　雁行模式为后进国家经济发展提供了一种全新的方法，即它们可以通过引进先进产品和高端技术，然后建立自己国内的产品生产，满足国内需求，之后再发展到向外国出口的阶段，实现经济的起飞，从而与先行国一道形成递次的发展格局。可以说，雁阵模式是在全球化的市场下形成的，随着国际间经济的紧密联系，企业在利润最大化的原则下寻找合适的市场，资本寻求能够获得最大利润的投资机会，生产要素要在市场中实现自己的价值，并且由于国家之间发展的不平衡性，使不同的区域出现不同的市场，从而使资源在国际间进行流动。

　　随着亚洲"四小龙"在 20 世纪 70 年代的崛起，以及新兴工业化国家在 80 年代的经济发展，人们对亚洲的这种后进国家经济赶超的现象开始关注，并在早期赤松要提出的理论上加以扩展和深化，来对这一期间亚洲经济的增长作出分析。雁阵模式关于发展的原则与弗农提出的产品生命周期理论大体相似，主要区别在于研究发展的角度不同，雁阵模式是从研究发展中国家或欠发达国家的发展状况，来说明欠发达国家进口新产品，然后掌握必要的知识和技能进行产品的生产转而出口。

　　根据经济发展的相对程度，亚洲国家可以分成三个层次，日本处在最高层，新兴工业经济体在中间，最底层是中国和东南亚国家。无论在哪个国家，一个典型的产业生长过程可以被分为五个阶段，最开始是从先进国家引进新的产品，到最后的阶段，本国产品的生产会失去比较优势。

　　对于欠发达国家而言，在最开始阶段，由于从发达国家进口新的产品，这样就使它们与发达国家产生了联系。欠发达国家国内的消费需求上升，本国就会开始生产这种产品。由于技术和管理上的差距，本国生产的产品和从国外进口的同类产品还是有一定的差别，因此，这个时期的本国进口还是处在高水平。这个时期，会产生一些贸易赤字。第二阶段，由于需求的增加，国内的生产会进一步提高，贸易赤字逐渐减少。这时，国内可能会采取一些关税等贸易保护政策来维护本国的产业发展，并且使产品生产标准化、规模化。因此，国内产品会逐渐替代进口产品，引来国外的投资者进行投资。但是投资规模较小，原因是资本的回报率较低，或者是一些政策的影响，缺乏合格的技术工人[1]。第三阶

　　① Dunning, J. H. (1981). Explaining the International Direct Investment Position of Countries: Towards a Dynamic or Developmental Approach. Weltwirtschaftliches Archiv, 117, pp. 30 - 64.

段，本国产品的需求增加减少，并且开始出口，而产品的进口大大减少。大量出口使本国吸引资本，进而继续扩大产品的国内生产。这时FDI 出现是由于本国对该产品的生产已经有了比较优势。随着生产规模的扩大，该产品的营销环境，以及运输等因素都得到改善，同时该产品的技术工人得到了良好的培训，掌握了合格的生产技术。到了第四阶段，工业发展进入成熟阶段，生产由于成本的提高和激烈的竞争，增长速度会下降。这时，出口会下降，国内的产品需求停滞。FDI 的规模也会下降，事实上，外资开始寻找其他后发增长的国家，就是处于产业发展第三阶段的国家。最后阶段，由于高额的工资成本和其他的生产成本变得很高，本国生产逐渐失去比较优势，该产业会选择一些其他的地方来生存，这就是产业的一般生长过程。

雁阵模式意在解释相对发展落后的国家工业化的赶超进程，这种模式有两种形式：第一种是基础形式，典型特征是单个产业成功实现从进口、生产到出口的三阶段循环；第二种是变化形式，主要表现为国内产业实现多样化，从消费品到资本品，以及从简单产品到复杂产品的升级。这两种形式看起来都具有雁阵的形式，其过程在经济从低级生产和出口升级到更高级的生产和出口阶段中不断重复，这也是小岛清模型的主要内容。在东亚，雁阵模式的工业化发展是从雁头（日本）依次传播到跟随的其他大雁（"四小龙"、东盟以及中国等新兴工业化国家和地区），FDI 以及与此相关的国际贸易是最主要的连接纽带。投资国将本国处于相对比较劣势的产品生产转移到后发的东道国，从而带动后者的经济腾飞。

从日本和东亚国家与地区的经济发展阶段及其所经历的几次产业结构的调整和转移来看，基本上是与雁行产业分工理论相吻合的（如图 5 – 2 所示）。20 世纪 50 年代至 60 年代初，日本大力发展纺织、食品等出口导向型的劳动密集轻工业产品，成为带动日本经济迅速恢复和发展的主要力量。纺织品一直是那一时期日本最主要的大宗出口商品，在 1955 年占日本对外出口总额的 37.3%，1960 年时仍占 30.1%。

20 世纪 60 年代以后，日本开始集中精力发展以钢铁、造船、化工、汽车、机械等为代表的资本密集型重化工业。这既是日本经济高速增长的重要成果，又是其实现高速经济增长的重要原因。换言之，战后日本经济的发展特别是高速增长时期的发展，是以重化工业化为中心实现的。随着重化工业化的发展，日本国内的机械、机器等资本密集型产品的出口比重

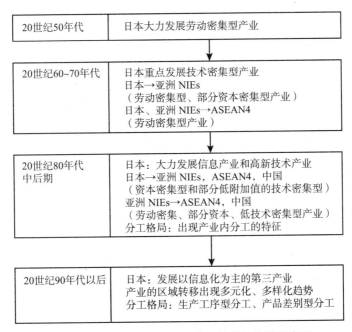

20世纪50年代	日本大力发展劳动密集型产业
20世纪60~70年代	日本重点发展技术密集型产业 日本→亚洲NIEs （劳动密集型、部分资本密集型产业） 日本、亚洲NIEs→ASEAN4 （劳动密集型产业）
20世纪80年代中后期	日本：大力发展信息产业和高新技术产业 日本→亚洲NIEs，ASEAN4，中国 （资本密集型和部分低附加值的技术密集型） 亚洲NIEs→ASEAN4，中国 （劳动密集、部分资本、低技术密集型产业） 分工格局：出现产业内分工的特征
20世纪90年代以后	日本：发展以信息化为主的第三产业 产业的区域转移出现多元化、多样化趋势 分工格局：生产工序型分工、产品差别型分工

图5－2　东亚国家（地区）产业转移与传递示意图

迅速提高，并超过了纺织品的出口。因此，这一时期日本开始把纺织、纤维等劳动密集型产业向亚洲"四小龙"转移。亚洲"四小龙"抓住机遇，开始重点发展以轻纺工业为中心的劳动密集型产业，除满足国内市场消费需求外，还积极将其推向国际市场，从而拉动了经济增长。

　　20世纪70年代石油危机以后，特别是在20世纪80年代中期"广场协议"以后，日元升值使日本加快了对亚洲"四小龙"和中国及东盟的产业转移。这一时期，日本重点发展知识密集型、技术密集型高附加价值产业，而逐渐把资源、能源消耗型的资本密集型重化工产业向亚洲"四小龙"转移。而亚洲"四小龙"将发展重点转移到重化工业等资本密集型产业的同时，逐渐将其成熟的或在国际市场上不具竞争力的纤维、服装、杂货等劳动密集型产业转移到中国和泰国、马来西亚等东盟国家和地区。中国与东盟各国也因大量吸收了日本、亚洲"四小龙"的劳动密集型产业的直接投资，其经济增长速度迅速加快。

　　20世纪80年代末期以后，在经济全球化、区域经济集团化大趋势下，国际竞争日趋激烈。在此背景下，日本深感在与欧美经济集团的竞争中势单力孤，于是开始公开以"雁行模式"理论为依据制定其东亚经济战略。

1988年5月，由日本总理大臣的咨询机构——经济审议会正式提出了建立"东亚经济圈"的构想，试图建立一个包括日本、亚洲"四小龙"和东盟国家在内的开放性经济合作体制。该设想实际上就是谋求实现以日本为中心的东亚经济一体化，形成以日本为头雁的所谓"雁行发展"模式。为了实现这个战略意图，1993年以后，日本加快了对东亚各国直接投资的步伐。但由于日本经济处于低迷状态，国内产业结构未能得到有效提升，这一时期，日本对亚洲"四小龙"和中国及东盟的直接投资依然停留在资本密集型、劳动密集型产业领域。

以上我们可以看出，东亚国家和地区产业结构和分工格局的动态变化是由其技术转移上的阶梯型，才形成了较为明显的阶梯型产业结构和产业分工层次。东亚国家与地区所形成的这种雁行分工模式是一种典型的垂直分工，即是一种由底层向上一层高度依附的不平等性分工。但东亚国家与地区所形成的雁行分工模式是与其当时的自然环境和社会经济条件相适应的，是东亚国家与地区在其自然条件和落后的社会经济条件下的一个较为合理的选择，带动了东亚国家和地区的经济发展，使东亚各国经济相继起飞，从而创造了经济发展史上的"东亚奇迹"。据统计，20世纪80年代东亚地区的经济增长率高达7%～8%。尽管在区域经济一体化、集团化的趋势下，日本试图通过"雁行模式"规划东亚地区的国际分工体系，以加深东亚各国对日本的依赖，建立以它为主导的东亚经济圈，以对抗北美、欧洲两大区域经济集团，但也的确为东亚地区的产业结构升级做出了贡献。如20世纪80年代以后，日本在贸易、投资领域紧密加强了同东亚各国的关系，成为了促进东亚地区产业分工发展的发动机，为该地区的产业结构升级做出了贡献。而且，日本扩大对东亚地区各国的贸易、直接投资刺激了西方各国资本向东亚各国的快速流入，为东亚各国经济发展提供了较为充裕的资本，克服了作为后发工业化国家必然面临的"资本短缺"问题。[①]

5.1.2 雁阵发展模式促进东亚经济增长的支持性和批评性研究

有许多学者通过对东亚地区内的产业转移进行实证研究支持了雁阵发

---

① 徐世刚、姚秀丽：《"雁行模式"与东亚地区产业分工的新变化》，载《东北亚论坛》2005年第3期。

展模式的理论。德兰（Tran，1992）对日本合成光纤产业从下游到上游依次向"四小龙"、东盟、中国和越南等新兴工业化国家和地区的转移进行了系统的研究。科赛和德兰（Kosai & Tran，1994）的研究则发现，以制造业占 GDP 比重和制造业占出口总额比重来衡量的工业化，正是通过 FDI 的形式在韩国—泰国—马来西亚—印度尼西亚之间有序地进行扩散，与此同时，各国的产业结构则以纺织品—合成纤维—钢铁—办公室设备的顺序不断升级①。

FDI 作为二战后的一种新的贸易形势，使发达国家的技术、资本能够更有效的渗透到发展中国家，以直接投资的形式在当地建厂，可以更便捷地开发新的海外市场。FDI 也可以看作是一种实物贸易的补充手段，东亚发展中国家有巨大的市场，但是由于体制等其他因素，自身的生产要素禀赋的发掘程度不高，再加上技术水平低下，整体的市场发展极其缓慢。FDI 可以高效提高发展中国家的市场发展程度，在当地进行投资可以把相应的技术和管理经验直接带入新的市场领域，培养产业工人，吸收闲置的劳动力资源，逐渐形成生产规模。随着单个产业的发展，比如东亚的纺织业发展，会带动向发达国家的发展模式的效仿，因而提高整个市场的劳动生产力，使发展中国家和发达国家间的贸易产品种类和规模都增加。APEC 经济委员会（1995）做了一个在 1980 年、1990 年和 1992 年 APEC 成员国贸易和投资之间的关联程度研究，发现直接投资和贸易之间是互补而不是替代的，这就意味着这些地区的 FDI 是促进贸易的，而不是反贸易的。1992 年，APEC 成员国的贸易和 FDI 直接投资的关系非常密切。

从雁阵模式的发展中可以发现，欠发达国家在发展过程中取得了来自于发达国家的资本和技术，这些稀缺的生产要素，如果靠欠发达国家自己来生产，则会消耗大量的资本，相比之下，通过 FDI 的形式取得这些要素，则成本低廉，并缩短了赶超发达国家相关产业的时间。从东亚的发展经历来看，发达国家的示范效应是非常巨大的，日本和亚洲"四小龙"的快速发展显示了通过利用外在的增长刺激，欠发达国家在进行产业发展方面的赶超速度是多么惊人②。当然，在通过雁阵模式发展本国经济的时候，

① Kosai，Y. & Tran V. T.（1994）. Japan and industrialization in Asia：an essay in memory of Dr. Saburo Okita. *Journal of Asian Economics*，5，pp. 155 – 176.

② Harvey Culter，David J. Berri，Terutomo Ozawa（2003）. Market recycling in labor-intensive goods，flying-geese style：an empirical anaylsis of East Asian exports to the U. S. *Journal of Asian Economics*，14，pp. 35 – 50.

后发国家的产业政策也起了重要的作用，主要表现在：在产业升级方面要引导资源从生产率低的行业向生产率高的行业流动；在技术成熟时，培养能够生产进口替代产品的国内企业；当原有生产要素不具备比较优势的时候，鼓励该产业在国外其他地区寻找有比较竞争优势的要素集聚地，进行产业移植。

尽管如此，部分经济学家也对雁阵模式提出了一些不同的看法。早在1984 年，卡明斯（Cumings）就对日本通过雁阵模式建立亚洲共同经济体的方法做出了自己的评论，认为日本是想通过在东亚建立一个受其支配、生产网络具有层级特征的区域经济结构[1]。由日本占主导，通过 FDI 向其他东亚国家主要是转移在日本失去比较优势的产业，然后再从这些国家购买产品。这就意味着这些产业在后发东道国的发展不仅依靠日本的技术和投资，还依靠日本和发达国家的需求拉动，从而使得东亚发展中国家的产业结构非常单一，对外依赖性很强。此外，以引进 FDI 的形式，对当地的技术研发并没有太大的促进作用。伯纳德和拉夫希尔（Bernard & Ravenhill，1995）则从以下方面对 FDI 引导的增长理论进行了批评：这种经济发展战略会产生对引进技术、资本管理和市场营销的依赖，而不鼓励自发的改革。外国的子公司从国外引进资本品和中间产品，对东道国产生的联系效应很少，只是通过当地的廉价劳动力产生了很少一点附加值[2]。伊哈扎（Ihaza，1999）则批评说，经济圈中的中心国家主要是发掘外围国家对于自己有利的市场，这种出口引导的增长还易受全球经济和政治环境的影响，因为生产的地点和种类是受外国的层级制跨国公司所控制的[3]。此外，从贸易的角度看，由日本占主导的主要靠 FDI 拉动经济的雁阵模式使三角贸易大大增加，并在东亚与美国之间产生结构性的缺陷。最后，科尔霍宁（Korhonen，1998）认为雁阵模式"（只）是一种发展理论，主要描述欠发达国家如何快速成长变成发达国家"[4]，当欠发达国家和发达国家之间有着稳定差距的时候，雁阵模式会有产生很好的经济增长推动作用。随着

---

[1]　Cumings, B. (1984). The origins and development of the Northeast Asian political economy: industrial sectors, product cycles, and political consequences. *International Organization*, 38, pp. 149 – 153.

[2]　Bernard, M. & Ravenhill, J. (1995). Beyond product cycles and flying geese regionalization, hierarchy, and the industrialization of East Asia. *World Politics*, 47, pp. 171 – 209.

[3]　Ihaza, Y. (1999). Ganko model no shuen: hihan-teki kosatsu. In Shindo Eiichi (Ed.), Ajia keizai-kiki o yomitoku (pp. 3 – 34). Tokyo: Nihon Keizai Hyoron Sha.

[4]　Korhonen, P. (1998). Japan and Asia Pacific integration. London: Routledge, p. 23.

经济的快速发展，欠发达国家的比较竞争优势逐渐减弱，产业结构与先行国家逐渐趋同，在此情况下，发达国家的外部拉动作用就会减少，同时发展中国家的内部需求没有随着国家 GDP 的发展速度而相应增加，这就会使东亚发展中国家的经济发展遇到瓶颈。因而，雁阵模式只会在一定时期内有效，未来长期的可持续发展，东亚发展中国家还要另寻出路。

5.1.3　雁阵发展模式下东亚经济一体化的性质

经济一体化是指国家之间相互联系、相互依赖进而形成一种互利互惠集团的过程。1997 年金融危机之前，东亚各经济体之间的联系可以说是一种自发的市场化推进过程，即区域经济发展主要由各个国家各自的特点为基础，在雁阵模式下主要依靠市场推动逐渐融合，在此过程中政府没有显著的推动作用。理论层面，这种区域合作模式被经济学家们称为区域化①。

我们认为，造成这一阶段东亚经济一体化动力不足的主要原因是，东亚各国政府对于区域合作虽然有意愿，但同时也心存顾忌。由于东亚特殊的历史原因，各个政府之间缺乏信任，日本政府虽然明白东亚区域合作的重要性，但是也对于合作之后的利益分割没有明确的判断，对于中国是否会从经济一体化之中得到更多的利益从而对其构成更大的威胁尤其谨慎。同样，对于中国政府而言，如果与东亚他国进行官方主导的合作，就意味着对于尚未成熟的市场要进一步开放，从而削弱政府对市场的控制能力。此外，由于东亚各国出口导向型的经济特征，对于区域外需求非常依赖，各个国家政府的主要精力是放在如何打开欧美市场，抢占发达国家的需求，因此，对于进行官方合作推进经济一体化并没有太多的兴趣。

5.2　东亚金融危机与区域主义转型

正如第 2 章所指出的，东亚区域主义正式兴起于东亚金融危机的爆发。客观上，正是这一独特事件使东亚各国明白了，一个国家的金融市场受到的冲击可以通过贸易、证券市场等多种途径传播到其他不同国家，金

---

① Hette, Bjorn & Soderbaum, Fredirk. (2000). Theorizing the Rise of "Regionness". *New Political Economy*, 5（3）.

融危机的预防和应对需要各国政府更深层次的金融合作与政策协调，换句话说，从市场主导的区域经济一体化向政府主导的功能性区域一体化转变，是危机以后东亚各国政府必然面对的选择。

5.2.1　危机与合作转型：从区域化到区域主义

与危机前主要依靠市场推动的区域化相比，1997 年金融危机后东亚的区域合作开始向更加强调政府间制度安排以及经济政策的合作和协调的方向转变，因而被称作区域主义，它更强调政府间寻求更深层次合作的战略行为。根据巴格瓦蒂（Bhagwati, 1999）[1] 的阐述，对区域主义发展水平的衡量标准主要基于以下几点：首先，在组织形式上，区域内制定的规则是协约，章程还是非正式协议；其次，组织规定是否具有强制性，对区域内成员国是否具有较强的约束性；最后，就是成员国的数量。

合作往往始于危机。1997 年金融危机对东亚区域化合作的挑战是多方面的。首先，金融危机的爆发与多米诺式的蔓延第一次使得东亚各国之间意识到它们彼此间"一荣俱荣，一损俱损"的共同命运，当一个国家在经济发展中出现了问题，其他国家都会受到牵连，更为重要的是，彼此间合作的缺乏会放大危机的传播效应。其次，在这场金融危机发生后，一些地区组织，包括亚太经合组织以及东南亚国家联盟等，都表现出对于应对这场危机无能为力，几乎都没有能够在对付金融危机方面发挥一个地区组织应有的作用。而作为世界经济"稳定器"的国际货币基金组织，在东亚金融危机期间的援助方式更是广遭诟病。错误的紧缩政策和严格的贷款附加条件不但没有有效遏制危机的恶化和蔓延，而且使得印度尼西亚、韩国等国家的经济状况更加恶化，印度尼西亚甚至因此而演变为政治的动乱。[2]最后，与中国和日本在危机爆发后的积极援助相反，作为世界经济领头羊的美国，始终作为一个旁观者，并没有给予东亚一些国家期待的帮助。这些都深深地触动和伤害了东亚各国，使它们充分认识到寄希望于西方国家援助和支持是不可靠的，走出危机只能依靠自身的努力以及东亚地区范围

---

① Bhagwati, Jagdish（1999）. Trading Blocs: Alternative Approaches to Analyzing Preferential Agreements. Cambridge, Massachusetts and London.

② Hal Hill（1999）. An Overview of the Issues. In H. W. Arndt & Hal Hill. Southeast Asia's Economic Crisis: Origins, Lessons and the Way Forward, eds. Singapore: Institute of Southeast Asian Studies, pp. 10 – 11.

内的合作。

1997年12月15日，在日本时任首相桥本龙太郎的倡议下，东盟与中日韩领导人非正式会议在马来西亚首都吉隆坡举行。虽然此次会议的主要议题是如何应对亚洲金融危机，但它却成为推动东亚地区合作的一个全新起点，由此拉开了东亚地区制度性合作的序幕，标志着东亚地区主义进程的正式开启。1999年11月在菲律宾首都马尼拉举行的第三次东盟与中日韩领导人会议，就如何推动东亚地区合作的原则、方向达成一致，会后发表了《东亚合作联合声明》，标志着东亚地区合作正式步入制度推动阶段。此后，东亚领导人会议由非正式改为正式，并形成了从决策到执行的一整套机制安排，不仅一年一度的领导人会议被固定下来，而且还逐步增加了多个部长级会议，"10＋3"机制成为东亚地区国家开展对话与合作的主渠道。

5.2.2　东亚区域主义合作的主要内容

5.2.2.1　金融合作安排

东亚金融危机后，出于防范风险和加强区域合作的考虑，东亚区域的货币与金融合作进展较为迅速。各方就诸多问题展开了广泛的讨论和协商，一些领域已经建立了制度化的安排。

第一，区域金融政策对话与协调机制的建立。金融危机以后，东亚地区政府间的金融政策对话与协调的渠道日益增加，合作机制不断加强，并呈现出定期化的发展趋势。总体看，这些合作机制的功能可大体概括为六个方面：金融市场发展、基础设施建设（包括支付结算体系、担保体系及评级机构等）、银行监管、经济评估及政策对话、危机管理及能力建设（培训）。表5－1列出了各合作机制涉及的主要功能，可以看出，东亚及太平洋中央银行行长会议组织（EMEAP）是唯一在以上六个方面均发挥作用的合作机制。

第二，双边货币互换机制。1997年9月，日本政府提出亚洲货币基金构想，倡议由中国、日本、韩国以及东盟各国集资1 000亿美元设立亚洲货币基金（Asian Monetary Fund），为货币危机国家提供援助。但此构想遭到了美国政府和IMF的强烈反对，遂未达成。

亚洲货币基金（AMF）的建议遭到否决之后，东盟领导人邀请了中国、日本和韩国，共同寻求地区经济合作。1999年11月召开的10＋3峰会，发布了涉及该地区众多合作领域的"东亚合作联合声明"。次年 5 月，在亚洲开发银行理事会年会期间，"东盟 10＋3"财长在泰国清迈宣布签署了加强该地区金融合作为目的的《清迈协议》，这标志着东亚金融合作的正式开始。

协议主要内容包括四个方面：一是充分利用东盟"10＋3"的组织框架，加强有关资本流动的数据及信息的交换；二是扩大东盟的货币互换协议，同时在东盟与其他三国（中国、日本和韩国）之间构筑双边货币互换交易网和债券交易网，建立区域救援网络；三是研究如何将"10＋3"各国当时超过 7 000 亿美元的外汇储备用于相互之间的金融合作，以稳定亚洲区域内的货币市场；四是通过完善亚洲各国货币间的直接外汇市场并建立资金结算体系，扩大亚洲货币间的交易。

表 5－1   东亚金融合作机制功能一览

机制	东盟＋中日韩财长机制	亚欧会议财长机制	东盟财长机制	东盟中央银行论坛	亚太经合组织财长机制	东亚及太平洋中央银行行长会议组织	东南亚央行组织	东新澳央行组织
金融市场发展	√	√	√		√	√		
支付结算	√					√		
银行监管						√		
经济评估及政策对话	√	√	√		√		√	√
危机管理	√		√			√		
能力建设			√	√	√	√	√	

资料来源：吴晓灵：《东亚金融合作：成因、进展及发展方向》，载《国际金融研究》2007年第 8 期。

截至 2003 年 12 月底，在清迈协议的第一轮谈判中共达成了 16 个双边的货币互换协议，涉及金额 355 亿美元（详见表 5－2）。无论从达成协议的数量还是涉及的金额而言，日本都处于领先地位，它先后和韩国、中国、印度尼西亚、马来西亚、菲律宾、泰国和新加坡共 7 个国家达成双边协议。中国分别同韩国、印度尼西亚、马来西亚、菲律宾、泰国和日本共 5 个国家达成协议。韩国也达成了 5 个协议，分别是中国、印度尼西亚、马来西亚、菲律宾、泰国和日本。

CMI 的双边货币互换协议的内容由当事国各自的谈判加以决定，但在东盟"10＋3"财长共同声明中反复强调必须遵循以下两个原则。第一，CMI 以对付区域内短期流动性问题为目的。即，东盟"10＋3"成员国如果发生暂时外汇流动性不足而引起国际收支危机，将通过货币互换来提供外汇资金。作为第二个原则，CMI 被定位为补充既存国际性机构的协议。这里所说的国际性机构主要是指 IMF。① CMI 的补充原则以与 IMF 的经济调整计划联动的形式得以具体化。即，货币互换的启动原则上把与 IMF 之间就经济调整计划达成协议或预定达成协议作为条件。具体地，在货币互换协议执行时，90% 的金额受制于国际货币基金组织的监控，只有 10% 的金额不需要国际货币基金组织的同意但仍要处于货币提供国的管理。事实上，也正是由于这些限制性约束，大大减弱了《清迈协议》对危机发生国提供迅即援助的可能。

表 5 - 2　　　　　　　　　　《清迈协议》相关内容

双边协议	货币	缔结日	金额（亿美元）
日本—韩国	美元/韩元	2001 年 7 月 4 日	70
日本—泰国	美元/泰铢	2001 年 7 月 30 日	30
日本—菲律宾	美元/比索	2001 年 8 月 27 日	30
日本—马来西亚	美元/林吉特	2001 年 10 月 5 日	35
中国—泰国	美元/泰铢	2001 年 12 月 6 日	20
日本—中国	日元/人民币	2002 年 3 月 28 日	约合 30
中国—韩国	韩元/人民币	2002 年 6 月 24 日	约合 20
韩国—泰国	美元/泰铢	2002 年 6 月 25 日	10
韩国—马来西亚	美元/林吉特	2002 年 7 月 26 日	10
韩国—菲律宾	美元/比索	2002 年 8 月 9 日	10
中国—马来西亚	美元/比索	2002 年 10 月 9 日	20
日本—印度尼西亚	美元/卢比	2003 年 2 月 17 日	30
中国—菲律宾	人民币/比索	2003 年 8 月 29 日	约合 10
日本—新加坡	美元/新加坡元	2003 年 11 月 10 日	10
韩国—印度尼西亚	美元/卢比	2003 年 12 月 24 日	10
中国—印度尼西亚	美元/卢比	2003 年 12 月 30 日	10

资料来源：石静、王鹏：《东亚地区金融合作研究》，载《山东财政学院学报》2006 年第 5 期。

---

① ［日］金京拓司：《东亚的金融合作：清迈协议的现状与课题》，载《南洋资料译丛》2011 年第 2 期。

为了提高 CMI 的便利性，2006 年 5 月的东盟"10 + 3"财长会议以后，各国便致力于 CMI 的多边化。所谓的"多边化"，即将以往的双边货币互换协议统一起来，签订新的 CMI 多边化协议（CMI Multilateralisation Agreement，CMIM）。在 2009 年 5 月的财长会议上，就有关多边化的主要事项达成了协议，为此制定的多边化协议 2009 年年底经各国签订，已于 2010 年 3 月生效。

在"多边化"了的 CMIM 之下，启动货币互换的资金供给与以往的框架一样，以双边形式进行。但是，关于启动货币互换手续的调整，因在多边化协议中做了规定，手续的透明度将会提高。此外，关于 CMIM 的基本事项（资金规模、贡献额等），在部长级会议上全体一致做出决定，但关于启动货币互换等，在执行负责人的会议上由三分之二以上的多数表决进行决定。这样，便有可能进行迅速的资金供给。CMIM 框架下的资金总额为 1 200 亿美元，其中 80% 由日本、中国、韩国三国负担，剩余的由东盟 10 国负担。日中韩的分担比重为 2∶2∶1。各国的借款额通过其贡献额乘以各国不同的乘数算出。通过启动货币互换，可以把相当于该金额的美元资金换成当地货币借出。可借期间与以往一样为 90 天，最多可延续 7 次，最长借款 2 年。此外，在执行负责人决策会议批准的情况下，可允许不参加针对启动货币互换要求的支援。而且，在发生不可抗力引起的异常事态时，即使没有该会议的批准，也可以不参加。这样，通过多边化，CMIM 的便利性得到加强，不过由于其仍然被定位为补充既存国际性机构的协议，并保持与 IMF 联动，因此其效力仍然值得怀疑。事实上，一直到现在，该机制尚未发生过任何作用。全球金融危机爆发后，韩国和新加坡在面临国内的金融困难时，其寻求国际金融救援的方式是分别与美国和中国达成货币互换协定，而不是求助于 CMI，就说明东亚各国对该机制并不十分信任。

第三，亚洲区域债券市场发展。2002 年 6 月，泰国在第一届"亚洲合作对话（ACD）机制"下提出"亚洲债券市场"的倡议。同年 10 月在世界经济论坛东亚经济峰会上，泰国总理又提议建立亚洲债券基金，并得到东亚数国（地区）及澳大利亚和新西兰的响应。11 月，韩国在东京召开的"10 + 3"非正式财长与央行行长副手会上提议发展亚洲债券市场。在 12 月清迈召开的"10 + 3"非正式会议上，日本提出在亚洲地区发行"ABC 债券"（亚洲篮子货币计值的债券）。

此后经过反复论证和相互协商，东亚及太平洋中央银行行长会议组织于 2003 年 6 月 2 日发布新闻公告, 正式宣布与国际清算银行合作建立亚洲债券基金。2003 年 6 月 22 日第二届"亚洲合作对话（ACD）"在泰国通过了关于亚洲债券市场发展的《清迈宣言》, 正式启动初始规模为 10 亿美元的亚洲债券基金（ABF1）。该基金以国际清算银行为基金管理人, 按特定基准（benchmark）进行被动式管理, 并建立管理委员会（Oversight Committee）监督该基金的运作。初始阶段以美元标价发行, 各国央行动用美元储备认购, 投资于 EMEAP 的 8 个成员国中（除日本、澳大利亚和新西兰以外）以美元计价的主权与准主权债券。日本、新加坡、菲律宾均出资 1 亿美元, 韩国出资略多于 1 亿美元, 泰国出资 1.2 亿美元, 印度尼西亚、澳大利亚均出资 5 000 万美元。①

这项措施有利于各国外汇储备投资的分散化, 并有利于提高投资的收益率, 因此亚洲债券基金推出后迅速赢得广泛的支持。基于 ABF1 的成功, 2005 年 5 月 12 日, EMEAP 宣布, 第二期亚洲债券基金管理人、托管人及指数提供机构已获认证, 同时宣布完成注资 20 亿美元, 正式推出了第二期亚洲债券基金（ABF2）。ABF2 主要由成员央行出资 20 亿美元投资于 EMEAP 上述 8 个成员的主权与准主权本币债券。ABF2 下设 1 只泛亚基金及 8 只成员基金（包括中国基金, 如图 5-3 所示）。

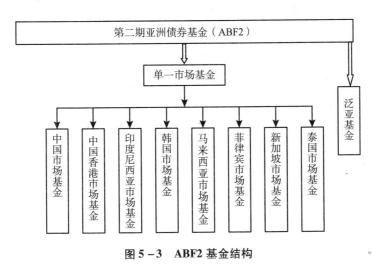

图 5-3 ABF2 基金结构

第二期亚洲债券基金（ABF2）不仅规模扩大了一倍, 并且还确定了

---

① 翁东玲:《东亚地区金融合作发展展望》, 载《亚太经济》2008 年第 6 期。

向私人部门开放的原则，以形成市场自我发展的良性机制。根据 EMEAP 的设想，泛亚基金和各成员子基金在第一阶段接受 EMEAP 成员的认购后，将在第二阶段通过上市等方式向其他非 EMEAP 投资者、包括私人投资者开放。EMEAP 成员的初期认购将起到示范和种子投资者的作用，这将有利于增强市场对 ABF2 的信心、引导公众投资，从而顺利实现 ABF2 从政府项目向市场化产品的过渡，最终实现培育市场的目标。

与 ABF1 时相比，EMEAP 在 ABF2 筹备过程中目标更为明确，思路也趋于成熟。ABF2 推动市场的机制不再像 ABF1 一样，仅仅为了改善市场流动性，而是力求通过在本区域市场引入指数型债券基金，改善市场基础设施，消除法律和监管障碍，培育市场自我发展动力，最终为市场的发展提供长期动力。

到目前为止，亚洲债券基金已成为近年来东亚金融合作最为重要的成果之一，其对亚洲债券市场乃至整个东亚金融体系的发展都具有积极意义。

5.2.2.2　自由贸易区建设

东亚地区自由贸易区建设起步较晚，直到 1975 年才出现了第一个有东亚国家参与的 FTA。到了 2000 年，也只签订了三个 FTA 协议，另有一个 FTA 处于谈判中，三个 FTA 处于提议中。然而，进入 21 世纪以来，随着经济全球化和区域经济一体化进程的不断深入，东亚地区的 FTA 建设取得了突飞猛进的发展。2000～2011 年（截至 7 月）短短 12 年时间里，东亚地区已达成、谈判中和提议中的 FTA 总数已经达到 140 个，其中已经签署和执行的 59 个，谈判中的 39 个，提议中的 42 个。与美洲单个国家平均签订 2.9 个 FTA 相比，东亚地区美国国家或地区签订的 FTA 数量是 4 个，大大超过前者。[①]

关于东亚自由贸易区加速发展的成因，有四个方面的原因可以解释最近十年来东亚地区自由贸易区数量的迅速增长：一是不断加深的东亚经济一体化分工；二是 1997 年东亚金融危机的爆发；三是欧美地区经济一体化的影响；四是 WTO 多哈回合谈判的缓慢进展。

在本书的第 2 章以及本节的开始部分，我们已经分析过欧美经济一

---

① 根据（Asia Regional Integration Center，ARIC）数据库的相关数据计算得出，http：// aric. adb. org/index. php。

体化以及东亚金融危机对于东亚地区主义形成的影响，接下来我们重点探讨东亚经济一体化分工深化以及 WTO 多哈回合谈判进展缓慢的影响。

东亚金融危机的爆发对于东亚区域分工来说是一个转折点。在此之前，东亚的区域分工正如本章第 1 节所分析的，是一种典型的雁行结构。而进入 21 世纪以来，随着中国崛起和国家间合作的逐步深化，传统的雁行模式逐渐解体，并被一种区域性的网络生产与分工结构所替代。在这种新的分工结构下，东亚各经济体之间的相互依赖不断加强。通常，有两种方法用来描述一个区域内部的相互依赖程度，它们分别是区域内贸易份额和区域内贸易密集度（Capannelli，Lee & Petri；2008）。区域内贸易份额指的是区域内贸易占该区域贸易总额的比重，区域内贸易密集度则是指一个区域的区域内贸易占该区域贸易总额的比重与该区域在世界贸易总额中的份额的比。比较而言，区域内贸易份额是一种更加直接的测度区域内相互依赖度的指标，因为它展示了区域内贸易相对于区域外贸易的重要性；区域内贸易密集度则由于其反映了贸易伙伴国选择的区域内偏向，因而是一种更加复杂的测度区域内相互依赖度的方法。

区域内贸易份额被定义为：

$$区域内贸易份额 = (Xii + Mii)/(Xi. + Mi.) \tag{5.1}$$

其中：Xii = 地区 i 内部的相互出口总额；

Mii = 地区 i 内部的相互进口总额；

$Xi.$ = 地区 i 的出口总额；

$Mi.$ = 地区 i 的进口总额。

图 5 - 4 比较了东亚与欧盟（EU）、北美自由贸易区（NAFTA）和南方共同市场（MERCOSUR）等三个主要地区的区域内贸易份额的长期变化趋势。总体上，与其他三个地区区域内贸易份额稳中有升的情况相比，东亚区域内贸易的份额显然要上升更快，2004 年已经达到 56%，尽管低于欧盟的 67%，但已经超过北美自由贸易区的 52%。

与区域内贸易份额不同，贸易密集度被定义为：

$$贸易密集度 = \frac{(Xii + Mii)/(Xi. + Mi.)}{(X.i + M.i)/(X.. + M..)} \tag{5.2}$$

其中：$X.i$ = 地区 i 对世界的出口总额；

$M.i$ = 地区 i 对世界的进口总额；

$X..$ = 世界的出口总额；

$M..$ = 世界的进口总额。

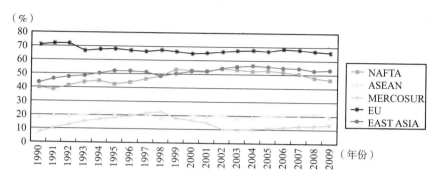

资料来源：根据 RIETI – TID2010 的相关数据绘制，http：//www. rieti-tid. com/trade. php；东亚的数据来自 ARIC 数据库，http：//aric. adb. org/index. php。

图 5 – 4　东亚与世界其他地区区域内贸易比较

　　根据前述定义和公式，贸易密集度大于 1 通常说明区域内贸易占该区域总贸易的份额大于根据其在世界贸易中所预期的份额，也即该区域各经济体之间的贸易依赖度高；而贸易密集度下降说明区域内贸易的增长速度小于该地区占世界贸易份额的增长速度，也即该地区与外部世界的贸易增速大于区域内贸易增速。根据图 5 – 5，1990～2004 年，东亚的贸易密集度总体呈上述趋势，说明这一阶段由于东亚生产网络的深化而导致的区域内贸易的增长速度要快于东亚占世界贸易份额的增长速度。但此后持续下降，说明与持续深化的地区分工相比，东亚对外部市场的依赖度在提高，这既与东亚内部的消费品市场不足有关，也与各国高度的出口导向战略相关，同时也是发达国家市场比较宽松的结果。

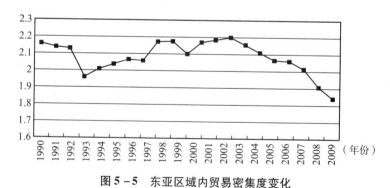

图 5 – 5　东亚区域内贸易密集度变化

资料来源：根据 ARIC 数据库的相关数据绘制，http：//aric. adb. org/index. php。

　　东亚经济一体化的不断加深，要求贸易和外国直接投资进一步自由化，同时也要求各国的政策、规则以及有关贸易和外国直接投资的标准更加协调和统一，东亚各国的政策制定者越来越意识到，签订自由贸易协定可以通过进一步消除跨境障碍以及其他的协调努力来促进贸易和外国直接投资。因此，自由贸易协定被跨国公司和新兴的亚洲公司广泛视为支持其全球生产网络和供应链不断深化的政策框架的一部分。

世贸组织多哈回合谈判进展的极度缓慢，客观上对各国以考虑签订自由贸易协作为一种替代产生了激励效应。世界贸易组织多哈回合谈判始于2001 年 11 月，被认为是一轮旨在通过贸易带动促进发展中国家经济增长的谈判。会谈主要集中在两个关键领域：农业和非农产品市场准入自由化。本质上，发达国家被要求加快削减农产品关税和补贴的步伐和范围，发展中国家则被要求降低工业品关税和服务贸易自由化。经历了七年的正式谈判却最终在 2008 年年中陷入停滞，其主要原因，一是在普遍追求国家利益最大化这一核心理念的驱使下，各国的福利需求和利益取向呈现出多元化势态，并迅速组合形成利益角逐和互动博弈的错综复杂关系。美国和欧盟作为两个重要的谈判方顽固地为自己的贸易政策和贸易争端辩护；发展中成员则通过广泛的政治同盟保卫自己弱小的农村经济和幼稚的新兴制造业，最不发达国家在努力捍卫自己不被"边缘化"和通过贸易消除贫困。二是区域主义盛行对多边贸易体制造成巨大冲击。由于区域经济合作的发展程度一般都高于多边贸易体制，导致其成员对多边贸易体制不重视，产生一种无所谓的机会主义态度：WTO 达成的协议对自己有用，不妨用之，如果对自己不利或用途不大，则束之高阁。例如，在纺织品、服装贸易中，多哈回合谈判的结果使美国的服装关税由 20% 降至 8% 以下，一些非洲、加勒比海国家原来享有的特殊优惠相比之下减少了，便以"优惠侵蚀"为由要求补偿，要求延缓美、欧发达成员对这些产品的降税时间并减少降税幅度，以期在更长时间内保留其对其他出口国的出口竞争优势。实际上这是要求多边贸易体制的基本原则让步于特定的双边安排，将从根本上动摇多边贸易体制的严肃性和约束力。但这些矛盾在多哈回合谈判中尚未得到解决，严重阻碍了多哈回合谈判的正常进程。从另一个角度看，这也对之前一直处于区域集团外的东亚国家来说形成了巨大压力，迫使它们加快合作的步伐，从而能够在多哈回合的谈判中形成合力。

在东亚自由贸易区快速发展的同时，呈现出两大特点。

一是双边与多边共存，但以双边协定为主。整体看来，东亚地区更愿意签订双边协定而不是多边协定，这可能是双边协定的谈判要更加容易。截至 2011 年 7 月，在已经签订的 59 个 FTA 协定中，双边协定有 50 项，达到了 85%；正在谈判的 39 项 FTA 协定中，双边协定为 31 项，也高达 79.5%（详见表 5 - 3）。

表 5 - 3　　　　　　　　按参与者数量分类的东亚自由贸易区

FTA 状态	FTA 数量		
	总计	双边	多边
已达成	59	50	9
谈判中	39	31	8
提案中	42	28	14
总计	140	109	31

资料来源：根据 ARIC 数据库的数据计算得出，http://aric. adb. org/index. php。

　　二是区域内与区域外的 FTA 共存。按照参与者所处的地理区域，将有东亚国家和地区参与的 FTA 进一步划分为"区域内"自由贸易区和"跨区域"自由贸易区。其中"区域内"是指参与 FTA 的经济体完全来自东亚地区，若参与 FTA 的有一个经济体不属于上述区域，则将其定义为"跨区域"FTA。根据表 5 - 4 可以看出，在东亚，"跨区域"的 FTA 数量远多于"区域内"的 FTA 数量，截至 2011 年 7 月，在已达成的 59 个自由贸易区当中，跨区域自由贸易区有 41 个，占 69.5%；正在谈判中的 39 个自由贸易区协定中，甚至一个区域内贸易协定也没有。

　　东亚地区自由贸易区发展的上述两个特点一方面反映了东亚各国对于加强一体化建设的热情，但另一方面也可能反映了东亚各国彼此间"拉帮结派"式的竞争。这种合作格局对于东亚地区来说究竟意味着什么现在还难以评估，不过，自由贸易区之间的相互重叠正在引起许多人的关注，因为它可能会通过增加彼此的交易成本而最终导致贸易量的下降，这一现象被称为"意大利面条碗"（spaghetti-bowl）效应（Rai，2010；Baldwin，2006）。事实上，随着一些南亚国家，特别是印度，最近加入东亚的区域一体化进程，这种交叉性的确正变得越来越复杂。这一方面说明东亚国家经济和贸易发展对区域外发达国家的依赖程度，另一方面也说明东亚自由贸易合作具有很大潜力。

表 5 – 4　　　　　　　　　**按区域分类的东亚自由贸易区**

FTA 状态	FTA 数量		
	总计	区域内	跨区域
已达成	59	18	41
谈判中	39	0	39
提案中	42	9	33
总计	140	27	113

资料来源：根据 ARIC 数据库的数据计算得出，http：//aric. adb. org/index. php。

5.3　中国崛起与东亚分工调整

新世纪以前，东亚经济借着雁阵模式而得以发展，伴随着经济持续高速增长，东亚各国的经济发展战略思想逐渐开始发生改变。在原有的雁阵模式中，处于中下层次的国家利用本国后发的比较优势，在经济的各个方面不断实现追赶和超越，使资源参与生产分配的形式有了改变。伴随着 FDI 的大量引进，生产技术的提高，教育和培训的普及，以及劳动力中掌握高生产技术比例的上升，使得各国产业结构不断提升，并有趋同的趋势。在这种发展格局中，东亚垂直型分工的结构逐渐向水平分工的结构演进，雁行发展模式逐渐被一种称为区域生产网络的分工结构所取代。中国作为一个新兴大国，在此过程中无疑扮演着关键的角色。

5.3.1　中国参与东亚分工的历程

20 世纪 80 年代以前，中国由于经济发展的封闭性，一直无法分享世界产业结构调整与转移带来的发展机会。只能依靠原材料和初级产品的出口赚取一些外汇，以便进口国内急需的生产技术和工业制成品。这一时期，中国对国际贸易和世界经济的影响几乎是微不足道的。1980 年中国贸易出口总额占世界出口总额的比例仅为 0.92%，其中 23.8% 销往香港地区，22% 销往日本。

由于改革开放政策的实施，在此后短短的 30 年，中国经济高速增长，与世界经济的融合不断加深，创造了世界经济发展史上的"中国奇迹"。中国经济的成功不仅显著提高了国内老百姓的福利水平，而且也极大提高了中国在世界经济中的地位，深刻影响了国际分工的格局。2009 年，中超越德国成为世界第一大出口国；2010 年，中国取代日本成为世界第二经济大国，同时，也成为世界第二大进口国。不过在这其中，东亚地区始终是中国参与国际分工和对外贸易的主要活动舞台，它既是中国出口商品的最大市场，也是中国进口资本货物及消费品的主要来源地。

开放之初，在国内物资极度匮乏，工业生产技术水平又很低的情况下，发展两头在外（即原材料、机器设备采购在外和产品销售在外）、中间在内（即加工装配在内）的加工贸易，成为中国进入东亚乃至世界生产网络的突破口。20 世纪 80 年代中后期，抓住东亚产业结构调整与日本、"四小龙"劳动密集型产业对外转移的机遇，中国政府适时提出沿海地区经济发展战略，出台了鼓励外向型经济发展的一系列政策，以此吸引东亚发达经济体转移出来的劳动密集型产业。加工贸易在中国对外贸易中的比重从 1980 年的 4.4% 快速上升到 1991 年的 42.2%，其中有很大一部分要归因于日本、韩国、中国香港和中国台湾等地企业的委托加工业务。

从表 5-5 可以发现，中国在 1985 年的出口比重最高的产品还是原油，占总出口比重超过 20%，而且出口产品中大多是原材料和棉花、食品等初级加工品等。到了 1990 年，虽然原油仍是第一大类出口产品，但所占比重已经急剧下降至 7.33%，而原来排名第四位的服装，快速攀升至第二位，占整个出口的比重也由 1985 年的 4.50% 提高到 1990 年的 6.58%。此

表 5-5　　　　中国出口的十大商品（1985 年、1990 年）

排名	1985 年			1990 年		
	商品	出口量（万美元）	占总出口百分比（%）	商品	出口量（万美元）	占总出口百分比（%）
1	原油	545 187	21.04	原油	381 775	7.33
2	提炼油	146 024	5.63	服装	342 510	6.58
3	谷物	135 080	5.21	棉织品	153 133	2.94
4	服装	116 627	4.50	提炼油	111 087	2.13
5	棉织品	93 887	3.62	编织品	93 488	1.80
6	棉花	42 003	1.62	饲料	88 732	1.70
7	罐装食品	38 240	1.48	家用电器	87 323	1.68
8	化学制剂	35 706	1.38	丝织品	78 228	1.50
9	丝织品	35 678	1.38	棉纱	77 777	1.49
10	丝绸	34 976	1.35	钢铁	71 143	1.37

资料来源：《中国对外经济贸易年鉴 1986》、《中国对外经济贸易年鉴 1991》，中国统计出版社。

外，重要出口产品中还出现了针织产品和家用物品，这表明到 20 世纪 90 年代初期，中国在产品生产上已经出现了重要变化，劳动密集型产品开始在中国大量生产并出口。

随着外资的不断增加和国内劳动密集型产业快速发展，服装、家用电器等劳动密集型产品的出口也大幅增加，在全部出口中的排名不断提升。表 5−6 显示，在 1995 年服装出口占当年总出口的比重已经达到 11.51%，比 5 年前增长了几乎一倍，成为中国出口的支柱行业。家用电器出口也快速增加，排名从 1985 年的第八位上升至 1995 年的第二位。与此相反，原材料和初级加工品的出口占比不断下降，而且排名前十的原材料种类已经大大减少。比如原油出口比重已经从 1985 年的 7.33% 下降至 1995 年的 1.39%，排名则从第一位急剧降至第八位。出口结构变化的另外一个显著特征是种类呈现多样化趋势，排名第二位的家用电器的所占比重也不过才是 3.80%。到了 1999 年，服装出口比重继续排在首位，纺织产业从无到有，发展迅速；更为重要的是，以电脑产品为代表的高科技产品，开始出现在主要出口产品的前列。1995 年，电脑产品在中国甚至没有任何生产的迹象，但此后开始迅速发展，到 1999 年，其出口占所有产品出口的比重已经达到 4.06%，排名第四位。除此之外，集成电路产品也出现在榜单之中。

表 5−6　　　　　　　　中国出口的主要产品（1995 年、1999 年）

排名	1995 年			1999 年		
	商品	出口量 （万美元）	占总出口 百分比（%）	商品	出口量 （万美元）	占总出口 百分比（%）
1	服装	1 659 224	11.15	服装	3 005 785	15.42
2	家用电器	565 684	3.80	纺织品	123 188	6.32
3	公共设备	462 105	3.11	鞋	867 270	4.45
4	玩具	339 654	2.28	电脑产品	792 203	4.06
5	钢铁	321 954	2.16	塑料制品	517 488	2.65
6	棉织品	318 003	2.14	玩具	511 214	2.62
7	棉针织品	258 382	1.74	家具	270 781	1.39
8	原油	206 481	1.39	电缆类	231 150	1.19
9	毛针织品	188 842	1.27	石油产品	207 636	1.07
10	棉纺织品	187 707	1.26	集成电路	205 807	1.06

资料来源：《中国对外经济统计年鉴 1996》、《中国对外经济统计年鉴 2000》，中国统计出版社。

　　从 20 世纪 90 年代开始的 10 年，可以说中国的制造业进入了一个飞速的发展时期，其中最重要的变化就以电子产品为代表的高科技产业的发展。在这一现象的背后，一个典型化的特征就是，中国的发展是以深度融入东亚的生产分工所导致的结果。如果说 20 世纪 80 年代中国的对外开放主要是以大进大出的加工贸易为主，那么在 20 世纪 90 年代，以电脑产品为主的电子产品出口的大量增加就标志着，中国参与东亚分工已经进入了一个全新时期。也就是说，中国已经开始从生产一体化的角度融入了东亚的区域分工合作。下面以电子产品为例分析中国在东亚地区技术密集型产业的发展。

　　从表 5 - 7 可以看出，1990 年中国出口电子产品的主要地区是除了日本以外的东亚国家和地区，占到了出口总额的 87.2%，而从东亚进口的产品所占比重则仅为 11.9%，贸易顺差为 400 万美元；而到了 2000 年，对东亚地区的出口占比下降至 36.6%，进口占比则大幅上升为 62.0%，中国对东亚的贸易也从十年前的顺差变为逆差，逆差额为 4 900 万美元。1990 年时，中国对日本的出口占总出口的比重只有 1.3%，进口为 4.6%，而到 2000 年，这两个值分别达到 12.5% 和 30.2%。从这些数字变化可以看出中国在以电子产品为代表的技术密集型产业的发展变化。在 1990 年初，中国还是以劳动密集型产业为主，技术密集型产业的发展处于初期，出口对象主要是一些东亚的发展中国家，而对日本和世界其他地区的比重比较小，这表明对于还处于发展初期的中国电子行业，生产的产品技术相对较低，不符合发达国家的市场要求，因而贸易对象只能是当时的发展中国家。而对于当时的亚洲"四小龙"来说，其生产的电子产品的主要出口对象并不是东亚，而是其他发达国家和地区（特别是美国），比如新加坡出口到其他地区的产品所占比重为 74.6%，中国香港为 54.9%，中国台湾为 75.3%。这可以看出在 20 世纪 90 年代初，亚洲"四小龙"在电子产业具有发展的同步性，中国参与电子产品的生产分工则还处于低层次水平上。而到了 2000 年，随着技术水平的提高，熟练劳动力的数量增加，从劳动密集型产业积累的资本进入附加值高的技术密集型行业。中国从日本进口的电子产品增加，一方面是因为中国的需求增大，另一方面也是多年来通过产品的生产模仿掌握了类似技术，从而增大了进口产品的规模。同时，在这 10 年期间，随着国内电子产业生产能力的提高，中国向世界其他地区的出口比重已经从当初的 11.5% 上升到了 50.9%，对日本出口的数量也有很大提高。新加坡、中国香港和中国台湾向东亚国家的电子出口比重也都有不同程度的增加，但向发达国家的出口比重有所减少。以上变化表明，中国在技术密集型产业分工中的水平不断提高，产品质量上升，符合进行产品替代的要求。

表5-7　　　　电子产品根据出口地和目的地划分以及贸易差额

出口地 \ 目的地		东南亚9国		日本		世界其他地区		世界	
		1990年	2000年	1990年	2000年	1999年	2000年	1999年	2000年
东南亚9国	出口目的地（%）	27.0	38.3	7.2	11.5	65.8	50.2	100.0	100.0
	进口来源地（%）	38.0	50.5	33.4	20.2	28.5	29.3	100.0	100.0
	贸易收支（亿美元）	-26	-142	-128	-175	273	806	120	489
中国	出口目的地（%）	87.2	36.6	1.3	12.5	11.5	50.9	100.0	100.0
	进口来源地（%）	11.9	62.0	4.6	30.2	83.5	7.8	100.0	100.0
	贸易收支（亿美元）	4	-49	-8	-43	-147	164	-151	72
新加坡	出口目的地（%）	21.1	42.2	4.3	7.0	74.6	50.8	100.0	100.0
	进口来源地（%）	45.3	57.2	28.6	17.3	26.1	25.5	100.0	100.0
	贸易收支（亿美元）	-18	2	-28	-40	105	228	59	189
中国香港	出口目的地（%）	41.8	49.7	3.3	5.6	54.9	44.7	100.0	100.0
	进口来源地（%）	54.1	67.4	29.2	16.4	16.8	16.2	100.0	100.0
	贸易收支（亿美元）	-42	-328	-32	-82	6	-66	-68	-476
中国台湾	出口目的地（%）	18.4	33.5	6.3	15.0	75.3	51.5	100.0	100.0
	进口来源地（%）	34.0	43.5	29.6	21.9	36.4	34.6	100.0	100.0
	贸易收支（亿美元）	13	128	-1	54	86	239	98	420

注：东南亚9国指除新加坡外的东盟其他成员国：印度尼西亚、泰国、菲律宾、马来西亚、文莱、越南、老挝、缅甸和柬埔寨。

资料来源：Sanjavy Lall, Manuel Albaladejo & Jinkang Zhang（2004）. Mapping Fragmentation: Electronics and Automobiles in East Asia and Latin America. *Oxford Development Studeies*, Vol. 32, No. 3, September。

　　由于以电子产业为主的高科技产业的快速发展，其在中国总出口中所占的比重也大幅提高，1992～2001 年，中国的高科技产品出口占总出口的比重从 10% 上升到 24%，并且出口增加的速度远远高于进口同类产品的速度，1997 年高科技产品占全部进口总额的比例与占出口总额的比例分别为 11% 和 7%，而到 2002 年这两个数字分别是 15% 和 12%，和其他东盟发展中国家相比，中国的高科技产品在贸易中占的比例是很大的①。

　　在生产技术水平提高的同时，中国参与东亚分工的模式也在发生改变。不同于 1980 年的加工贸易，中国开始从东亚其他国家和地区大量进口中间产品，其中零件进口占全部进口额的比重从 1997 年的 19% 提高到 2002 年的 27%，出口占比则从 8.2% 上升到 15.5%。重要的变化还体现为最终产品出口结构的变化：资本物品占比从 12.6% 上升到 19.7%，消费物品占比则从 48.9% 下降到 40.3%。这一从消费品到资本品的变化表明了中国在东亚产业生产分工中的地位转变，从中间产品进口和出口的失衡可以知道，中国此时在中间产品的生产上不具有比较优势，并且垂直专业化使中国和东亚其他国家在半成品的生产上更加紧密，大部分的半成品进口都是来自于日本和新兴工业体国家，并且大部分的出口也是到这些国家。

　　这一期间，中国产业结构向上提升的主要推动力是外国直接投资。为了快速实现技术现代化，中国采取了"市场换技术"的引资政策，对外国直接投资的依赖性不断加强。不过有许多研究表明，FDI 带来的效果并不是像中国政府所期望的那样都是积极的②。事实上，FDI 所带来的高技术产品的出口和进口对本土的技术提高并没有太大作用，这方面还不如技术许可和购买专利。中国高科技产品的进口大多来于外企，它们不会把高科技产品中的技术传授给当地的企业，这就等于设置了技术传播的障碍。同时，外企进口的高科技产品还可能阻碍当地企业对研发的投资，20 世纪 90 年代到 21 世纪初的这段时间中国进口高科技产品的花费已经超过了对研发的投资。一些对中国企业的调查发现，他们承认高科技产品的进口对

　　① Lemoine F. & D. Unail-Kesenci（2003）. Trade and Technology Transfers: a Comparative Study of Turkey, India and China. CEPII Working Paper, 16, November, www.ceppii.fr.

　　② Sigurdson J.（2002）. Le nouveau paysage des technologies en Chine. Perspectives chinoises, n71-mai-juin, pp. 37 – 54.

当地的技术创新能力非常有限①。事实上,在所有企业高科技产品的进出口总额中,中国本土企业进口所占比重在 1997 年和 2002 年的数字分别为42% 和 33%,出口比重则是 42% 和 24%。可见,真正的中国企业在高科技产品出口的贡献上是很少的,准确地讲,是下降了。高科技产品进出口贸易增长的大部分是源自于合资企业和外国企业的子公司,这表明中国参与东亚产业分工的主要变化是通过外资企业在华生产。因此,中国在东亚产业分工中向高层次发展的道路上还有很长的路要走。

5.3.2　21 世纪中国崛起的东亚意义

中国作为世界上最大的发展中国家,它的发展走向对东亚,甚至是世界都会产生重要影响。东亚经济持续发展,中国起着不可或缺的重要作用,尤其是在东亚金融危机期间,中国经济的稳定增长对整个东亚经济的复苏起到了至关重要的拉动作用。进入 21 世纪,东亚已经成长为除美国、欧洲以外的世界经济增长第三极。生产要素基于以市场为基础作用的调整,使资源更合理地得到利用,产业结构正在从单一的劳动密集型产业向资本密集型和技术密集型产业多层次转变,并以此使得东亚区域内部的联系更加密切。因此,中国无论是在东亚区域内贸易的联系上,还是区域和平与稳定方面,都正在扮演越来越举足轻重的角色。

2001 年中国终于成为了 WTO 的正式成员国,这意味着世界对于中国市场改革体制的认可,并且使中国更深入地加入到了全球化的浪潮。最明显的体现就是中国对进口产品关税的降低,使中国的市场更加开放,加工业和农产品进口税率的下降,都体现了中国为融入更大范围的市场竞争而做出的努力。由于东亚国家之间的紧密联系,中国进口税率的改革,会使东亚国家的贸易有更大的发展。中国虽然还不算是一个经济强国,但它已经是一个正在迅速成长的经济大国。到 2010 年,中国经济总量超过了 39万亿元人民币,超过日本成为仅次于美国的经济大国,当年经济增长率达到 10.3%。中国巨大的市场是东亚各国摆脱全球金融危机的关键,也是影响各国完成产业升级的重要因素。中国目前在东亚产业结构中属于中等水平,处在产业分工迅速调整的过程中。对上游国家来说,中国是其巨大的

---

① Hua, G. Z., Jerrerson, G. H., Xiaojing, G. & Jinchang, Q. (2003). R&D and Technology Transfer: Firm-Level Evidence from Chinese Industry. The William Davidson Institued, Working Paper number 582, June.

产品销售市场，是推动高科技产品发展的重要国家，也是初级产品的主要供应伙伴。对下游国家来说，中国的发展会带来更多的投资资金，并且可以进口到低廉的技术水平相对较高的产品。从整体来说，东亚各国的经济会被中国的发展进一步融合。

中国的崛起在经济上不仅体现为总量的增长，更体现为生产产品的变化。通过多年参与产品的生产以及积累资金和技术，使中国在生产要素上有了明显的变化。资金和技术的积累使中国的产业结构逐渐从单一的劳动密集型产业向多元化发展。下面通过对产品出口优势的变化，来看一下中国的经济发展对东亚地区的影响。

RCA 指数，即显示性比较优势指数，是由巴拉萨（Balassa，1965）提出的用以描述产业国际竞争力的指标，是衡量产业在国际市场上的竞争力的重要标志。它的计算方法是本国某种产品或服务的出口在总出口额中的比例再除以所有国家该产品或服务的出口占其总出口额的比例。对于一种产品或者服务，如果 RCA > 100，则表示它在国际市场上有竞争力；反之，如果 RCA < 100，则表示它在国际市场中没有竞争力。当 RCA > 250 时，表示该产品或者服务在国际市场中的竞争力很强；当 125 < RCA < 250 时，表示该产品或者服务在国际市场中的竞争力较强。

从表 5 - 8 可以看出，随着中国经济崛起，在参与国际产品的分工生产中，中国不同产业的比较优势有了明显变化。总的来说有三个特点：原材料由最初的具有比较优势到近年来的失去比较优势；技术密集型产业比较优势有增加但幅度不大；服装、纺织等重要劳动密集型产业的比较优势有所下降但仍具有很强的国际竞争力。20 世纪 90 年代初，农产品和食品的 RCA 指数都大于 125 且小于 250，是属于国际竞争力较强的产品，我国虽然是农业大国，但是由于种植的机械化程度不高，再加上地理的客观因素，使农产品出口只能因便宜的农村劳动力成本而具有一定的成本优势。相比起来，同样是农业大国的美国，农业机械化程度高，而且政府对农业有补贴，使美国成为世界上最大的农产品出口国家。随着中国经济的发展，城市化进程加快，农业用地规模越来越小，使得农产品的比较优势逐渐消失。而以泰国为代表的东盟国家的农产品比较优势却一直在提高，农产品贸易也一直是中国和东盟国家的主要贸易领域，中国由于农产品比较优势的丧失，并且国内需求巨大，就为东盟国家提供了发展农产品产业的机会。从中国和东盟国家之间的农产品贸易逆差越来越大，就可以看出东盟国家在农产品出口方面得益于中国的经济发展。工业制成品的比较优势在这一时期基本保持上升态势，但一直是处于有国际竞争力但能力不强的状态。在汽车行业，中国的自主品牌还在发展当中，但汽车需求却在迅速增加，这对于日韩，尤其是日本来说，是一个重要的市场来源。日本汽车在欧美市场都受到强烈的竞争，尤其是美国对本土汽车行业的扶持，为日本汽车的销售带来很大的困难。此时中国的市场逐渐扩大，对于日本来说，显然具有重要的替代作用。在办公用品行业，中国的比较优势有了最明显的提高，RCA值从当初的59，到2003年已经上升到了216，该产品可以说是中国制造业生产能力提升的最显著体现。纺织和服装业的RCA值在这段时期有不同程度的下降，但它们依然还是中国经济发展的主要优势产业。这说明，中国经济的发展主要还是以劳动密集型产业发展为主，产业结构升级的效果不太明显。总体上来说，中国各个产业的发展都与东亚其他国家有紧密的联系，中国市场强劲的带动作用将会使东亚的合作更加紧密。

表5－8　　中国主要产业的显示性比较优势指数（1990~2003年）

主要产业	农产品	食品	燃料和矿产品	燃料	工业制品	机械和运输设备	汽车产品	办公和电信设备	纺织	服装
1990 年	136	139	75	79	104	50	5	59	387	500
1991 年	128	133	64	67	108	54	6	57	362	514
1992 年	113	119	59	58	109	42	3	66	319	551
1993 年	111	118	52	49	111	44	4	68	308	575
1994 年	102	108	46	41	111	47	4	72	309	581
1995 年	86	92	52	48	113	55	5	81	308	512
1996 年	86	90	48	46	115	60	4	94	276	524
前期均值	109	114	57	55	110	50	4	71	324	537
1997 年	79	82	50	45	115	60	4	92	265	534
1998 年	74	78	51	44	114	66	4	106	252	475
1999 年	73	75	40	30	113	70	5	107	250	456
2000 年	76	80	37	30	120	80	7	115	267	466
2001 年	70	74	38	31	121	89	8	145	265	436
2002 年	64	68	34	27	122	98	8	177	266	403
2003 年	56	60	32	25	125	111	8	216	271	393
后期均值	70	74	40	33	119	82	6	137	262	452
均值	90	94	48	44	114	66	5	104	293	494

资料来源：张晓蒂：《基于垂直专业化分工中的中国产业国际竞争力分析》，载《世界经济》2006年第5期。

5.3.3　东亚分工格局的改变

5.3.3.1　产业内贸易的兴起与区域生产网络的形成

正如前面所分析的，1997 年之前东亚的区域分工是一种典型的雁行结构。从产品生产分工的角度看，这种结构是一种由日本和新兴工业经济体向东亚国家提供高质量的零部件和资本品，再由它们组装为最终产品，最后出口到欧盟和美国市场的发展模式。

新的区域生产网络由雁行分工结构演变而来，但在很大程度上改变了其产业间分工的本质属性，形成了一种以产业内分工甚至以产品内分工为基础的区域生产与分工结构。在这种结构中，跨国的生产过程分散化和各国经济的一体化是同时发生的，其核心特点是零部件等中间产品在区域内去而复回的转运，以便在每一阶段进行更深入的加工，直到最终产品的出口。

总体看，在东亚区域生产网络中，日本和"四小龙"是主要的创新型中间产品的源头，中国和东盟则是主要的最终组装基地。随着区域内劳动分工的专业化程度的日益加深，东亚经济体的贸易模式与早期相比发生了很大变化。主要表现就是产业内贸易的迅速扩大。1990~2004 年在东亚地区贸易额中，产业间贸易大约从 45% 下降到 22%，产业内贸易则从 55% 上升至 78%。[①] 其中，以办公和通讯设备、电子设备为代表的机械产品占到了东亚出口的 50% 以上和进口的 42%，成为推动东亚分工深化的最重要贸易物品，这也使得各国的出口结构越来越相似。表 5-9 进一步反映了 20 世纪 90 年代以来东亚地区机械产品、零部件和制成品三类产品的出口变化情况，从中可以看出东亚地区贸易与生产分工结构的变化。

从机械产品的区域内贸易看，日本对东亚地区中的出口额总体呈上升趋势，占其全部出口的比重从 1993 年的 33.4% 上升到 2006 年的 37.1%，但其中 2000 年有所下降，整体上成震荡增长的趋势。出口额逐年上涨，但比重却不是平稳上涨，可以看出日本在机械产品的出口上面一直是以发

---

① ［美］印德尔米特·吉尔等著，黄志强等译：《东亚复兴：关于经济增长的观点》，中信出版社 2008 年版，第 94 页。

表5-9　东亚产业内出口贸易发展（1993~2006年）

区域生产网络		对世界总出口 出口额（百万美元）			东亚内部贸易 出口额（百万美元）			占总出口份额（%）			商品份额（%）			占东亚内总出口份额（%）		
		1993年	2000年	2006年	1993年	2000年	2006年	1993年	2000年	2006年	1993年	2000年	2006年	1993年	2000年	2006年
日本	机械类	279 343	358 357	381 540	93 416	112 958	141 588	33.4	31.5	37.1	68.3	67.7	63.1	54.5	35.3	26.0
	零部件	114 365	178 389	185 658	48 152	77 791	96 755	42.1	43.6	52.1	35.2	46.6	43.1	53.4	36.9	25.7
	成品	164 978	179 968	195 882	45 264	35 167	44 833	27.4	19.5	22.9	33.1	21.1	20.0	55.7	32.1	26.7
	全部商品	364 156	469 806	528 846	136 790	166 953	224 468	37.6	35.5	42.4	100.0	100.0	100.0	35.0	26.9	22.8
NIEs3	机械类	87 288	184 832	272 472	35 490	71 740	129 238	40.7	38.8	47.4	40.4	52.4	58.3	20.7	22.4	23.7
	零部件	42 845	101 932	161 912	22 535	50 628	104 077	52.6	49.7	64.3	25.7	37.0	46.9	25.0	24.0	27.6
	成品	44 443	82 900	110 559	12 955	21 112	25 161	29.1	25.5	22.8	14.8	15.4	11.3	15.9	19.2	15.0
	全部商品	182 450	307 097	452 314	87 763	136 969	221 785	48.1	44.6	49.0	100.0	100.0	100.0	22.4	22.0	22.6
ASEAN4	机械类	47 484	149 627	210 016	22 326	71 445	113 504	47.0	47.7	54.0	29.7	50.6	50.6	13.0	22.3	20.8
	零部件	23 924	89 149	126 305	12 982	50 768	82 399	54.3	56.9	65.2	17.3	35.9	36.7	14.4	24.1	21.9
	成品	23 560	60 478	83 711	9 344	20 677	31 105	39.7	34.2	37.2	12.4	14.6	13.9	11.5	18.8	18.5
	全部商品	138 851	286 378	414 554	75 105	141 237	224 244	54.1	49.3	54.1	100.0	100.0	100.0	19.2	22.7	22.8
中国	机械类	34 676	146 154	465 227	20 220	64 139	160 818	58.3	43.9	34.6	22.0	34.6	51.5	11.8	20.0	29.5
	零部件	10 350	59 822	192 720	6 529	31 392	93 748	63.1	52.5	48.6	7.1	17.8	30.0	7.2	14.9	24.9
	成品	24 326	86 332	272 507	13 691	32 747	67 070	56.3	37.9	24.6	14.9	18.6	21.5	16.9	29.9	39.9
	全部商品	158 212	395 289	942 454	91 723	176 288	312 546	58.0	44.6	33.2	100.0	100.0	100.0	23.4	28.4	31.8

注：NIEs3：Korea，Hong Kong and Singapore；ASEAN4：Malaysia，Thailand，the Philippines and Indoesia.
资料来源：Kimura，Fukunari & Ayako Obashi（2008）. East Asian Production Networks and the Rise of China：Regional Diversity in Export Performance，the paper for the Third Joint Economics Symposium of Five Leading East Asian Universities Held in Orchard Hotel，Singapore.

达国家为主要市场。这一点可以从在东亚产业内贸易的比重一直呈下降趋势看出，从 1993 年的 54.5% 到 2000 年的 35.3%，再进一步下降到 2006 年的 26.0%，同时也表明东亚其他地区对日本工业产品的需求是逐年下降的。这背后，与东亚发展中国家在机械产品的生产上技术提高，从而自己具备了生产能力有很大关系。中国香港、韩国和新加坡在东亚内部出口机械产品占其全部出口的比重的变化和日本的情况相同，但是东亚区域内的机械产品出口份额的比重一直比较稳定，这表明新兴工业经济体在东亚地区的机械产品的生产方面处于一个相对平稳的时期，同东亚发展中国家的比较优势变化不大。相比之下，最大的变化来源于中国，这段时间中国机械产品的出口增长迅速，向世界出口的数额增长了 10 倍多，这显示出中国在机械产品生产方面的发展迅速和技术的成熟。与世界其他地区相比，中国向东亚地区机械产品的出口增长尤其迅猛，从 1993 年的 11.8% 上升到了 2006 年的 29.5%，这表明东亚区域内贸易已经成为中国机械工业发展的一个重要支柱，同时东盟 10 国在区域内的出口贡献也在提高。这暗示出中国和东盟国家在机械产品生产上对东亚国家的贡献变得越来越重要。也从一个方面反映出，在技术密集型产业上中国和东盟国家的发展使东亚地区原有的分工开始发生变化。

5.3.3.2   中国的生产地位提升

在东亚分工格局的变化中，中国的崛起起着非常重要的作用。从表 5-10可以看出，中国与东亚其他国家在机械产品中的零部件和机械类制成品方面的区域内贸易在呈快速提高趋势的同时，其出口目的地的重点是有所不同的。其中，最主要的是向新兴工业经济体的出口额下降幅度很大，而与东亚其他国家的出口贸易额都有不同程度的提高。这可以体现出中国在机械类产品的生产上逐渐与东亚新兴工业国家相似，比较竞争优势趋于相同。中国产业结构的升级已经逐渐摆脱了只依靠劳动密集型产业发展的模式，而向关满博所谓的"全套型产业结构"变化。[①] 由于中国自身巨大的经济总量，类似于机械类的技术密集型产业的发展会使中国在东亚分工中的地位发生很大变化，同时也会推进东亚整个区域的分工布局发生改变。

---

① [日] 关满博著，陈生保等译：《东亚新时代的日本经济——超越"全套型产业结构"》，上海译文出版社 1997 年版。

表 5－10　　中国与东亚各国出口贸易（1993~2006 年）

出口额（百万美元）

贸易区域	所有产品			总机械产品			机械产品					
							中间产品			产成品		
	1993 年	2000 年	2006 年	1993 年	2000 年	2006 年	1993 年	2000 年	2006 年	1993 年	2000 年	2006 年
亚洲内贸易	91 723	176 283	312 546	20 220	64 139	160 818	6 529	31 392	93 748	13 691	32 747	67 070
日本	22 812	55 10C	95 486	2 065	14 733	39 408	903	7 486	19 139	1 162	7 247	20 269
NIEs	65 112	111 680	184 830	17 287	45 322	102 670	5 306	21 307	62 476	11 981	24 015	40 194
ASEAN4	2 799	9 509	32 230	868	4 084	18 740	319	2 599	12 133	548	1 485	6 607
世界	158 212	395 289	942 454	34 676	146 154	465 227	10 350	59 822	192 720	24 326	86 332	272 507

以目的地区分的份额（%）

贸易区域	所有商品			总机械产品			机械产品					
							中间产品			产成品		
	1993 年	2000 年	2006 年	1993 年	2000 年	2006 年	1993 年	2000 年	2006 年	1993 年	2000 年	2006 年
亚洲内贸易	58.0	44.6	33.2	58.3	43.9	34.6	63.1	52.5	48.6	56.3	37.9	24.6
日本	14.4	13.9	10.1	6.0	10.1	8.5	8.7	12.5	9.9	4.8	8.4	7.4
NIEs	41.2	28.3	19.6	49.9	31.0	22.1	51.3	35.6	32.4	49.3	27.8	14.7
ASEAN4	2.4	2.4	3.4	2.5	2.8	4.0	3.1	4.3	6.3	2.3	1.7	2.4
世界	100.0	100.0	100.0	100.0	100.0	100.0	100.0	100.0	100.0	100.0	100.0	100.0

注：NIEs3：Korea, Hong Kong and Singapore; ASEAN4: Malaysia, Thailand, the Philippines and Indoesia.
资料来源：Kimura, Fukunari & Ayako Obashi (2008). East Asian Proudction Networks and the Rise of China: Regional Diversity in Export Performance. the paper for the Third Joint Economics Syrposium of Five Leading East Asian Universities Held in Orchard Hotel, Singapore.

美国和日本 IT 产业的兴起对东亚的经济发展起了重要作用，该产业也是东亚地区成为世界整个生产网络（也称全球供应链）的重要部分的一块基石，东亚地区的低价劳动力优势一直是发达国家进行产业分工布局中重要的考虑因素。电子产品不同零部件的生产之间没有必然的密切联系，因此，不同企业可以生产不同的零件，然后再通过运输到另一个地方组装，这样就可以形成整个电子产品的完整生产链。该行业的特点是，由于生产过程的技术复杂程度较低，生产会选择在劳动力成本相对较低、技术熟练程度相对较高的地区进行生产，通过引进零件生产线，对工人进行低成本培训以后就可以进行生产。此外，电子产品零件的重量轻、体积小，因此相对其他重量大的商品来讲，运输成本较低。从东亚的区位优势看，该地区的劳动力资源丰富且成本相对较低，而且经过几十年的发展，各国劳动力普遍掌握了熟练的生产技术，同时，东亚地区有着比较发达的交通和基础设施，能够大大降低产品的运输成本。因此，全球电子产品的生产分工落户东亚是一种最优的选择。泰国生产硬盘驱动器就是描述这一分工的典型例子。来自 11 个不同国家的零部件在该国被组装到一起，一旦驱动器组装完成以后，又被出口到别的国家，去组装成为最终的个人计算机。①

由于电子行业是被划分在高科技产业之中，而中国在全球电子行业出口的变化，可以反映出即使在高端技术产品的生产中，中国也已经开始有了一席之地。从电子行业中的几个主要部门（包括办公用品、IT 产品、通信产品和半导体产品等）的主要产品出口国的变化，可以看出中国在高科技产品上的生产进步很快（详见表 5 - 11）。在办公用品方面，1992 年东亚发展中国家在成品上没有主要的出口大国，日本是当时的第一出口大国，表明当时日本的高科技产业生产水平很高。到了 2002 年，中国一跃成为最大的办公用品出口国，占所有国家出口总额的 20% 以上，而且在该产品的部件生产上也排在第二位，超过了日本、中国香港和新加坡。在 IT 产品和通信产品部分，中国的表现同样也如此。这表明中国无论是在电子产品成品的生产上还是在电子产品零部件的生产上都具有了明显的比较优势。

---

①　［美］印德尔米特·吉尔等著，黄志强等译：《东亚复兴：关于经济增长的观点》，中信出版社 2008 年版，第 92 页。

表5－11　　　　　　**主要的ICT产品出口国（1992～2002年）**　　　　单位：%

办公产品		IT产品		电信产品		半导体产品	
1992年	2002年	1992年	2002年	1992年	2002年	1992年	2002年
日本	中国	美国	美国	日本	美国	德国	美国
32.3	20.8	24.4	13.3	25.7	11.2	20.2	14.4
荷兰	中国香港	日本	中国	美国	中国	日本	德国
10.2	12.6	22.0	12.3	15.1	10.5	16.5	14.2
德国	德国	英国	新加坡	德国	英国	美国	日本
10.1	10.3	9.3	9.5	7.9	9.1	13.1	12.4
美国	荷兰	亚洲其他	荷兰	中国香港	中国香港	法国	墨西哥
8.7	10.1	7.5	8.9	6.2	8.5	9.0	6.5
英国	英国	德国	日本	英国	韩国	英国	法国
8.3	7.3	7.2	6.8	4.8	8.2	4.7	6.2
办公产品部件（%）		IT产品部件（%）		电信产品部件（%）		半导体产品部件（%）	
1992年	2002年	1992年	2002年	1992年	2002年	1992年	2002年
美国	美国	美国	美国	日本	中国香港	日本	美国
21.7	13.6	22.6	13.5	16.6	14.8	23.1	19.4
日本	中国	日本	中国	美国	美国	美国	日本
15.5	10.7	16.3	11.0	15.3	13.7	22.2	13.5
亚洲其他	日本	英国	日本	中国香港	中国	韩国	新加坡
7.4	10.1	7.0	10.1	8.2	12.6	10.3	12.8
英国	中国香港	中国香港	中国香港	德国	日本	马来西亚	马来西亚
6.9	9.2	6.5	9.2	7.9	9.2	7.5	8.3
中国香港	新加坡	爱尔兰	新加坡	瑞典	韩国	德国	中国香港
6.3	7.8	5.3	7.9	5.7	5.2	5.3	7.1

资料来源：Alessia Amighini（2004）.China in the International Fragmentation of Production：Evidence from the ICT Industry，Paper Presented in the Dnited Nations Conference on Trade and Development（UNCTAD）.

后危机时代的东亚经济

2008 年爆发的全球金融危机注定会成为人类历史发展进程中的一个转折点。危机过后，大多数发达经济体增长率低迷、债台高筑，饱受"二次衰退"风险的折磨；美国经济复苏过程跌跌撞撞，正经历着无就业的增长；欧洲正处于十字路口，虽然已经采取了艰难的步骤，但至今仍未跳出主权债务危机的怪圈；日本在金融危机过后又遭受巨大灾难，经济复苏面临严峻考验。但是对于包括东亚在内的新兴经济体而言，这场危机似乎成为一场胜利，中国在 2010 年成为全球第二大经济体，其他东亚新兴经济体的发展同样势头迅猛，为全球经济复苏做出巨大贡献，已经越来越多的人承认这个世纪将见证新兴经济体的强势崛起，全球经济版图正处于变革的边沿。然而，我们认为，事实绝非如此。被国际货币基金组织誉为"引领世界增长"的东亚经济，想轻松取代欧美而成为世界经济霸主并不容易。如同 1997 年金融危机的深刻影响，全球金融危机之后的东亚，其实面临着另一场经济转型的巨大压力。

6.1　全球金融危机及其对东亚经济的影响

全球金融危机爆发于美国，关于其成因，迄今为止学术界并没有一致性的结论。不同学者基于不同的立场，得出的结论往往完全相反。抛开危机成因的争辩，危机对全球经济的巨大冲击却是不争的事实，东亚同样未能幸免。尽管危机后东亚经济迅速恢复，但主要是各国政府凯恩斯式反危机政策的结果，随着短期政策效果的减弱乃至消失，东亚就必须彻底面对自身发展所隐含的真正问题了。

6.1.1 全球金融危机及其根源

库珀（Cooper，1968）系统地提出了国际关系中的相互依存理论，特别是各国宏观经济的相互依存，使得一个国家立足于实现本国经济目标的同时国际经济依存趋势不断深化，从而导致各国在许多领域中拥有共同利益。当今各国经济的相互依存表现在，由于国家间商品流通范围日益扩大，资本流动已经将世界上不同生产方式和不同发展水平国家的经济紧密联系在一起。各国的宏观经济政策不可避免会受到外部因素的影响。在全球贸易和金融一体化加强的背景下，作为世界最大经济体的美国，无疑对全球经济增长发挥着主导性作用，其经济的每一次周期性变化都会对其他国家产生深刻影响。

6.1.1.1 全球金融危机的演变历程及其后果

这次发源于美国的全球金融危机，其形成机理引发学术界的巨大争论。2007 年美国第二大次级抵押贷款机构新世纪金融公司（New Century Financial）提出破产申请，标志着由美国房地产市场景气下跌引起的次贷危机爆发，之后危机经过金融系统逐渐升级并迅速蔓延开来。此次金融危机不同于以往，而是表现出了一些新的特征。首先，与日本泡沫经济以及亚洲金融危机不同，此次危机是通过次贷、次债这些新型金融工具传导的，因而，蔓延速度非常快，造成的危害也更大。其次，金融全球化对此次危机迅速由一国向全球蔓延起到了推波助澜作用。

20 世纪末网络泡沫破灭，以及 "9 · 11 事件" 后格林斯潘领导下的美联储为了刺激经济频繁降息，导致了美国金融市场资本价格持续走低。逐利的贷款提供者有了较低成本可贷资金来源，同时，房贷需求者又可以以较低的成本获得贷款购房。不断走低的利率刺激了以信贷支撑的房地产市场交易，伴随着房价泡沫越来越大，投机行为的出现就不可避免了。一些信用差、没有贷款能力的人可以通过使用可变动利率的次级贷款来购房，但可能并不是用于自己居住，而是等待房价上涨后出售获利。当美联储发现住房市场泡沫逐渐膨胀起来后，又开始提高基准利率控制房贷规模，来挤压住房市场泡沫。在加息开始后，房价应声下跌，次贷者止赎案件不断涌现，直接造成经营次级贷款业务的银行和非银行金融机构陷入困境，并出现倒闭潮。当信用遭到破坏后，市场中货币供给的流动性严重不足，人们的信心受到了极大打击，导致拉动美国经济增长的三驾马车——消费、投资、国际贸易也受到前所未有的冲击，从而出现经济下滑，通货紧缩，失业率上升，美国经济陷入萧条并迅速蔓延开来。

表6－1展现了金融危机的整个历程。从表中可以看到，美国次贷危机不仅仅局限于对金融部门的影响，最终也蔓延到了国内实体经济。对工业化国家冲击也比较大，欧盟的一些国家都未能幸免。危机蔓延开后首当其冲是冰岛，接着葡萄牙、意大利、希腊、西班牙、爱尔兰等国先后被拖进了主权债的泥潭，欧元汇率出现剧烈波动。此后，危机在全球范围内迅速蔓延，美国金融危机最终演变为全球经济危机。

表6－1　　　　　　　　　　　　　危机的发展过程

时间	事件
2007 年 4 月	美国第二大次级抵押贷款机构——新世纪金融公司申请破产，标志着次贷危机爆发
2007 年 8 月至 2008 年 3 月	自 8 月份开始次级债的各类机构投资者陆续发布亏损公告，标志着次债危机爆发
2008 年 3 月	美国第五大投行贝尔斯登巨额亏损无法维持经营，由美联储担保后由摩根大通收购，标志着金融危机出现
2008 年 9 月	9 月份，先是"房地美"和"房利美"被接管，接着第四大投行雷曼兄弟申请破产保护，第三大投行美林被美国银行收购，高盛与摩根斯坦利也转制为商业银行，美国最大的保险巨头 AIG 巨额亏损，标志着金融危机爆发
2008 年 12 月	2008 年年末美国汽车业三巨头爆出财务问题，危机向实体经济蔓延，标志着经济危机形成
2010 年	欧洲主权债务危机的爆发标志着经济危机向纵深发展

金融危机造成的后果表现是多方面的。从表6－2中可以看出，欧美主要发达工业化国家在 2007 年危机发生后无一例外都出现了经济增长的下降。虽然 2007 年美国经济仍然保持了 1.9% 的正增长，但是进入 2008 年随着危机蔓延与加深，美国经济增长率变为 0，2009 年危机进一步从金融领域蔓延到实体经济领域，发展成为经济危机，美国经济出现了自 20 世纪 70 年代石油危机爆发以来的首次负增长，经济增长率为 -2.6%。欧美其他发达国家的经济从 2008 年开始也都纷纷陷入衰退，许多国家的经济下降幅度甚至大于美国。

表 6 - 2 　　　　　欧美主要发达经济体 2006～2011 年经济增长率　　　单位：%

年份	2006	2007	2008	2009	2010	2011
澳大利亚	2.554	4.811	2.243	1.246	3.002	3.466
加拿大	2.823	2.200	0.518	-2.462	3.099	2.670
法国	2.418	2.323	0.091	-2.547	1.565	1.648
德国	3.369	2.663	0.988	-4.720	3.332	2.022
希腊	4.522	4.472	2.015	-1.963	-3.971	-2.633
意大利	2.036	1.482	-1.319	-5.038	1.003	1.001
葡萄牙	1.440	2.386	-0.035	-2.584	1.122	-0.050
西班牙	4.017	3.572	0.864	-3.722	-0.345	0.733
英国	2.788	2.685	-0.065	-4.897	1.702	2.018
美国	2.673	1.947	0.000	-2.633	2.639	2.313

资料来源：IMF World Economic Outlook Database，October 2010，其中 2010 年及 2011 年为 IMF 预测数据。

相比于经济增长率的下滑，危机对欧美主要工业化国家长期经济发展造成更大影响的是持续高企的失业率。主要发达国家从 2009 年至今的失业率都超过了 5%。2007 年次贷危机发生时美国的失业率仅为 4.6%，但到了 2008 年失业率上升到 5.8%，2009 年失业率更是达到 9.3%。2010 年前三季度尽管经济增长已然恢复，但是失业率仍超过 9%，高失业率抑制了美国经济的动力——消费的恢复，使得经济增长陷入困境。显然，短期内欧美主要工业化国家最迫切需要解决的问题，就是增加就业。

此外，本次金融危机的最糟糕之处，还在于出现了另外一个不良的副产品——政府债务问题。2009 年美国政府的债务总额达到了 11.9 万亿美元，占 GDP 的比重为 84.3%。而危机之初的 2007 年这两个数字分别只有 8.74 万亿美元和 62.1%。表 6 - 3 显示，金融危机爆发过程中，欧美主要国家政府的债务总额增长幅度明显加快，而且在未来没有缓解的迹象。

6.1.1.2　金融危机的根源

危机之后关于危机的解释与反思出现了许多讨论，各国经济学家都试图找出其中的原因，以便防范危机的再一次发生可能对本国造成的不利影响。截止到目前，有关危机原因的解释总结起来大致有以下五种：美联储政策失误说、过度消费而储蓄过低说、金融过度创新说、金融监管缺位说、全球经济失衡说等。我们发现这些解释大多是侧重于危机发生的某一环节，这也反映出危机是多种条件共同作用下产生的结果。

　　总的来说危机的发展过程基本是循着这样的路径：美国网络泡沫破灭——美联储低利率政策——房地产市场过热——美联储提高利率——次贷房地产违约率大幅上升——次级抵押贷款证券化金融衍生品债券价格暴跌——金融企业亏损——市场流动性紧张——企业面临现金流危机以及需求下降、库存增加等经营风险。对于这样一个过程，显然单独聚焦其中一个环节找原因是不全面的，由于金融危机的发生是多因素共同作用的结果，这些因素更多的可能是经济参与主体决策行为所引发的，因而我们根据这些主体的不同，来划分对危机的不同解释。这些主体分别为美联储、消费者、金融机构、金融监管机关（政府）以及外国。

表 6 - 3　　　　　　　　**欧美主要发达经济体 2006 ~ 2011 年**

政府债务占 GDP 的比重　　　单位：%

年份	2006	2007	2008	2009	2010	2011
澳大利亚	9.763	9.474	11.623	17.629	21.939	23.684
加拿大	69.408	65.120	69.764	81.599	81.703	80.481
法国	63.656	63.784	67.493	78.077	84.196	87.559
德国	67.555	64.908	66.345	73.514	75.342	76.518
希腊	97.118	95.559	99.187	115.161	130.243	139.349
意大利	106.510	103.465	106.098	115.774	118.358	119.692
葡萄牙	63.916	62.735	65.352	76.303	83.134	87.086
西班牙	39.565	36.121	39.723	53.102	63.453	70.224
英国	43.126	43.940	52.052	68.486	76.661	81.931
美国	61.067	62.148	71.129	84.259	92.715	99.324

　　资料来源：IMF World Economic Outlook Database，October 2010，其中 2010 年及 2011 年为 IMF 预测数据，加拿大 2009 年数据也为 IMF 预测数据。

　　第一，美联储政策失误说。美联储的利率政策对于房地产的泡沫形成和泡沫破灭，可以说是成亦萧何，败亦萧何。2000 年网络泡沫破灭，加之 2001 年"9·11 事件"的影响以及共和党布什政府的上台，从 2001 年开始美联储连续大幅降息，由 2000 年年末的 6.50% 降到 2001 年年末的 1.75%，到 2003 年年末进一步降至 1.00%。利率的大幅降低催生了房地产的巨大泡沫，在此情况下，自 2004 年开始美国进入加息周期并一直持续到 2007 年 9 月 18 日，利率由 1.00% 提高至 5.25%。利息负担加重使得房贷尤其是次级房贷的违约率显著增加。尽管此后开始降低贴现率，但为时已晚。随着金融机构和非金融机构的大量倒闭，次贷危机逐渐演变为严重的金融和经济危机。可以说，如果没有美联储过度宽松的货币政策，也许就不会有房地产的泡沫化以及后来的次贷危机。

第二，消费者过度消费过少储蓄说。美国拉动经济增长的过度消费模式，似乎也为其金融体系的运营增添了风险，与量力而行消费理念相反，美国经济生活中盛行的借钱消费、贷款消费、延期支付的模式，确实在实现社会基本经济单位——家庭收支平衡方面存在困难，这也可能是造成长期以来美国国内储蓄率过低的原因之一。可以说，美国过度消费与低储蓄匹配，严重透支着未来的生活方式，增加了债务风险，是导致此次危机的原因之一。

造成消费者可以无顾忌消费而不增加个人储蓄的原因在于：商家的鼓励以及提供便利的融资手段；房屋等资产价格上涨的财富效应是消费者追求获得更多抵押贷款的动力；由于美国金融市场竞争过于激烈，从而造成金融机构对个人消费金融的过度开发，尤其美联储的低利率政策，更是刺激了金融机构与消费者的冒险；美国较为完善的社会保障制度也一定程度上为消费者的过度消费提供了心里支持。

第三，金融机构金融过度创新说。第三个涉及的主体就是那些过度逐利并忽视金融风险存在，提供次级贷款并创造了次级贷款抵押证券的诸多金融机构。这些银行和非银行金融机构通过金融创新将次级贷款证券化，从而将风险转嫁给整个国内资本市场甚至是国外资本市场。而经过金融机构的分割包装、信用强化，原本具有极高违约风险的次级贷款就变成了优质证券，被卖给全世界的投资者。但是，实际的风险在累加（如果算上后续的金融杠杆，金融风险应该是被几十倍的放大了），只不过它们都被金融机构隐藏了而已。

次级贷款风险的转嫁，又极大地刺激了金融机构发放次级贷款的热情，从而使极小的次级贷款市场迅速扩大开来，原本高风险的市场在金融创新的帮助下成了金融机构掘金的金矿。由于金融机构都不认为风险应该由自己承担，因此不断开发新的金融品种并试图转嫁，或与其他金融机构分摊风险，这种普遍的做法使得风险最终肆意爆发。

第四，政府金融监管缺位说。早在 1997 年，格林斯潘就提出，要放松对金融衍生品交易的管制。1999 年克林顿政府通过的《格雷姆—里奇—比利雷法》，2000 年通过的《期货商品现代化法》，为美国银行、非银行金融机构踊跃进行金融衍生品创新打开了方便之门。2004 年美国证券交易委员会提出，进一步放宽对资本的规制，允许投资银行提高负债水平，实际上都对金融交易的风险累加起到了推波助澜的作用，从而导致住房泡沫升大，直到泡沫破裂后的次贷危机爆发。

第五，全球经济失衡说（外因论）。关于危机的第五种解释，是一种典型的外因论。该种观点支持者认为，造成经济危机的根本原因不在美国经济本身，而在于全球经济的失衡。该种观点的支持者甚至还认为，造成全球经济失衡的主要原因，是由于东亚地区，特别是中国的储蓄率过高，以及中国对美国的长期顺差的存在，因而认为中国应该为此次危机负责。这种论调的目的显然是在推脱责任转嫁矛盾，为其行使贸易保护寻找借口。这显然会破坏全球合作以及东亚区域经济合作，从而引发国家、地区之间的贸易摩擦。不过，全球金融危机的爆发也从另外一个层面对东亚提出警示，由贸易结构失衡而引发的全球经济失衡不但会伤及美国经济，也会严重影响东亚经济的可持续发展。

6.1.2　全球金融危机对东亚经济的影响

与世界其他地区显著不同，东亚国家和地区一直以来都拥有较高的储蓄率，这为投资拉动和政府通过产业政策引导经济增长创造了条件。2008 年美国次贷危机的金融风暴席卷全球后，随着对美欧出口的大幅下降，东亚经济也受到了较大影响。不过，与 1997 年东亚金融危机不同的是，本次危机向东亚地区的传导和影响是一种直接渗入实体经济部门的结构性冲击，而东亚地区国家的金融部门总体上受影响较小（详见表 6-4）。一些研究甚至认为，如果不是因为金融部门的健康，东亚遭受全球金融危机的打击会更大。[①]

---

① 比如，巴斯卡兰和高希（Bhaskaran & Ghosh, 2010）从两个方面证明了东亚金融体系的抗危机能力：一是富有弹性的货币市场，大部分东亚各国（地区）的弹性汇率体制保证了应对资本外流的货币调整能力，而充足的外汇储备则使各国（地区）能够免受突然的流动性冲击；二是健康的金融体系，主要表现为东亚银行普遍具有较高的资本充足率和较高的抗压指数，这使得它们在面对突然的外部冲击时具有足够的化解能力。

表6-4　　　　　　　　　　金融稳定指标　　　　　　　　　单位：%

东亚新兴经济体	银行不良贷款比率（年）		风险加权资本充足率（年）		银行资产收益率（年）	
	2000~2004年均	2008或2009	2000~2004年均	2008或2009	2000~2004年均	2008或2009
中国	21.0	1.7	-2.3	12.0	0.2	1.0
中国香港	4.0	1.5	16.1	16.5	1.2	1.6
印度尼西亚	10.2	3.8	18.7	17.8	2.2	2.6
韩国	3.1	1.6	10.7	14.3	0.4	0.5
马来西亚	8.9	2.1	13.4	14.0	1.3	1.5
菲律宾	14.5	3.5	17.0	15.5	0.8	0.9
新加坡	5.3	1.5	17.7	15.5	1.1	1.1
中国台湾	5.2	1.5	10.5	11.1	0.3	0.2
泰国	13.5	5.3	13.2	16.4	0.7	0.9

注：对于银行不良贷款比率，新加坡的数据截至2008年9月；中国、印度尼西亚、马来西亚和泰国的数据截至2009年9月；菲律宾的数据截至2009年8月；中国香港、韩国和中国台湾的数据截至2009年6月。

对于风险加权资本充足率，中国的数据截至2008年12月；印度尼西亚、马来西亚、泰国和新加坡的数据截至2009年9月；中国香港、韩国和中国台湾的数据截至2009年6月；菲律宾的数据截至2009年3月。

对于银行资产收益率，中国、韩国、马来西亚的数据截至2008年12月；印度尼西亚、新加坡和泰国的数据截至2009年9月；中国香港、菲律宾、中国台湾的数据截至2009年6月。

资料来源：ADB（2009）：ASIA ECONOMIC MONITOR，December。

事实上，全球金融危机对东亚的传导与冲击主要源于以东亚生产网络为基础形成的"东亚生产—美欧消费"的全球分工格局。这种分工结构的脆弱性随着新世纪以来中美贸易失衡不断扩大，以及美国国内经济失衡问题不断加剧而日益放大。其风险也被许多人所认识，日本学者林直道甚至早在2000年就指出，"我们绝不期待美国爆发危机，但是危机是资本主义经济内部固有的必然产物，美国积累了形成危机的众多条件，因此可以说危机是难以避免的……如果美国爆发了危机，在美国过度消费停止的同时，世界贸易和金融业也将陷入巨大混乱，即使爆发可与1929年危机相匹敌的世界性大危机也毫不奇怪"。① 国际货币基金组织也自21世纪初期

① 林直道著，江瑞平等译：《危机与萧条的经济理论：对日、美及东亚经济衰退的剖析》，中国人民大学出版社2004年版，第233~234页。

以来连续强调全球经济失衡问题的严重性。① 不过，以格林斯潘为代表的主流的新自由主义者一直坚持认为，在全球化的道路上，市场有足够的弹性、人类有足够的能力避免出现类似于大萧条那样的经济大危机。

全球金融危机对东亚实体经济的冲击是从出口部门开始的（如图6－1所示）。东亚所有主要国家的出口从 2008 年第 4 季度开始都迅速大幅下降，在接下来的两个季度内其下降幅度不但超过世界产出的收缩幅度，而且也超过了以前经济危机时的出口下降幅度。根据国际货币基金组织（IMF，2009）的研究，从 2008 年 9 月到 2009 年 2 月，新兴东亚经济体的出口按年计算下降了70%，是 21 世纪初期信息泡沫经济破灭时出口下降幅度的 1.5 倍，更是高于东亚金融危机时出口下降的几乎 3 倍。② 同时，即使考虑各国对出口和对美欧市场不同的依赖程度，平均20%的出口下降幅度还表明各国的发展呈现出明显的同周期性。对各国贸易数据变化的仔细分析，我们可以发现危机通过区域生产网络对各国的影响机制。简单说，就是对美欧出口的大幅下降通过内部供应链在东亚迅速形成连锁反应，导致整个区域生产网络的断裂，使得各国出口大幅下降，并进而向国内其他生产部门扩展，最终导致经济的全面衰退。

从东亚各国所受的影响看，越是处于生产链上游的国家受到的冲击越大。具体看，日本是受冲击最严重的国家，原因主要有两点：一是相对于东亚其他国家，日本的出口产品具有更高的需求弹性。在日本的出口中，很大一部分产品都属于资本品和高端耐用消费品，比如汽车、电器、机械工具及其零部件等。这些产品的主要出口目的地是美国和其他发达国家，更容易受到全球经济衰退的影响。二是日本出口还因美欧对中国最终产品的需求下降而间接受到影响。随着近些年中国作为世界制造工厂的崛起，日本跨国公司纷纷以中国为中心重构其区域生产网络，将许多原来位于本国或东亚其他地区的生产环节转移到了中国。这种分工转换导致的一个直接结果就是日本对中国出口依赖度的提高和对美国出口依赖度的降低，而且对中国的出口依赖主要集中在零部件等中间产品领域。因此，当中国遭受美欧需求下降的冲击时，会立刻导致对日零部件进口的下降，从而使得

---

① 国际货币基金组织关于国际失衡的论述可见于各期的《世界经济展望》。参见 Dunaway, Steven（2009）. Global Imbalances and the Financial Crisis. Council Special Report No. 44，March，The Council on Foreign Relations（CFR）。

② IMF（2009a）. Asia and Pacific：Global Crisis-the Asian Context. Regional Economic Outlook，May. p. 2.

日本在对美欧直接出口下降的同时还要遭受间接出口下降的双重打击。与日本相比，韩国和中国台湾遭受的影响更小一些，但大于东亚其他国家和地区。对这两个经济体来说，过去对中国出口的快速增长并没有为其提供一个抵抗世界需求下降冲击的"安全垫"。不过，东亚新兴经济体受到的冲击总体上小于日本，可能反映了危机时期消费者对更具价格竞争力的低端产品的偏好。

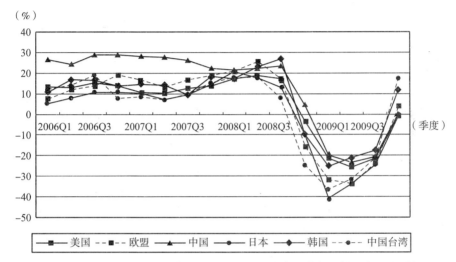

图 6 – 1   全球金融危机期间东亚与美国、欧盟的出口变化比较（年同比增长）
资料来源：根据 UNCOMTRADE 相关数据绘制。

中国进出口地区数据的变化可以更进一步地说明，东亚各经济体遭受全球金融危机时由于生产网络结构原因而呈现出来的同周期性特点（如图6 – 2 所示）。2009 年第 1 季度，中国对美国出口下降了 15.4%，对东亚各国的出口平均则下降了 20% 以上。相对于出口，中国从东亚国家和地区的进口收缩的更快，下降幅度平均达到 23.5%，远远超过对欧美 16% 的下降幅度。在东亚内部，中国从日本、韩国和中国台湾地区进口的下降幅度则更大，平均超过 30%。这一结果的出现其实并不令人惊奇。因为，在以中国为中心的整个东亚生产供应链上，日本、韩国和中国台湾提供了绝大部分的零部件，特别是在电子信息产品领域，而该领域产品相对于其他产品，特别是劳动密集型产品（纺织鞋帽、袜子等），显然更容易受到外部需求的冲击。比如在 2009 年第 1 季度，中国鞋、帽、雨伞等轻工产品的进口和出口分别只下降 2.83% 和 1.32%，而机电产品的进出口却分别下降 24.11% 和 31.58%，远远高于前者。① 这从一个层面反映了中国企业中面对低迷的进口需求的情况下主动减少了进口零部件的库存。

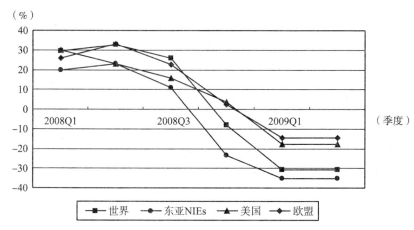

图 6-2　全球金融危机期间中国的进口地区结构变化（增长率）

资料来源：根据中国商务部的相关数据绘制，http：//zhs. mofcom. gov. cn/tongji. shtml。

6.2　后危机时代东亚转型的深化

全球金融危机对于东亚来说，其实是"危"、"机"并存。一方面，危机使东亚经济陷入衰退，并给未来的发展带来了不确定性；另一方面，危机又迫使东亚各国真正明白，以前的增长模式是不可持续的，必须进行结构性转型，实现内外更加均衡的经济增长。如果说 1997 年金融危机是东亚在其全球化道路上由于自身脆弱性而遭受的制度性冲击，那么，全球金融危机对东亚经济的冲击，则是基于全球供应链断裂而产生的结构性冲击。危机过后，东亚必须重新审视这种由于国际分工脆弱性而产生的风险，推动地区经济朝着一种内需与外需结构、生产与消费结构更加均衡的方向转型。

① Athukorala, Prema-chandra & Archanun Kohpaiboon（2009a）. Intra-Regional Trade in East Asia：The Decoupling Fallacy, Crisis, and Policy Challenges. The Australian National University Working paper No. 9.

6.2.1 经济再平衡与东亚分工重构

6.2.1.1 东亚分工和贸易结构与全球经济失衡

一些观点认为，引发全球经济失衡与东亚地区各国承担的国际分工以及由此形成的贸易结构高度相关。具体看，东亚地区国际分工与贸易结构具有两个特点。

一是区域内贸易水平高，区域内进口比重高于出口。1990～2007 年，东亚地区十五个经济体区域内贸易年均增长 15.2%，超过区域外贸易年均10.6%的增幅。由于日本贸易量下降，包括日本在内的东亚区域内和区域外贸易量的增长率均有所降低，但仍高于欧盟和北美自由贸易区的区域内贸易增长率（详见表 6-5）。从区域内贸易比重来看，2007 年，东亚国家区域内出口占世界贸易比重约为 13.4%，高于北美自由贸易区的 6.2%，但远低于欧盟的26%。从表 6-5 中可以看出，自 1990 年开始，东亚区域内贸易占世界贸易的比重基本不变，其中日本的贸易比重下降约 4%，恰好与东亚发展中经济体之间的贸易比重增幅相同。同期，北美和欧盟的区域内贸易占全球总贸易比重呈缓慢下降趋势。希恩（Shin，2008）计算了1990～1996 年、1999～2002 年、2003～2006 年三个阶段东亚各经济体之间以及东亚同美国和欧盟的贸易密集度[1]的变化，结果发现东亚同美国和欧盟的进出口密集度都呈逐渐下降趋势，且均小于东亚区域内密集度水平，而区域内进出口密集度明显升高（详见表 6-6）。金等人（Kim et al.，2009）的研究显示，东亚新兴经济体对 G7 的出口占总出口的比重从1990 年的49%下降到了 2007 年的32%，同期，对美国的出口也由22%下降到15%[2]。据此，有学者提出东亚"脱钩论"，[3] 认为东亚已经脱离对欧美等西方发达国家的出口依赖，转而依靠区域内贸易，维持经济持续增长。

---

[1] 贸易密集度指数用来反映两国贸易依赖关系的强弱，分出口密集度和进口密集度。计算方法为：出口（进口）密集度 =T 时期一国对（从）另一国出口（进口）总额/T 时期一国出口（进口）总额，密集度越大，表明两国贸易关系越紧密。

[2] Kim, Lee & Park, C. Y. (2009). Emerging Asia: Decoupling or Recoupling. ADB Working Paper Series on Regional Economic Integration No. 31, pp. 7-8.

[3] Dees, S. & Vansteenkiste I. (2007). "The Transmission of US Cyclical Developments to the Rest of the world", ECB Working Paper, No. 798, August 2007.

表6-5　东亚和世界其他地区区域内、外出口额及比重变化（1995～2007年）

区域	总出口（亿美元）				占世界贸易份额（%）				占区域总出口份额（%）				年增（%）
	1995年	2000年	2005年	2007年	1995年	2000年	2005年	2007年	1995年	2000年	2005年	2007年	1990~2007年
东亚15个地区	8 700	11 940	21 370	30 750	17.9	19.2	21.7	22.2	100	100	100	100	12.5
区域内	3 450	4 660	9 010	15 170	7.1	7.3	9.1	11	39.6	38.2	42.2	49.4	15.2
区域外	5 260	7 380	12 350	15 580	10.8	11.8	12.5	11.3	60.4	61.8	57.8	50.6	10.6
东亚16个地区	13 130	16 730	27 320	37 900	27.1	26.8	27.7	27.4	100	100	100	100	10.4
区域内	6 460	7 980	13 900	18 530	13.3	12.8	14.1	13.4	49.2	47.7	50.9	48.9	11.7
区域外	6 670	8 750	13 420	19 360	13.7	14.0	13.6	14.0	50.8	52.3	49.1	51.1	9.4
欧盟27国	20 110	24 240	40 540	53 190	41.4	38.9	41.1	36.4	100	100	100	100	7.6
区域内	10 410	16 410	27 320	36 010	28.9	26.3	27.7	26	62.1	61.1	59.7	67.7	7.7
区域外	6 090	7 830	13 220	17 160	12.6	12.6	13.4	12.4	37.9	38.9	40.3	32.3	7.5
北美3国	8 540	12 240	14 790	18 350	17.6	19.6	15	13.3	100	100	100	100	7.4
区域内	3 930	6 620	8 240	9 310	8.1	10.9	8.4	6.7	46.0	55.7	55.8	50.7	8.7
区域外	4 610	5 420	6 640	9 040	9.5	8.7	6.6	6.5	54.0	44.3	44.2	49.3	6.3
世界总出口	48 540	62 330	98 590	138 300	100	100	100	100	—	—	—	—	8.9
日本	4 430	4 790	5 950	7 140	9.1	7.7	6	5.2	14.4	11.7	10.4	8.8	5
中国	1 490	2 490	7 620	12 180	3.1	4	7.7	8.8	6.2	6.9	11.0	12.2	18.2
美国	5 830	7 800	9 040	11 620	12	12.5	9.2	8.4	13.1	11.4	7.7	7.1	5.7

注：1. 东亚十五成员指：文莱、柬埔寨、中国、中国香港、中国台湾、印度尼西亚、韩国、老挝、马来西亚、蒙古、菲律宾、新加坡、泰国、越南、缅甸。东亚十六个成员加日本。

2. 东亚十六个地区指：东亚十五个成员加日本。

资料来源：联合国 UNCOMTRADE 数据库。

表 6 - 6   东亚的进出口密集度指数

地区	时期	出口密集度			进口密集度		
		美国	欧盟	东亚	美国	欧盟	东亚
东亚平均	1990 ~ 1996	0. 225	0. 155	0. 471	0. 161	0. 134	0. 502
	1996 ~ 2002	0. 218	0. 147	0. 494	0. 145	0. 109	0. 54
	2003 ~ 2006	0. 17	0. 128	0. 537	0. 11	0. 095	0. 558

资料来源: 转引自 Shin, K. Global & Regional Shocks: Challenges to Asian Economies. Tokyo: Asian Development Bank Institute, ADBI Discussion Paper No. 120.

2007 年, 区域内国家间出口占东亚总出口的 44.5%。1990 ~ 2005 年, 东亚区域内出口的年平均增长率约为 13.4%, 高于世界贸易年均 9.5% 的增幅, 15 年间东亚的区域内出口总额占世界总出口的比重从 4.2% 提高到 9.1%, 同期欧盟的区域内出口占世界总出口的比重下降了约 8.4%, 北美自由贸易区下降了 1.9%。东亚非石油产品的区域内出口占区域总出口的比重从 1992 年的 36.4% 上涨到 2005 年的 38.7%, 东南亚的区域内出口比重下降 1.5%, 东北亚增加 11%。具有代表性的制造业产品区域内出口占区域制造业总出口的比重同期上涨了约两个百分点 (从 36.5% 上升到 38.4%)。从出口密集度来看, 1990 ~ 2006 年的三个时期东亚区域内出口密集度从 0.471 提高到 0.537。

进口方面, 2007 年东亚区域内进口占东亚总进口的 63%。非石油产品的区域内进口占东亚总进口的比重从 1992 年的 40.3% 提高到 2005 年的 54.5%, 其中, 东北亚国家间进口增长约为 8%, 东南亚国家间进口增长接近 10%。制造业商品区域内进口占区域总进口比重同期增长 19%, 东北亚增长 15.7%, 东南亚增长 19.1%[1]。同期进口密集度从 0.502 提高到 0.558。

从以上数据不难看出, 东亚区域内进口占区域总进口比重 (包括非石油产品和其中有代表性的制造业产品)、区域内进口增速和进口密集度都高于同期的出口密集度指数, 区域内进出口存在着明显的不对称。这就意味着, 过去 20 年东亚区域内贸易规模的增长更多地依赖区域内进口而非出口的增长。

二是区域内中间产品贸易的比重高于最终产品。中间产品贸易的主要

① 以上数据均来自 Douglas H. Brooks & Changchun Hua (2008). Asian Trade and Global Linkage. ADBI Working Paper No. 122.

表现形式是商品构成的零部件贸易，这可能是当今全球贸易的主要特征之一。东亚区域内的零部件贸易占区域内商品贸易总额的 67.3%（如图 6-3 所示）。日本、区域内新兴工业化经济体、大中华区和东盟的零部件贸易比重均超过 50%，远高于北美自由贸易区的 29.3% 和欧盟 13.2%。也高于 34.5% 的世界平均水平。

根据亚洲开发银行（2009）的研究结果，从 20 世纪 90 年代开始，东亚的零部件贸易水平逐年增加，且大多集中于制造业中的信息、通信科技产品，电子产品和机械制造品领域。区域内零部件出口从 1992 年的 16% 增加到 2006 年的 25%。2006 年，菲律宾出口的制造业产品中 70% 是零部件，而中国的零部件出口占总出口比重从 1992 年的 4% 增加到 2006 年的 19%。进口方面，零部件进口占东亚进口总额比重从 1992 年的 22% 提高到 2006 年的 36%。在中国，零部件进口占制造业总进口的比例从 1994~1995 年的 18.5% 增加到 2006~2007 年的 44%，与此同时东亚其他新兴经济体的零部件出口份额大于进口[①]。

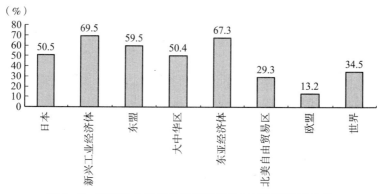

图 6-3　东亚和世界其他地区零部件区域贸易比重比较

资料来源：转引自 Athukorala, P & Yamashita, N.（2006）. Production Fragmentation and Trade Integration：East Asia in a Global Context. *The North American Journal of Economics and Finance*, 17 (3), pp. 33 - 34。

以机械和运输设备为例（详见表 6-7），机械和运输设备零部件在区域内大多数经济体的出口和进口都接近一半。其中，东亚新兴经济体和东盟的零部件贸易增长最为显著。进口方面，中国的零部件进口增长了近 30%，成为区域内零部件进口增速最快的国家。

---

①　ADB（2009）. The Global Economic Crisis：Challenges for Developing Asia and ADB's Response. April.

表6-7 机械品和运输设备零部件、最终产品的总贸易情况（1989/90年度和2005/06年度）

单位：%

区域	总贸易		零部件		最终产品		零部件占总贸易比重	
	1989/1990	2005/2006	1989/1990	2005/2006	1989/1990	2005/2006	1989/1990	2005/2006
出口								
北美自由贸易区	22.4	18.1	24.5	19.7	21.0	16.7	44.9	48.4
欧盟15国	35.3	35.4	32.5	31.1	37.3	38.9	37.9	38.9
日本	19.1	11.4	17.8	11.3	19.9	11.5	38.5	43.9
韩国	2.4	4.3	2.9	4.1	2.1	4.4	49.0	42.8
中国	2.3	9.3	1.4	7.3	3.0	10.9	24.5	34.8
中国台北	3.3	3.8	3.6	5.4	3.1	2.5	45.0	63.8
中国香港	1.0	0.7	1.4	1.0	0.8	0.5	55.6	60.4
东盟6国	6.3	8.0	7.2	10.5	5.7	6.0	46.7	58.4
进口								
北美自由贸易区	27.2	25.2	28.2	22.3	26.5	27.5	42.6	39.2
欧盟15国	33.7	35.4	33.1	32.0	34.2	38.2	40.4	40.0
日本	3.4	3.7	3.5	4.2	3.3	3.3	42.0	49.9
韩国	2.4	2.2	2.9	3.0	2.0	1.6	49.5	59.7
中国	3.5	7.2	2.5	9.8	4.2	5.1	29.0	60.4
中国台北	2.4	2.0	3.2	2.8	1.8	1.4	55.3	62.1
中国香港	3.9	4.0	3.8	5.7	3.9	2.7	40.3	62.5
东盟6国	9.2	7.2	11.7	11.2	7.4	4.0	52.6	68.8

注：东盟6国指：印度尼西亚、马来西亚、新加坡、泰国、菲律宾和越南。

资料来源：UN COMTRADE 数据库和阿苏科腊拉和希尔（Athukorala & Hill，2008）整理。

东亚区域内贸易的增加，实际上并没有降低区域间贸易量。相反，大部分东亚新兴经济体对发达经济体的出口依赖程度很高，尤其是对欧盟和美国市场的依赖。金等人（2009）援引全球贸易分析项目（GTAP）数据库的分析结论得出，2004 年东亚新兴经济体的出口中只有 22.2%的最终产品是在区域内消费，而高达 77.8% 的最终产品出口到了世界其他地区，其中 G7 国家仍然是东亚的主要出口市场，其中流向美国、欧盟、日本的比重高达 59.1%，而仅有 6.4% 流向中国①（如图 6 - 4 所示）。亚洲开发银行（2007）对 1997 年金融危机前后东亚的经济周期同本区域以及美国、欧盟、日本三个经济体的经济周期做了相关性分析，发现东亚区域与美国、欧盟、日本的经济周期相关性都呈上升趋势②。香港货币管理当局（2007）估计了东亚区域出口与美国进口的弹性，结果表明，美国进口每下降 10%，会导致东亚新兴工业经济体出口下降 2.9%，东盟地区的出口下降 3%③。希恩（2008）研究指出东亚最大的两个经济体（日本和中国）对美国市场的依赖程度分别是 23.3% 和 22.7%。总体上，东亚地区国家对区域外市场依赖仍然强劲。尽管东亚区域内贸易水平的增长使得美国、欧盟对东亚地区出口占该区域总出口比重在减小，但是，

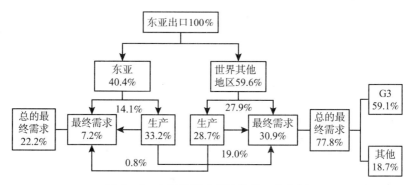

图 6 - 4　东亚发展中经济体出口的分解

资料来源：全球贸易分析项目数据库（GTAP），转引自 Kim, Soyoung , Jong-wha Lee & Cyn-young Park（2009）. Emerging Asia: Decoupling or Recoupling. ADB Working Paper Series, 31.

---

①　欧洲中央银行估计的结果是中国从"四小龙"和"四小虎"（泰国、印度尼西亚、马来西亚、菲律宾）地区进口的最终产品只占它们最终产品总出口的 7.2%。

②　ADB. Asian Development Outlook 2007. Manila.

③　Hong Kong Monetary Authority（2007）. Sense and Nonsense about Asia's Export Dependency and the Decoupling Thesis. Hong Kong Monetary Authority Quarterly Bulletin. June, Hong Kong, China.

区域内贸易繁荣主要归功于中间产品贸易的迅猛发展。考虑到中间产品和最终产品之间的紧密关联，东亚区域内贸易发展的特征非常突出，一方面，东亚区域内贸易快速发展主要由中间产品贸易驱动，而中间产品贸易繁荣又过度依赖最终产品市场的繁荣；另一方面，东亚地区主要最终产品出口市场却在区域外，也就是说区域内贸易发展源头在区域外。因此，东亚对欧美远没有达到"脱钩"的程度，相反，由于东亚最终产品对区域外需求的高度依赖性，使得东亚贸易紧紧地与美国、欧盟市场需求结合在一起。

6.2.1.2 东亚区域分工重构方向

正如前所述，全球金融危机对于东亚来说是"危"、"机"并存。东亚各国必须认识到，以往的经济增长模式是不可持续的，必须进行必要的结构性转型，以寻求一条能够使得内外达到均衡的经济增长路径。①

东亚目前在贸易结构上表现的失衡，可以归结为两方面的原因，即供给和需求。供给方面，过去60年东亚区域经济体依次参与到全球生产网络，按照比较优势确定的在全球供应链中位置，决定了其零部件贸易呈现了爆发式增长，而东亚地区国家也确实从这种国际分工格局中获得了利益。可以说，零部件在东亚地区国家的大规模生产、流通和组装的现状已经显示该地区在全球商品生产中的重要地位，这在短时间内不会变化。这种状况的存在不仅涉及东亚区域内各经济体对外贸易部门，更深化了资源在区域内的再配置，并决定于各国的要素禀赋、发展程度、产业发展政策和宏观战略布局。日本、韩国等已经依靠其技术优势占领产业链上的价值顶端，但中国作为劳动力资源丰富的大国，多年来在政府得力政策引导下，维持了持续的经济高速增长的事实，更凸显出对区域经济影响远远大于日本和韩国。虽然越南、菲律宾、印度尼西亚、老挝等国家处在供应链最末端，需要承接上游剥离的产业，但还是凭借更低廉的劳动力成本吸引外资发展了本国经济。需求方面，东亚区域经济体发展水平差距较大，大部分经济体还处在欠发达阶段，收入水平不高，再加上不完善的社保体系和较高储蓄率，使得东亚区域整体内需不足，这不仅直接造成对最终产品消费水平的限制，也间接扩大了经济增长对

---

① 危机前，东亚各国其实已经意识到全球失衡的风险，并出台了不少的应对措施。比如从2001年起，中国每年的中央经济工作会议都会强调增加国内消费的重要性，但中国居民消费占GDP的比重却是逐年下降，从2003年的47.1%下降到2008年35.3%。

外需的依赖程度。

　　基于供给和需求的原因，要从根本上解决东亚区域内国际分工与贸易的失衡问题，必须从根源上寻找解决机制和方法。目前学者们普遍认为解决东亚区域内贸易失衡的问题，最终都必须落实到改变区域内零部件为主的供给模式和提振最终产品的内部需求。但是，这种失衡的现状很难在短期内直接改变。一方面，已经建立好的区域生产网络决定了零部件贸易仍然是东亚区域内贸易的主要形式，产业结构的调整和升级不仅过程漫长，而且需要良好的外部条件。另一方面，需求的提振涉及各经济体（尤其是发展中经济体）提高国民收入，建立比较完善的社保制度，甚至还需要引导国民转变对储蓄和消费的观念。这些都不是在短期内可以实现的。当然，内部需求也可以通过政府大规模增加投资在短期内得以调动，事实上这也正是为应对金融危机，东亚各经济体普遍采取的对策。尽管财政刺激效果显著，但也带来许多负面效应。因为，为了应对如此大规模的财政刺激政策，各国必须通过发行债券来筹集资金，一方面增加了政府财政赤字，从长远来看是增加国民的负担。比如泰国第二次推出的420亿美元刺激计划，三分之二来源于政府向国民发行的债券筹资，其余部分，根据泰国法律，需要通过相关法案才能向国民增发债券。另一方面，大规模的前期投入必将带来后期的产品价格上升。目前，中国已经面临比较严重的物价上涨和高通货膨胀预期。可以说，财政刺激仅仅是东亚各国为应对金融危机冲击的"权宜之计"。长期来看，东亚需要从合理收入分配、健全社会保障体系、降低居民储蓄率和深化区域合作来扩大内需。各国财政刺激政策取得了明显的短期成效，但是经济中长期存在的根本弊端并没有得到有效改善。并且，大规模的刺激计划所导致的巨额负债，使各国政府进一步刺激经济的政策空间几乎耗尽，也为全球经济的长期发展埋下了债务危机及货币危机的隐患。

　　因此，直接从供给和需求途径解决区域内贸易的结构失衡是东亚各国一项长期的战略。但是这种各自发展战略的转型是否一定能够达成区域贸易结构的转变，使得区域内中间产品和最终产品的贸易更加平衡，结果并不确定。为此，东亚各国必须加强区域合作，采取更加有效的合作战略推进区域内最终产品贸易的提高，从而实现东亚经济发展的再平衡。

6.2.2　东亚区域经济的整合与深化

全球金融危机爆发后，信用遭到破坏，货币市场流动性出现紧缩，消费和投资受到抑制。与其他国家一样，东亚各国普遍采取了通过政府大规模增加投资刺激内需的宏观经济政策。比如中国政府于 2008 年年底推出总额为 4 万亿元人民币（5 860 亿美元）的一揽子经济刺激政策，规模相当于中国 2008 年 GDP 的 14%，其中大部分投向基础设施建设（约占 86%），7% 用来补贴低收入家庭。韩国、马来西亚、新加坡、印度尼西亚、泰国也先后推出经济刺激计划，总体上，投资资金主要流向了基础设施建设、中小企业融资、直接或间接补贴居民消费、清洁能源开发等。通过这种刺激政策，东亚经受住了本次危机的考验，经济增长率先反弹并走向复苏。尤其是中国经济达到 7% 的增长率，引领东亚摆脱了危机，2009 年区域内实现了平均 4% 的 GDP 增长。然而，财政刺激，仅仅只能是东亚各国应对金融危机冲击的"权宜之计"，因为经济中长期存在的根本弊端并没有得到有效根除。并且，大规模刺激计划所导致的巨额财政赤字，使各国政府进一步刺激经济的政策空间几乎耗尽，也为全球经济的长期发展埋下了债务危机及货币危机的隐患。

除了各国自身的努力，为了促进区域内最终消费市场的建设和改变失衡的区域分工结构，东亚各个经济体之间必须加强协调与合作，推动区域一体化向纵深发展。目前，东亚的区域合作已经形成了一体化程度较高的东盟统一市场以及东盟 + 中国、东盟 + 日本、东盟 + 韩国、东盟 10 + 3 等交流机制，而且中国—东盟自由贸易区协定也已生效。可以说对未来建立统一的东亚市场，或一体化的东亚合作组织打下了一个良好的基础，也为通过区域合作促进区域内贸易结构再平衡提出了新的要求。未来东亚的金融合作，不仅要满足预防区域外金融危机冲击的目的，还要服务于支持地区经济发展和扩大区域内贸易，尤其是最终产品贸易的需求。这就需要东亚不仅在汇率上开展合作，探讨货币联盟的可行性，建立协调机制以防止汇率大幅波动对贸易产生的不利影响，而且还要利用好亚洲储备投资基础设施建设等促进贸易便利化水平。在贸易合作方面，区域内各经济体不仅要寻求逐步降低贸易壁垒，而且要通过提高产品的竞争力适应区域内外日益苛刻的进出口条件的挑战。与此同时，必须深化现有区域内 FTA 合作，积极建立覆盖全区域的自由贸易区，以降低区域贸易的交易成本，扩大市场规模，实现"无缝"亚洲的构想。

6.2.2.1 加强东亚区域内金融合作

为克服东亚金融合作存在的缺陷，东亚首先需要通过区域内各国央行协调货币政策，通过磋商确定指导商业银行的基准利率水平。探讨建立一个统一的、覆盖全区域的权威性金融合作组织的可行性。该组织不仅需要承担制定长期和阶段性发展目标的任务，而且还要承担推进和实现这些目标的责任。这一组织的存在，要为推进东亚区域金融合作承担制度保证。在这个专门组织的管理下，为调动东亚国家参与合作的热情，应进一步向广度和深度发展，包括加强区域内基础设施投资，推动跨境交通设施和交通网络建设，以此促进区域内贸易，尤其是最终产品贸易的发展。为此，可以考虑建立基础设施投资基金或基础设施投资银行，长远来看，这对东亚转变经济发展方式、促进内需拉动型增长具有重要的作用。

除此之外，东亚需要尽快开展汇率合作。东亚区域内各国普遍实行的是钉住美元的汇率制度，发展中国家长期经受着日元对美元汇率大幅波动带来的困扰。随着东亚区域内投资贸易活动的日益频繁，日元与美元的汇率波动带来的影响将更为显著，势必对东亚地区的投资贸易和实体经济带来更大的不稳定性，这次金融危机后美元大幅贬值对东亚区域经济造成的影响是显而易见的。因此，通过东亚各国、各地区之间的汇率协调，减小这些经济体本币货币对美元汇率波动的负面影响，有助于东亚地区国家制造业的顺利调整，实现实体经济的相对平稳发展。尽管建立一个类似欧元区的统一货币体系目前来说是不切实际的，但是，各经济体仍然可以寻求汇率机制上的协调和合作，比如建立一个政府主导的汇率联动机制，包括组织机构的形成、定期磋商会议的召开，甚至召开东亚区域各国领导人峰会，都有助于达到各国在经济政策和贸易政策方面的合作，防止因区域外经济扰动可能对区域内各国贸易造成的损害。

6.2.2.2 深化东亚区域贸易合作

鉴于东亚目前区域内贸易的特点和区域贸易合作的现状，各成员经济体在努力发展经济、提高国民收入的同时，需要从贸易政策、自由贸易区建设和提高贸易便利化等方面，采取切实有效的措施促进区域内贸易的增加，降低区域贸易壁垒和交易成本，开拓和培养区域内最终产品市场，进而逐步减少国际分工固化形成的对欧美市场的依赖性。

第一，贸易政策合作。贸易政策是各国政府在一定时期内对本国进出口贸易所实行的政策。东亚一直致力于提高区域内的贸易自由化水平努力，才带来了区域内的经济繁荣，因此，没有理由提高贸易壁垒，缩减贸易规模。目前，东亚的贸易自由化水平总体已达较高水平，2001～2006年，贸易开放度年均增加3.7%[1]，这反映了东亚加快区域一体化进程的步伐。但是东亚仍然存在很多阻碍区域内贸易，尤其是最终产品贸易的壁垒。具体到不同经济体，贸易壁垒的表现形式不同。为了扩大最终产品市场，需要逐步破除现有的贸易壁垒。

实际上东亚大部分国家和地区在降低关税壁垒方面已经取得了很大进展。从表6-8可以看出，2006年日本的制造业关税仅有2.5%。目前日本对东亚区域内贸易限制较大的主要是非关税壁垒。所以，从日本和"四小龙"经济体角度看待这个问题，那么这些国家和地区需要进一步降低的是非关税壁垒，以此为扩大东亚区域内最终产品市场创造条件。在非关税壁垒中，技术性贸易壁垒的影响近年来日益增大。[2] 相比于20世纪70年代只有10%～30%的非关税壁垒属于技术性贸易壁垒，20世纪90年代以来该比重已达到约80%[3]，说明东亚地区的贸易发展越来越受到技术性贸易壁垒的强力阻碍。2002年中国71%的出口企业，39%的出口产品受到技术性贸易壁垒的限制，其中25%的出口企业是受到日本技术性贸易壁垒的限制。2002年，中国因此遭受的损失达到约170亿美元。[4] 因此，为了推动东亚区域内最终产品统一市场的形成，东亚各国，尤其是日本和亚洲"四小龙"，应该率先减少非关税壁垒。

---

[1] Douglas H. Brooks , Changhun Hua（2008）. Asian Trade and Global Linkages. ADBI Working Paper No. 122, Dec.

[2] 技术性贸易壁垒是指一国以维护国家安全、保障人类健康、保护动植物资源和生态环境、防止商业欺诈行为等名义而强制性或自愿性采取限制进口的技术性措施，主要包括技术法规、标准及其合格评定程序措施（TBT措施）和卫生、动植物检验措施（SPS措施）。

[3] 王志明、袁建新：《技术性贸易壁垒的影响及中国的对策》，载《世界经济》2003年第7期。

[4] 李树：《日本的技术性贸易壁垒和我国的对策》，载《世界经济与政治论坛》2004年第1期。

表 6 - 8   2006 年东亚部分经济体的制造业产品关税   单位：%

区域	制造业			电子产品		电器	
	总体	零部件	最终产品	零部件	最终产品	零部件	最终产品
泰国	7.5	7.6	7.5	1.5	1.8	9.7	16.3
中国	9.6	8.2	9.8	1.4	3.2	9.6	15.7
日本	2.5	0.2	2.7	0.2	1.5	0.7	2.5
韩国	7.5	6.5	7.6	0.3	1.7	7.2	6.8
中国台湾	4.6	3.5	4.7	0.1	1.3	4.6	5.1
印度尼西亚	7.3	3.9	7.7	0.5	1.3	6.1	9.3
菲律宾	6.0	3.3	6.3	0.4	1.2	4.7	5.3

注：最终产品选取国际贸易标准分类（SITC）75、76 项下。
资料来源：Masahiro Kawai and Ganeshan Wignaraja（2006）. Free Trade Agreements in East Asia：A Way toward Trade Liberalization. ADB BRIEFS，6，p. 1.

就中国和东盟国家而言，主要应通过提高经济发展水平和应对技术性贸易壁垒挑战来扩大东亚区域内最终产品市场。目前，中国和东盟四国较低的经济发展水平是制约其消费水平的主要因素。2008 年，中国的人均 GDP 为 3 315 美元，菲律宾和印度尼西亚的人均 GDP 都在 2 000 多美元，人均 GDP 最高的马来西亚也只有 8 180 美元。中国和东盟四国最终产品的消费水平与人均 GDP 为 38 559 美元的日本，以及人均 GDP 在两万美元以上的亚洲"四小龙"相比，相差甚远。[①] 所以，中国和东盟国家主要还是应通过提高经济发展水平来提升各自对消费品的购买力。未来中国和东盟一方面要逐步降低税率，尤其是最终产品关税，另一方面也要积极应对各种各样的技术性贸易壁垒。这包括，要尽快提高出口产品内在质量、技术含量，改进外观包装，并达到符合国际标准的卫生安全标准方面的要求；要优化出口商品结构，积极推动出口商品由劳动密集型为主向技术密集型为主转变。

第二，深化自由贸易区建设，努力达成覆盖全区域的自由贸易协定。FTA 对扩大区域内贸易的作用在学术界已得到广泛的证明。但是根据卡瓦（Kawai）等人的调查，发现东亚企业很少享受到 FTA 带来的好处，主要有三个方面的原因：一是信息公开不足，企业缺乏了解；二是关税减让幅度仍然有限，优惠幅度低，对企业吸引力不够；三是原产地规则和阻碍贸

---

① Schwab，Klaus（2009），"The Global Competitiveness Report 2009 - 2020"，The world Economic Form.

易的非关税措施等，带来额外的管理费用和商品交货延期。① 随着已签订FTA 数量的增加，这些因素将越来越成为企业使用 FTA 的障碍。比如关于商品的原产地规则，如果鼓励对原产地规则进行合理化修订或改善其管理方式，就可在未来降低原产地规则对东亚区域贸易造成的负面影响。北美自由贸易区的经验是通过"可信交易方案"进行处理，② 允许符合条件的申请者自行出具原产地证书，或由行业协会收费发放原产地证书，以此提高贸易便利化程度。

此外，如何把区域内重叠交叉的自由贸易协定整合为覆盖全区域的统一协定，为东亚区域内所有国家所分享，也是重要一环。因为这样做不仅能改善区域内商业环境，也有助于解决东亚发展失衡的问题。对于增加区域内贸易，一个统一的自由贸易协定既可以扩大产品、技术和服务的市场，也有利于实现专业化和产生规模经济效应，从而逐步降低进出口产品的成本。

东盟成员国作为最先签订自由贸易协定的地区，借助全区域自由贸易协定取得的成就有目共睹，为此，中国、日本和韩国各自也都分别与东盟国家签订了自由贸易协定。伴随着关键的东盟 +1 协定的落实，建立东亚自由贸易区协定（10 +3）、全面经济伙伴关系（10 +6）、亚太经合组织（APEC）成员国自由贸易协定，以及跨太平洋战略经济伙伴关系协定（TPP）等的努力，都为东亚区域经济一体化做出了贡献。卡瓦和威格纳拉贾（Kawai & Wignaraja，2010）利用拓展的一般均衡模型估计了 2017年"10 +3"模式和"10 +6"模式给各成员方带来的利益，结果表明，这两种模式下成员方的收入增长幅度较双边或多边 FTA 高，10 +6 模式则比 10 +3 模式增加的收入幅度更高。10 +1 模式已经建立，东亚各国应在此基础上，依次确立全区域自由贸易协定，将 10 +3 模式和 10 +6 模式建立起来。东亚区域已经拥有了发达的制造业生产网络，东北亚的中国、日本和韩国先建立双边或三边的自由贸易协定的条件也逐渐成熟。但目前，对于 FTA 的疑虑仍然存在，尤其是当涉及中国时，日本政府担心一旦和中国签订自由贸易协定，其制造业和农业将面临前所未有的巨大挑战。韩国政府则担心 FTA 建成后，会过分依赖中国市场，且缺乏整体政策来定位与中国的贸易和投资扮演的角色，同时也担心其农产品市场可能面临的

---

①② Kawai M & WignarajaG. (2010). Free Trade Agreements in East Asia: A Way toward Trade Liberalization? ADB BRIEFS, 6, p. 1.

竞争。日韩之间对签订 FTA 都表现出兴趣，目前虽已处在官方谈判之中，但也不无顾虑。日本担心本国农业和渔业受到较大冲击，而韩国担心本国制造业会受到日本制造业的巨大挑战。

除此之外，政治分歧、领土争端和历史问题也将不可避免地成为中日韩三国签订 FTA 的障碍。但是尽管有这些问题存在，如果三国能够在 FTA 问题上展开谈判，并逐步推进，就可以为东北亚自由贸易区的形成打下坚实基础。当然，这需要三国共同努力，也需要东盟发挥好协调和推动作用。

第三，提高贸易便利化水平的区域合作。贸易便利化是加强东亚经济体间制度性经济合作的一个良好切入点。有关贸易便利化对贸易促进程度的研究，已经有很多学者获得了成果，比如弗朗索瓦（Francois，2005）通过一般均衡模型（CGE）和引力模型（GM）进行测算，得出的结论是：贸易便利化的实现会使得货物交易成本降低 1.5%，而增加世界年均收入 720 亿美元，并且这些收益将使发展中国家得到更多的好处。弗朗索瓦、曼奇尼和巴朗英（Francois，Manchin & Balaoing；2009）估计了 1988 ~ 2003 年亚洲几个国家的贸易成本对基础设施质量的弹性，结果表明交通设施改善 1% 会使贸易成本降低 0.03% ~ 0.58%；通信设施质量提高 1%，贸易成本下降 0.07% ~ 0.25%。发展水平越低的国家，贸易对基础设施的弹性越大。[①] 翟（Zhai，2010）运用 CGE 模型分析了亚洲基础交通和通信设施投资带来的外部效应，结果表明，2010 ~ 2020 年亚洲每年在通信、道路和能源设施上投资 8 000 亿美元，2020 年时得到的福利将达到 16 163 亿美元，占 GDP 的 10%。

威尔逊、曼和奥特苏基（Wilson，Mann & Otsuki；2003）运用引力模型估计出提高港口和海关效率、改善电子商务环境可以增加东亚区域内约 2 500 亿美元的贸易额。威尔逊、巴加和芬克（Wilson，Bagai & Fink；2003）对 75 个国家地区进行研究，发现以港口效率、海关环境、制度环境和服务业基础设施测算的贸易便利化水平的提升，将会增加 3 770 亿美元的贸易额，即相当于国际贸易提高了 9.7%。谢泼德和威尔逊（Shepherd & Wilson，2008）以东南亚为研究对象，发现该地区的贸易流量对交通基础设施和信息通信技术非常敏感。他们的研究结果显示，东南亚地区

① J. Francois，M. Manchin，& A. Pelkmans-Balaoing（2009）. Regional Integration in Asia：The Role of Infrastructure. In J. F. Francois，Ganeshan Wignaraja，& P. Rana. edited，*Pan-Asian Integration：Linking East and South Asia*，United Kingdom：Palgrave Macmillan.

国家能从贸易便利化水平改善中得到非常显著的经济收益，而且这一收益将远高于关税削减所能带来的潜在利益。特别值得一提的是，港口设施的改善将使该地区的贸易提高 7.5%，约为 220 亿美元。

目前，东亚经济体的贸易便利化水平表现出极大的不平衡性。一些国家的便利化水平已经达到世界先进水平，另一些国家则做得还不够①，总的来说，和发达经济体的差距还很大。2009 年 12 月，亚洲开发银行出版了《亚洲基础设施建设》一书，提出在未来 10～20 年建立"无缝"亚洲的构想②。而当前最大的挑战是在全亚洲建设有效的"无缝连接"，东亚作为亚洲重要的区域，无疑需要参与实现"无缝亚洲"的愿景。

事实上，东亚已经意识到了贸易便利化对促进区域内贸易，尤其是最终产品贸易的重要性。在已经签订的 FTA，大多将提高贸易便利化作为其中的一项重要内容。但是很多措施还仅仅停留在纸面上没有落实。比如基础设施建设，面临的最大挑战是风险大、融资难，私营部门不愿承担或无力承担。东亚区域合作项目的开发和融资是一个缓慢而复杂的过程，成员国最高层的政治领导的参与是必要的。拉美的经验证明，区域合作项目通常不会是国内决策者的优先项目，需要通过峰会表达和理解各国政治、经济、社会诉求，才能通过政策协调走向共同繁荣。

6.2.2.3 东亚深化区域经济合作的主要障碍

尽管深化区域一体化进程已经是东亚地区几乎所有国家的共识，但是由于种种原因进展并不顺利，其中最主要的是区域内各经济体之间存在着严重分歧。其中一个重要分歧可能是，建立东亚区域经济一体化该由谁主导的问题。当然，每一个成员国都会首先寻求通过区域经济一体化实现自身利益最大化，也就是说，东亚地区国家之间的合作仍然是建立在利益合作基础之上的。由于政治体制以及历史的原因，东亚各经济体之间相互信任还远没形成氛围，甚至虽然存在着经济一体化的构想，但经济一体化主张存在有日本版本、东盟版本、韩国版本等多个版本，当然中国也有自己的主张。对于中日共同主导的主张，则需要东盟以及韩国的接受，中、日两国达成共识可能也有一段距离。东盟的主张是"东盟＋"模式，如东盟

---

① 前者如新加坡、中国香港，后者如越南、柬埔寨等。
② "无缝"的亚洲，是一个由世界级环境友好型基础设施网连接的一体化区域——既有"硬件"（工程性）又有"软件"（便利化）基础设施。软件基础设施为硬件基础设施的开发和运作提供支持。

10 + 3、东盟 10 + 6① 等模式。目前的"东盟 +"模式是一种以东盟驱动的地区主义模式，这实际上是一组经济弱国制定一系列程序规范，并说服该地区大国接受且适应这些规范过程，其目的就是利用东亚各大国之间的相互不信任进行平衡，取得东盟成员国的利益最大化。

日本对东亚区域经济一体化问题的关注由来已久，一直以来日本都想主导东亚的一体化进程，但是由于历史原因，不为东亚各国所接受，近些年来中国的快速崛起更是使得日本想像美国主导北美自由贸易区一样单独主导东亚一体化的想法破灭了。由于近年来经济的糟糕表现，加之欧美国家爆发的经济危机，使得日本急切需要一个更好的外部大市场来刺激经济的发展，因而东亚区域一体化依然是日本一个不错的选择。但是，尽管日本意识到自身无法单独主导东亚，它同样也不希望出现中国单独主导东亚的局面。日本的策略是在东盟 10 + 3 的基础上扩展到更多的国家，将印度、澳大利亚、新西兰等国也加入进来组成泛东亚的经济圈，如此就不会出现中国一家独大的现象。从地理位置看，澳大利亚、新西兰、印度显然不属于东亚地区国家，但在日本看来都是"民主国家"，同它有类似的"价值观"，加在一起可以对其他国家施以制衡，这其中的政治考虑是显而易见的。

美国对东亚区域一体化问题同样有自己的主张。随着近年来东亚经济的快速崛起，尤其在此次金融危机之后，东亚更是成为了世界经济发展的排头兵，况且中国的快速崛起对美国独霸地位的挑战更是美国所不愿意看到的，因而可以预期在未来较长一段时间内美国都会尽可能地参与东亚事务，形成以美国为主导，至少是由美国代理人主导的东亚格局。美国在东亚更多的不是经济利益而是政治利益，美国不愿意看到出现一个由中国主导的东亚。甚至在经济一体化方面美国也提出了自己的应对方案，即将东亚一体化扩展到亚太一体化，将东亚内部问题放到亚太经合组织的范围内进行讨论。如此，美国就可以名正言顺地插手东亚经济事务，并形成以美国及其盟国为主导的格局。

韩国是各种东亚一体化方案中压力最小的一方，因为无论哪种方式的东亚区域一体化都会给韩国的经济发展带来难以估量的好处。但是韩国也同样不愿意看到由中国或日本单独任何一方主导的东亚一体化，不同意日

---

① 东盟十国（印度尼西亚、马来西亚、菲律宾、新加坡、泰国、文莱、越南、老挝、缅甸、柬埔寨）和中国、日本、韩国、澳大利亚、新西兰、印度六个对话伙伴国。

本是由于历史的原因，而不同意中国则是由于中国同朝鲜的关系。所以，韩国所能接受的最好结果应该是中、日、韩、东盟四方平起平坐的结果，其次是由东盟主导，再次是由中国、日本共同主导的局面。值得注意的是，近些年韩国在对外交往中甚至跨越了东亚地区，在世界范围内全面出击，与许多国家签订自由贸易协定（FTA），韩国与美国自由贸易协定已经达成。

中国作为东亚区域内最大的国家，近些年来的经济发展为世界瞩目，按照 GDP 总量核算中国目前是仅次于美国的全球第二大经济体。在过去的两次金融危机中，中国经济的强劲增长以及人民币的坚挺，已经证明是世界经济的重要稳定因素。中国在东亚经济一体化中的主导作用是区域内其他国家所无法替代的。实际上，中国在东亚区域所要取得的不仅仅是经济利益，至少经济利益并不是最主要的，中国在东亚的最主要利益可能更应该是形成一个良好的周边环境。作为世界上最大的发展中国家，中国向文明、富裕的世界强国的跨越还需要一个时间过程，这个过程可能就是与东亚区域经济一体化相伴随的。

6.2.3　东亚重构中的中国角色

中国经济的崛起，意味着中国在东亚重构过程中将扮演非常重要的角色。中国是东亚经济体的重要一员，一个和谐共生的东亚才是有利于中国发展的东亚。因此我们必须深入思考，面对着金融危机之后变革的东亚，中国应该扮演怎样的角色？中国需要在东亚获得怎样的利益，各东亚经济体又是如何看待中国崛起的？

中国在东亚重构过程中所要扮演的角色无疑要取决于本身利益，尤其是中国在此次重构中能够实现的利益。中国作为重新崛起的大国不可能再延续过去闭关锁国的状态只关注自身发展问题，再一次崛起的中国所谋求的利益应该是世界性的。这是中国与东亚其他小型经济体在思考东亚一体化问题时的最大不同，东亚对于中国而言只是全球布局中的一环，而对于其他小型经济体而言几乎是全部。因而，中国对于东亚的定位如同美国对于拉美的定位一样，用一个不太确切的词就是"大后方"，中国在东亚的要求就是一个和平安稳的东亚，作为中国走向世界的坚定基础。

然而现实的条件告诉我们，中国还不具备按自己的意愿来塑造东亚的基础。一是中国当下在东亚还不具备达到一家独大的实力，日本以及东盟都是与中国在经济上相对的大型经济体，当下的东亚在经济上仍然是三足鼎立的态势。二是重构的过程本身就是一个各方主体利益博弈的过程，中国有自己的利益，而其他经济体同样也有自己的利益，不可能完全按照中国的意愿来重新塑造东亚地区的经济格局。所以对于中国而言，长远利益是塑造一个由中国主导的一体化的东亚，短期利益则应该是塑造一个互利共赢的和谐共生的东亚。三是东亚地区的政治历史问题始终是制约东亚各经济体经济合作的重要原因，中国现实所能做的就是在此次重构的博弈中尽力争去最多的长远利益。

东亚的重构，一方面是由于此次全球性金融危机的促进，另一方面也是来自于东亚区域内部各经济体的主动推进。但是面对利益的博弈，至今东亚还很难找到一个使区域内各国都满意的平衡点。随着中国的进一步崛起壮大，战略形势无疑会随着时间的推移不断地向中国倾斜，因而中国可以从容布局未来的发展，只要不出现一个恶化的东亚环境，就都是中国可以接受的现实。

就东亚区域内其他经济体而言，中国的强势崛起改变了东亚原有的势力均衡。中国的社会主义体制以及历史的原因，都使东亚其他经济体对中国的崛起充满了疑虑和不信任。因而，东亚其他经济体最多的选择就是借助美国来制衡中国声音。所以，就中国而言，现实的主要任务仍然是打消他们对中国崛起的疑虑，最好的方式就是让其他东亚经济体也从中国的崛起中得到分享实惠。

参 考 文 献

一、中文文献

[1] 阿玛蒂亚·森著，任赜、于真译：《以自由看待发展》，中国人民大学出版社 2002 年版。

[2] 安忠荣著，田景等译：《现代东亚经济论》，北京大学出版社 2004 年版。

[3] 彼得·卡赞斯坦：《地区主义与亚洲》，载王正毅、迈尔斯·卡勒、高木诚一郎主编：《亚洲区域合作的政治经济分析：制度建设、安全合作与经济增长》，上海人民出版社 2007 年版。

[4] 蔡增家：《政党轮替与政经体制的转变：1993－2003》，巨流图书公司 2005 年版。

[5] 查默斯·约翰逊著，戴汉笠等译：《通产省与日本奇迹》，中共中央党校出版社 1992 年版。

[6] 陈君峰：《威权主义概念与成因》，载《东南亚研究》2000 年第 4 期。

[7] 陈炳旭：《经济发展与民主转型关系探究——以韩国为例》，载《法制与社会》2009 年第 11 期。

[8] 程昆：《发展中国家的金融深化与中国金融市场发展研究》，中国经济出版社 2004 年版。

[9] 崔岩：《日本的经济赶超——历史进程、结构转变与制度演进分析》，经济管理出版社 2009 年版。

[10] 崔岩：《历史与现实的思考：东亚经济发展与日本》，载《日本研究》2011 年第 3 期。

[11] 大卫·哈维著，王钦译：《新自由主义简史》，上海世纪出版集团、译文出版社 2010 年版。

[12] 大野健一著，臧馨、臧新远译：《从江户到平成——解密日本经济发展之路》，中信出版社 2006 年版。

［13］董向荣：《韩国民主劳动党的崛起背景与前景》，载《当代亚太》2004 年第 10 期。

［14］弗朗西斯·福山著，黄胜强等译：《国家构建》，中国社会科学出版社 2007 年版。

［15］关满博著，陈生保等译：《东亚新时代的日本经济——超越"全套型产业结构"》，上海译文出版社 1997 年版。

［16］何军明：《菲律宾金融体系改革的进展与趋势》，载《石家庄经济学院学报》2008 年第 6 期。

［17］恒川惠市：《东亚与拉美民主信念的比较》，载《复旦政治学评论》2010 年第 1 期。

［18］黄晨颖：《台湾的现代化——威权政治下的经济发展》，载《才智》2009 年第 18 期。

［19］霍华德·威亚尔达著，刘青、牛可译：《新兴国家的政治发展——第三世界还存在吗？》，北京大学出版社 2006 年版。

［20］IMF：《世界经济展望：全球化与对外失衡》，中国金融出版社 2005 年版。

［21］贾格迪什·巴格沃蒂著，海闻等译：《捍卫全球化》，中国人民大学出版社 2008 年版。

［22］金京拓司：《东亚的金融合作：清迈协议的现状与课题》，载《南洋资料译丛》2011 年第 2 期。

［23］李峰：《亚洲金融危机以来泰国的金融部门改革》，载《东南亚研究》2009 年第 3 期。

［24］李基秀：《韩国的公司治理》，载《安徽大学法律评论》2003 年第 2 期。

［25］李路曲：《东亚的中产阶级——市民社会与政治转型》，载《当代亚太》2000 年第 11 期。

［26］李路曲：《当代东亚政党体制转型原因的比较分析》，载《马克思主义与现实》2004 年第 4 期。

［27］李路曲：《当代东亚政党体制的转型：范式、原因和历史任务》，载《清华大学学报（哲学社会科学版）》2005 年第 1 期。

［28］李路曲：《东亚与欧美政党在民主化中的作用》，载《南洋问题研究》2008 年第 3 期。

［29］李树：《日本的技术性贸易壁垒和我国的对策》，载《世界经济

与政治论坛》2004 年第 1 期。

[30] 李扬、黄金老:《金融全球化研究》,上海远东出版社 1999 年版。

[31] 李月、万鲁建:《新自由主义在日本的发展与影响》,载《开放导报》2008 年第 6 期。

[32] 梁云祥:《东亚市民社会与国家的统治》,载《国际政治研究》2004 年第 3 期。

[33] 林直道著,江瑞平等译:《危机与萧条的经济理论:对日、美及东亚经济衰退的剖析》,中国人民大学出版社 2004 年版。

[34] 刘宏:《中国—东南亚学:理论建构、互动模式、个案分析》,中国社会科学出版社 2000 年版。

[35] 刘洪钟:《韩国赶超经济中的财阀制度研究》,光明日报出版社 2009 年版。

[36] 刘洪钟:《东亚地区经济发展的关联机制》,载《世界经济与政治》2000 年第 5 期。

[37] 刘攀:《发展与减贫经济学——超越华盛顿共识的战略》,西南财经大学出版社 2006 年版。

[38] 刘遵义:《十年回眸:东亚金融危机》,载《国际金融研究》2007 年第 8 期。

[39] 罗奕原:《21 世纪:军队在泰国政治中的地位与作用》,载《东南亚纵横》2004 年第 8 期。

[40] 罗伯特·吉尔平著,杨宇光等译:《全球政治经济学:解读国际经济秩序》,上海世纪出版集团 2006 年版。

[41] H. 钱纳里等著,吴奇等译:《工业化和经济增长的比较研究》,上海三联书店、上海人民出版社 1995 年版。

[42] 马科斯·韦伯著,于晓、陈维纲译:《新教伦理与资本主义精神》,生活·读书·新知三联书店 1987 年版。

[43] 曼库尔·奥尔森:《快速经济增长的不稳定作用》,载《比较》(第四十三辑)2009 年第 8 期。

[44] 莫里斯·希夫、L. 阿兰·温特斯著,郭磊译:《区域一体化与发展》,中国财政经济出版社 2004 年版。

[45] 梅拉利·S·米罗:《金融危机后菲律宾银行业的整合、集中与竞争》,载《银行家》2007 年第 7 期。

［46］米尔顿·弗里德曼著，张瑞玉译：《资本主义与自由》，商务印书馆 1986 年版。

［47］诺思、沃利斯和温加斯特：《诠释人类历史的一个概念性框架》，载吴敬琏主编：《比较》（30），中信出版社 2007 年版。

［48］朴东勋、安花善：《论朴正熙时期韩国发展主义国家的形成与演变》，载《延边大学学报（社会科学版）》2011 年第 2 期。

［49］青木昌彦、吴敬琏主编：《从威权到民主——可持续发展的政治经济学》，中信出版社 2008 年版。

［50］青木昌彦、冈崎哲二、奥野正宽编，林家彬等译：《市场的作用、国家的作用》，中国发展出版社 2002 年版。

［51］青木昌彦等编，张春森等译：《政府在东亚经济发展中的作用》，中国经济出版社 1998 年出版。

［52］邱昌情：《菲律宾民主化的内在机制与国际化压力相关性分析》，载《东南亚之窗》2009 年第 1 期。

［53］任红军：《韩国、印度尼西亚金融不良资产处置研究》，厦门大学 2006 年硕士论文。

［54］塞缪尔·P·亨廷顿著，刘军宁译：《第三波——20 世纪后期民主化浪潮》，上海三联书店 1998 年版。

［55］沈联涛：《十年轮回：从亚洲到全球的金融危机》，上海远东出版社 2009 年版。

［56］沈红芳：《经济全球化与经济安全：东亚的经验与教训》，中国经济出版社 2008 年版。

［57］沈红芳：《东亚主要发展中经济体经济发展模式研究》，厦门大学 2005 年博士学位论文。

［58］石川滋著，胡欣欣等译：《发展经济学的基本问题》，经济科学出版社 1992 年版。

［59］石静、王鹏：《东亚地区金融合作研究》，载《山东财政学院学报》2006 年第 5 期。

［60］斯蒂芬·哈格德著，刘封译：《亚洲金融危机的政治经济学》，吉林出版集团有限责任公司 2009 年版。

［61］斯蒂芬·海哥德、罗伯特·R·考夫曼著，张大军译：《民主化转型的政治经济学分析》，社会科学文献出版社 2008 年版。

［62］斯蒂文·雷德莱特、杰弗里·萨克斯：《亚洲金融危机：诊断、

处方及展望》，载《战略与管理》1998 年第 4 期。

［63］孙震：《台湾经济自由化的经验与检讨》，载《经济观察报》2006 年 7 月 31 日。

［64］唐静：《中产阶级的兴起与东亚社会转型》，载《长江论坛》2006 年第 4 期。

［65］小野进著，崔岩译：《日本的多层式经济发展模式（MMED）：东亚模式的原型（上）》，载《日本研究》2007 年第 1 期。

［66］王志明、袁建新：《技术性贸易壁垒的影响及中国的对策》，载《世界经济》2003 年第 7 期。

［67］王绍光：《民主四讲》，上海三联书店 2008 年版。

［68］翁东玲：《东亚地区金融合作发展展望》，载《亚太经济》2008 年第 6 期。

［69］吴崇伯：《印度尼西亚金融自由化试析》，引自《世界经济》1996 年第 9 期。

［70］吴晓灵：《东亚金融合作：成因、进展及发展方向》，载《国际金融研究》2007 年第 8 期。

［71］西口清胜著，刘晓民译：《现代东亚经济论：奇迹、危机、地区合作》，厦门大学出版社 2011 年版。

［72］西摩·马丁·李普塞特著，张绍宗译：《政治人》，上海人民出版社 1997 年版。

［73］大野健一：《东亚的经济增长和政治发展——从 AD 模式到 DD 模式的平稳过渡》，载吴敬琏主编：《比较》（32），中信出版社 2007 年版。

［74］谢世清：《东亚金融危机的根源与启示》，中国金融出版社 2009 年版。

［75］徐世刚、姚秀丽：《"雁行模式"与东亚地区产业分工的新变化》，载《东北亚论坛》2005 年第 3 期。

［76］杨鲁慧：《中产阶级的崛起与东亚政治转型》，载《当代亚太》2006 年第 1 期。

［77］杨鲁慧、杨宪：《当代东亚政治》，山东大学出版社 2009 年版。

［78］伊丽莎白·马丁内斯和阿诺尔多·加西亚：《什么是新自由主义》，转引自王宏伟摘译：《关于新自由主义的三篇短论》，载《国外理论动态》2002 年第 11 期。

［79］印德尔米特·吉尔等著，黄志强等译：《东亚复兴：关于经济增长的观点》，中信出版社 2008 年版。

［80］约翰·威廉姆森：《华盛顿共识简史》，载黄平、崔之元主编：《中国与全球化：华盛顿共识还是北京共识》，社会科学文献出版社 2005年版。

［81］禹贞恩著，曹海军译：《发展型国家》，吉林出版集团有限责任公司 2008 年版。

［82］约瑟夫·熊彼特著，吴良健译：《资本主义、社会主义、民主主义》，商务印书馆 1999 年版。

［83］约瑟夫·E·斯蒂格利茨著，夏业良译：《全球化及其不满》，机械工业出版社 2010 年版。

［84］翟崑：《1997 年东亚金融危机后美国对印尼民主化进程的干预》，载《外交评论》2005 年第 8 期。

［85］詹姆斯·米特尔曼：《全球化背景下对"新地区主义"的反思》，载王正毅、迈尔斯·卡勒、高木诚一郎主编：《亚洲区域合作的政治经济分析：制度建设、安全合作与经济增长》，上海人民出版社 2007 年版。

［86］张雷声：《发展中国家的新自由主义经济改革及其理论反思》，载《高校理论战线》2003 年第 5 期。

［87］张晓蒂：《基于垂直专业化分工中的中国产业国际竞争力分析》，载《世界经济》2006 年第 5 期。

［88］赵春明、焦军普：《国际货币基金组织在亚洲金融危机中的负面作用分析》，载《杭州师范学院学报（社会科学版）》2002 年第 5 期。

［89］赵瑛：《金融危机前后的韩国金融改革》，载《韩国研究论丛》2007 年第 1 期。

［90］赵文丁：《新型国际分工格局下中国制造业的比较优势》，载《中国工业经济》2003 年第 8 期。

［91］郑兴奎：《泰国政党政治分析——基于民主巩固和政党社会的角度》，载《菏泽学院学报》2011 年第 3 期。

［92］猪口孝、爱德华·纽曼和约翰·基恩著，林猛等译：《变动中的民主》，吉林人民出版社 1999 年版。

［93］郑德龟著，金华林等译：《超越增长与分配——韩国经济的未来设计》，中国人民大学出版社 2008 年版。

［94］朱仁显：《20 世纪 90 年代菲律宾政党的变化及其特点》，载

《东南亚研究》1999 年第 5 期。

二、英文文献

[1] ADB. Asian Development Outlook 2007. Manila.

[2] ADB (2009). The Global Economic Crisis: Challenges for Developing Asia and ADB's Response. April.

[3] ADB (2009). Asia Economic Monitor. December.

[4] Akamatsu, K. (1962). Historical pattern of economic growth in developing countries. *The Developing Economies*, 1.

[5] An – Chi Tung (2003). Beyond Flying Geese: The Expansion of East Asia's Electronics Trade. *German Economic Review*, 4 (1).

[6] Ando & Kimura, 2005a Ando M. (2005). The formation of international production and distribution networks in East Asia. In T., Rose A. (eds), *International Trade* (NBER – EAST Asia Seminar on Economics, Volame 14). Chicago. IL: University of Chicago Press.

[7] Athukorala, P. & Yamashita, N. (2006). Production Fragmentation and Trade Integration: East Asia in a Global Context. *The North American Journal of Economics and Finance*, 17 (3).

[8] Athukorala, Prema – chandra & Archanun Kohpaiboon (2009). Intra – Regional Trade in East Asia: The Decoupling Fallacy, Crisis, and Policy Challenges. The Australian National University Working Paper No. 9.

[9] Bank for International Settlements, 1997. Annual Report. Available at www. bis. org.

[10] Bernard, M. & Ravenhill, J. (1995). Beyond product cycles and flying geese regionalization, hierarchy, and the industrialization of East Asia. *World Politics*, 47.

[11] Bhagwati, Jagdish (1999). *Trading Blocs: Alternative Approaches to Analyzing Preferential Agreements*. Cambridge, Massachusetts and London.

[12] Bhagwati, J. (1998). The Capital Myth: the Difference Between Trade in Widgets and Dollars. *Foreign Affairs*, Vol. 77, No. 3.

[13] Bordo, Michael D., Barry Eichengreen & Douglas A. Irwi (1999). Is Globalization Today Really Different Than Globalization A Hundred Years Ago? NBER Working Paper.

[14] Calvo, S., & C. Reinhart (1996). Capital Flows to Latin Ameri-

ca: Is There Evidence of Contagion Effects. in Calvo, Guillermo A. , Morris Goldstein & Edword Hochreiter edited, Private Capital Flows to Emerging Markets after the Mexican Crisis, Institute for International Economics.

[15] Chalmers Johnson (1982). *MITI and Japanese Miracle: The Growth of Industrial Policy*, 1925 – 1975. Stanford University Press.

[16] Chia Siow Yue (2002). East Asia Regionalism. Paper presented at East Asian Cooperation: Progress and Future Agenda, Institute of Asia – Pacific Studies (CASS), Beijing, August.

[17] Coase, R. H. (1937). The nature of the Firm. *Economica*, 4, Novermber.

[18] Cooper, R. N. (1968). *The Economics of Interdependence: Economic Policy in The Atlantic Community*. New York McGraw – Hill.

[19] Cumings, B. (1984). The origins and development of the Northeast Asian political economy: industrial sectors, product cycles, and political consequences. *International Organization*, 38.

[20] David E. Hojman (1994). The Political Econmy of Recent Conversitons to Market Economics In Latin America. *Journal of Latin America Studies*, Number 1.

[21] Dicken , P. (2003). *Global Shift: Transforming the World Economy*. 3rd edition London, Paul Chapman.

[22] Douglas H. Brooks , Changhun Hua (2008). Asian Trade and Global Linkages. ADBI Working Paper No. 122, Dec.

[23] Dunaway, Steven (2009). Global Imbalances and the Financial Crisis. Council Special Report No. 44, March, The Council on Foreign Relations (CFR).

[24] Dunning, J. H. (1981). Explaining the International Direct Investment Position of Countries: Towards a Dynamic or Developmental Approach. *Weltwirtschaftliches Archiv*, 117.

[25] E. Sakaibara & Sharon Yamakawa (2002). Regional Integration in East Asia: Challenges and Opportunities. World Bank East Asia Project, World Bank.

[26] Foroutan, Faezeh (1998). Does Membership in a Regional Preferential Trade Arrangement Make a Country More or Less Protectionist? *World*

*Economy*21, May.

[27] Frankel, Jeffrey A. , Ernesto Stein Shang – Jin Wei (1997). Regional Trading Blocs in the World Economic System. Washington, D. C. : Institute for International Economics.

[28] Francois, J. , M. Manchin & A. Pelkmans – Balaoing. Regional Integration in Asia: The Role of Infrastructure. In J. F. Francois, Ganeshan Wignaraja, and Pradumna Bickram Rana edited *Pan – Asian Integration: Linking East and South Asia.*

[29] Fukuyama. F. (1995). Confuciaism and democracy [J]. Journal of Democracy, 6 (2).

[30] Hal Hill (1999). An Overview of the Issues. in *Southeast Asia's Economic Crisis: Origins, Lessons and the Way Forward*, H. W. Arndt & Hal Hill edited Singapore: Intitute of Southeast Asian Studies.

[31] Harvey Culter, David J. Berri, Terutomo Ozawa (2003). Market recycling in labor-intensive goods, flying – geese style: an empirical anaylsis of East Asian exports to the U. S. *Journal of Asian Economics*14.

[32] Hette, Bjorn & Soderbaum, Fredirk (2000). Theorizing the Rise of "Regionness", *New Political Economy*5 (3).

[33] Hong Kong Monetary Authority (2007). Sense and Nonsense about Asia's Export Dependency and the Decoupling Thesis. *Hong Kong Monetary Authority Quarterly Bulletin*, June, Hong Kong, China.

[34] Hua. G. Z. , G. H. Jerrerson, G. Xiaojing & Q. Jinchang (2003). R&D and Technology Transfer: Firm – Level Evidence from Chinese Industry. The William Davidson Institute Working Paper No. 582, June.

[35] Ihaza, Y. (1999). Ganko model no shuen: hihan-teki kosatsu. In Shindo Eiichi (Ed.), Ajia keizai-kiki o yomitoku. Tokyo: Nihon Kcizai Hyoron Sha.

[36] IMF (2009a). Asia and Pacific: global crisis – the asian context. Regional economic outlook, May.

[37] IMF (2009b). Global Financial Stability Report: Navigating the Financial Challenges Ahead. October.

[38] James Crotty (2001). Trading State – Lcd Prosperity for Market – Led Stagnation: From the Golden Age to Global Neoliberalism. In Gary Dymski and

Dorene Isenberg edited, *Housing Finance Futures: Housing Policies, Gender Inequality, and Financial Globalization on the Pacific Rim*, M. E. Sharpe, Inc.

[39] John J. Wallis, Douglass C. North (1986). *Measuring the Transaction Sector in the American Economy*, 1870 – 1970. University of Chicago Press.

[40] Johnson C. (1982). *MITI and the Japanese Miracle : The Growth of Industrial Policy* 1925 – 1975. Stanford Stanford University Press.

[41] Juan J. Linz (2000). *Totalitarian and Authoritarian Regimes*. In Fred Greenstein & Nelson W Polsby edited, Hand book of Political Science, Lynne Riemer Publisher.

[42] Karunaratne, Neil (2002). Globalization, Crisis Contagion and the Reform of The International Financial Architecture. Discussion Paper No 300, the University of Queensland, Australia.

[43] Katada (2009). Political Economy of East Asian Regional Integration and Cooperation. ADBI Working Paper Series No. 170.

[44] Kawai M. & Wignaraja G. (2010). Free Trade Agreements in East Asia: A Way Toward Trade Liberalization. ADB BRIEFS, 6.

[45] Kawai, M. and G. Wignaraja (2009). The Asian "Noodle Bowl": Is It Serious for Business? ADBI Working Paper Series, 136, April.

[46] Kim, Lee, & Park, C. Y. (2009). Emerging Asia: Decoupling or Recoupling. ADB Working Paper Series on Regional Economic Integration No. 31.

[47] Kim, Soyoung, Jong – wha Lee and Lyn – Young Park. (2009). Emerging Asia: Decoupling or Recoupling. ADB Working Paper Series, 31.

[48] Kimura, Fukunari & Ayako Obashi (2008). East Asian Proudction Networks and the Rise of China: Regional Diversity in Export Performance. The paper for the Third Joint Economics Symposium of Five Leading East Asian Universities held in Orchard Hotel, Singapore.

[49] Korhonen, P. (1998) . *Japan and Asia Pacific Integration*. London: Routledge.

[50] Kosai, Y. & Tran V. T. (1994) . Japan and industrialization in Asia: an essay in memory of Dr. Saburo Okita. *Journal of Asian Economics*, 5.

[51] Krugman, Paul (1997). What Ever Happened to the Asian Miracle? Fortune, August 18.

［52］ Kwack, Sung Yeung (2000). An empirical analysis of the factors determining the financial crisis in Asia. *Journal of Asian Economics* 11.

［53］ Lamberte, Mario B. (2005). An overview of economic cooperation and Integration in Asia. In ADB (2005): Asian Economic Cooperation and Integration: Progress, Prospects and Challenges, www. adb. org/Documents/Books/Asian-Economic-Cooperation-Integration/chapl. pdf.

［54］ Lemoine F. & D. Unail-Kesenci (2003). Trade and Technology Transfers: a Comparative Study of Turkey, India and China. CEPII Working Paper, 16, November www. ceppii. fr.

［55］ Oikeebeng (2005). UMNO and Price of Success. Asia Times Online, Septenber 21.

［56］ Ozawa, T.. Foreign direct investment and structural transformation: Japan as a recycle of market and industry. *Bussiness & The contemporary World*, 5 (2).

［57］ Prasad, Eswar, Kenneth Rogoff, Shang-Jin Wei & M. Ayhan Kose (2003). Effects of Financial Globalization on Developing Countries: Some Empirical Evidence. IMF working paper.

［58］ Radelet, S. & Sachs, J. (1997) . Asia's reemergence. *Foreign Affairs*, 76.

［59］ S. Radelet, J. Sachs (1998). The Onset of East Asian Financial Crisis. Mimeo, Harvard Institute for International Development, 30.

［60］ Rodrik, D. (1998) . *Who needs Capital Account Convertibility?* Harvard University, February.

［61］ Sanjavy Lall, Manuel Albaladejo & Jinkang Zhang (2004). Mapping Fragmentation: Electronics and Automobiles in East Asia and Latin America. *Oxford Development Studies*, Vol. 32, No. 3, September.

［62］ Scollay, R. , & Gilbert, J. (2001). *New subregiional trading arrangements in the Asia-Pacific.* Washington, DC; Institute for International Economics.

［63］ Sigurdson J, (2002) . Le nouveau paysage des technologies en Chine. *Perspectives chinoises*, n71 – mai – juin.

［64］ Soloaga, Isidro & L. Alan Winters (2001). Regionalism in the Nineties: What Effect on Trade? Policy Research Working Paper 2156, World

Bank, Washington, D. C..

［65］Stiglitz, J. （1998）. Boats, Planes and Capital Flows. *Financial Times*, 25 March.

［66］UNCTAD （2002）. Trade and Development Report. Geneva.

［67］World Bank （2007）. 10 Years after the East Asian Crisis. East Asia & Pacific Update, April.

［68］WTO Secretariat （2003）. The Changing Landscape of RTAS. Paper prepared for the seminar on Regional Trade Agreements and the WTO.

［69］Yeats, Alexander J. （1998）. Does Mercosur's Trade Performance Raise Concerns about the Effects of Regional Trade Arrangements? World Bank Economic Review12, 1January.

［70］Young, Alwyn （1995）. The Tyranny of Numbers: Confronting the Statistical Realities of the East Asian Growth Experience. *The Quarterly Journal of Economics*, Vol. 110, No. 3, Aug.

三、日文文献

［1］南亮进:《日本の经济発展》,東洋经济新報社1981年版。

［2］大川一司、ソロフスキ:《日本の经济成長:二十世紀における趨勢加速》,東洋经济新報社1973年版。

［3］渡边利夫监修、日本贸易振兴会编著:《亚洲产业革命的时代》,日本贸易振兴会出版发行1989年版。

［4］田村纪之:《权威主义与开发体制（Ⅰ）》,载东京都立大学《经济与经济学》第86号,1998年3月。

［5］坂本真一:《涩泽荣一的经世济民思想》,日本经济评论社2002年版。

［6］朴一:《韩国NIES化的苦恼——经济发展与民主主义的两难困境》,同文馆1999年版。

［7］高桥进:《开发独裁与政治危机》,载《世界》1980年第2期。

［8］横山正树等编:《后冷战与亚洲——亚洲开发主义与环境、和平》,日本中央经济社1996年版。

［9］村上泰亮:《反古典的政治经济学》,中央公论社1992年版。

［10］末广昭:《赶超型工业化论:亚洲经济的轨迹与展望》,名古屋大学出版会2000年版。

［11］寺西重郎:《日本の经济システム》,岩波书店2003年版。